노신 평전

魯迅 畫傳

Copyright ⓒ Lin Xian Zhi Beijing, 2004
Korean Translation Copyright ⓒ Silcheon Munhak
Publishing Co., 2006
All right reserved.

This Korean edition was published by arrangement with
Mr. Lin Xian Zhi through the Institute of Sino-Korean
Culture.

이 책의 한국어판 저작권은 漢聲文化硏究所를 통해
저작권자와의 독점계약으로 (주)실천문학에 있습니다.
저작권법에 의해 한국 내에서 보호를 받는 저작물이므로
무단전재와 무단복제를 금합니다.

노신 평전

임현치 지음 — 김태성 옮김

실천문학사

"희망은 원래 있다고 할 수도 있고 없다고 할 수도 있다. 이는 마치 땅 위의 길과 같다. 본래 땅 위에는 길이 없었다. 걷는 사람들이 많아지다 보면 자연스럽게 길이 되는 것이다."

_노신(魯迅)

중국좌익작가연맹(좌련)은 비밀리에 노신의 50세 생일을 기념하는 행사를 가졌다.
이 사진은 미국의 저명한 여성 저널리스트 아그네스 스메들리(Agnes Smedley)가 촬영한 것이다.

노신이 일본에 유학하던 시절에 다닌 센다이의학전문학교.

노신이 2백여 편의 역작을 썼던 북경 부성문(阜成門) 내궁문구(內宮門口) 서삼조(西三條) 21호. 노신은 1924년 5월부터 1926년 8월까지 이곳에서 거주했다. '노신 고거'라는 제사는 곽말약(郭沫若)이 쓴 것이다.

일본 유학 시절 찍은 단발 사진과, 사진 뒷면에 직접 쓴 칠언 절구 「자제소상(自題小像)」.

"마음은 큐피드의 화살을 피할 길 없고,

    비바람은 큰 바위처럼 조국을 어둡게 하네.

찬 별에 뜻 전해도 풀들이 이를 알진 못하지만

    나는 조국에 나의 피를 바치리라."

_「자제소상」 전문

1904년 센다이의전 동급생들과 함께. 뒷줄 오른쪽이 노신이다.

1909년 겨울, 절강양급사범학당의 진보적인 교사 학생들과 함께 교장 하진무(작호綽號가 '목과木瓜'였음)를 몰아냈다. 이를 '목과전쟁'이라 하는데, 승리를 쟁취한 후에 찍은 기념사진. 앞줄 오른쪽 세번째가 노신이다.

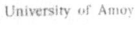
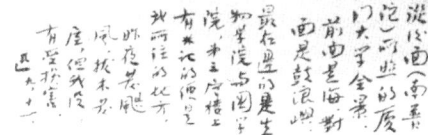

북경여자사범대학. 노신은 이 학교의 겸임교원으로 있으며 학생운동을 적극 지지했고, 나중에 평생 반려자가 된 허광평을 만났다.(위 왼쪽). 1927년부터 노신이 문학과 주임 겸 교수로 있었던 중산대학 종루, 허광평을 조교로 초빙해 함께 일했다.(위 오른쪽)
1926년 노신이 교편을 잡은 하문대학, 하문대학 전경이 담긴 이 엽서는 노신이 허광평에게 보낸 것이다.(아래)

노신의 평생 반려자이자 가장 신뢰하는 '동행자'였던 허광평.

허광평의 헌신적인 사랑에 대해 노신은
"머리는 이 사람의 발밑에 있지만 왕관을 쓴 것보다
열 배나 더 기쁘다"라고 했다.

노신의 53세 생일을 기념하여 찍은 가족사진. 노신, 아들 해영, 허광평. 1933년 9월 13일 상해에서 촬영했다.
노신, 허광평, 장경삼(藏徑三). 1927년 9월 11일에 광주의 사진관에서 촬영(오른쪽).

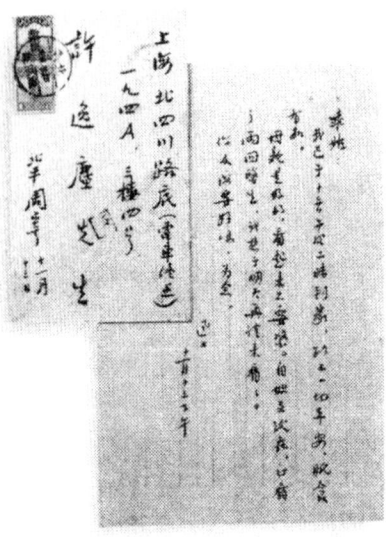
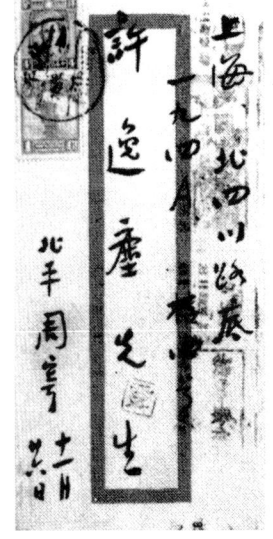

노신이 허광평에게 보낸 편지 원본과 겉봉투(위) 그리고 허광평이 노신에게 보낸 겉봉투(아래).
허광평이 노신에게 보낸 편지 한 통을 계기로 이들은 연인 관계로 발전하게 된다. 둘은 평생에 걸쳐 수백 통의 편지를 주고받았으며, 나중에 노신은 이를 직접 편집해 『양지서(兩地書)』란 제목으로 출판했다.

『노신 전집』 1~20권, 노신선생기념위원회 편, 1938년 출간(위). 노신은 글을 쓸 때 습관적으로 '금불환(金不換)'이란 이름의 붓을 사용했다. 그는 "내겐 큰 칼이 없고 붓 한 자루뿐이다. 이름하여 금불환……. 어려서부터 써온 것으로 한 자루에 50전밖에 하지 않는다"라고 말한 바 있다(아래).

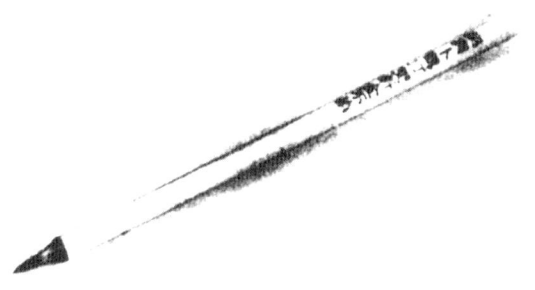

토로하는 문학은 혁명에 아무런 영향도 미치지 못한다.

진정으로 영향력을 지닌 문학은,

분노로 포효하는 문학이요 복수하는 문학이다.

독일 판화가 케테 콜비츠의 목판화 〈희생〉.
노신은 특별히 이 작품을 정령에게 소개하여 『북두』 창간호에 실음으로써 유석의 희생을 추모했다.

위 왼쪽부터, 1923년 북경 신조사(新潮社)에서 출판된 노신의 첫번째 소설집 『외침(吶喊)』, 노신이 직접 디자인한 『열풍(熱風)』 초판, 1926년에 출판된 노신의 두번째 소설집 『방황』, 이 책의 장정은 도원경(陶元慶)이 했는데 노신은 이 표지에 정말 큰 힘이 담겨 있어 사람들을 감동시키기에 충분하다고 평가했다. 노신이 직접 번역하고 제자한 독일 동화집 『어린 요한(小約翰)』, 노신이 손수 장정 디자인을 한 잡문집 『이이집(而已集)』, 광주 시기의 잡문이 수록되어 있다.

허수상(許壽裳, 1882~1948). 자는 계불(季巿), 절강 소흥 출신이다. 1902년에 일본에 유학하여 노신과 절친한 친구 사이로 지냈다. 「절강조」 잡지 주편을 맡았고, 귀국한 후에는 교육부에서 일하다가 여러 대학에서 교편을 잡았다. 민주운동과 노신을 선전하는 일에 주력하다가 1948년 피살되었다. 저서 「망우노신인상기(亡友魯迅印象記)」, 「내가 아는 노신」 등.

구추백(瞿秋白, 1899~1935). 강소 상주(常州) 출신의 중국공산당 초기 지도자. 「노신잡감선집」을 편했으며, 중앙 공농(工農) 민주정부 집행위원, 인민교육위원 등을 지냈다. 중공 중앙국 선전부장으로 있다가 1935년 2월 포로가 되어 6월 처형됐다. 노신은 "인생에서 지기를 하나 얻으면 그것으로 족하니, 이 세상을 같은 마음으로 바라봐야 하리라(人生得一知己足矣 斯世當以同懷視之)"라는 시를 써서 그에게 헌사한 바 있다.

욱달부(郁達夫, 1896~1945). 절강 부양(富陽) 출신의 작가. 1926년에 곽말약과 함께 광주로 가서 광동대학 문과 교수로 재직, 노신과 함께 월간 「분류(奔流)」의 주편을 맡기도 했다. 「창조계간」 제1기 주편, 중국자유운동대동맹, 중국좌익작가연맹, 창조사 발기인이었으며 일본 헌병에 의해 암살되었다.
노신의 서거 후 욱달부는 "중국의 민족정신을 제대로 이해하려면 「노신 전집」을 읽는 것 말고는 다른 첩경이 없다"고 말하여 그를 매우 높이 평가했다.

유석(柔石, 1902~1931). 본명은 조평복(趙平復). 절강 해녕 출신 작가이다. 노신과 함께 조화사(朝花社)를 설립하여 외국문학을 소개하기도 했다. 1930년 3월에 중국좌익작가연맹에 가입하여 집행위원과 상무위원, 편집부 주임 등을 맡은 바 있다. 이듬해에 은부, 호야빈, 이위삼, 풍갱 등과 함께 체포되어 처형되었다. 저서 「이월(二月)」, 「노예의 어머니가 되어(爲奴隷的母親)」 등.

호야빈(胡也頻, 1903~1931). 복건 복주(福州) 출신. 1924년 북경에서 친구들과 함께 『경보(京報)』와 『민중문예』를 내면서 정령(丁玲), 심종문(沈從文) 등과 알게 되어 홍흑출판사를 차렸다. 1930년 출판사가 도산하자 제남(濟南)에서 교편을 잡다가 얼마 후 상해로 돌아와 '좌련'의 지도 업무에 헌신했다.

풍설봉(馮雪峰, 1903~1976). 필명은 화실(畵室), 하단인(何丹仁), 'O·V' 등으로 절강 의오(義烏) 출신 시인이자 문예이론가. 1922년에 응수인, 반한화(潘漢華) 등과 '호반시사'를 결성하여 「호반(湖畔)」, 「봄의 노래(春的歌集)」 등을 출판했다. 좌련 당단 서기, 중공 상해중앙국 문화공작위원회 서기, 중공 강소성 선전부 부장 등을 역임했다. 건국 후에는 상해문협 주석, 중국작가협회 당위서기 겸 부주석, 인민문학출판사 사장 등을 지냈다.

미국 『신군중(New People)』 잡지가 좌련의 다섯 작가와 좌련에 소속되어 있던 극작가 종휘(宗暉)의 죽음을 애도하고 있다.

지난 30년 동안 나는 수많은 젊은이들이 피를 흘리며 쓰러지는 것을 직접 목격했다. 그 피가 쌓이고 쌓여 숨도 못 쉬도록 나를 묻어버렸다. 그래서 나는 이런 몇 마디 글밖에 쓸 수가 없다. 땅 속에다 자그마한 구멍을 하나 뚫어놓고 간신히 남은 숨을 부지해가는 셈이니, 이게 도대체 어떻게 된 세상이란 말인가? 하지만 나는 알고 있다. 굳이 내가 아니더라도, 장차 그 누군가가 반드시 그들을 생각하고 그들에 대한 이야기를 할 때가 오리라는 것을…….

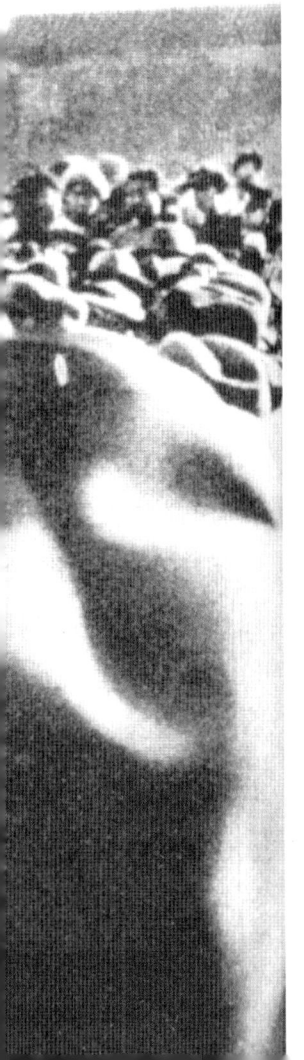

1932년 11월 10일, 노신은 북상하여 가족들을 만났다. 북경에 머무는 동안 북경대학과 보인대학, 여자문리학원, 북경사범대학, 중국대학 등 다섯 개 대학에서 연설했다. 그 유명한 '북경오강(北京五講)'이다. 사진은 노신이 북경 대학에서 연설하는 모습.

1933년 2월 17일 영국 작가 버나드 쇼가 상해를 방문하여 중국민권보장동맹 회원들로부터 커다란 환영을 받았다. 왼쪽부터 아그네스 스메들리, 버나드 쇼, 송경령, 로이슨, 채원배, 임어당, 노신.

노신과 우치야마 서점의 주인 우치야마 간조(內山完造). 우치야마는 평생 노신의 뒤에서 그를 후원했다.

1936년 10월 19일 새벽 5시 25분, 노신은 상해의 대륙신촌 9호 우거에서 숨을 거두었다.

노신의 장례식은 10월 22일, 수천 명의 사람들이 참석한 가운데 중국 최초의 '민중장'으로 진행되었다. '민족혼'이라고 씌어진 하얀 천에 감싸인 그의 시신은 청년 문학가들의 손에 의해 만국공동묘지에 묻혔다. 다음 달 각 문학 잡지는 일제히 추도호를 발행했다. 이는 '문학혁명' 이래 처음으로 논쟁이 없는 중국 문단의 모습이었다.

1936년에 찍은 노신 묘비 사진.
묘비의 제자 '노신선생지묘'는 당시 7살이던 아들 주해영의 필치이다.

반항자란 어떤 사람인가? "아니오"라고 말할 줄 아는 사람이다. 그러나 반항자는 거부하되 포기하지 않는다. 반항자는 행동을 시작하는 순간 "네"라고 말할 줄도 아는 사람이다.
모든 반항에 있어, 그는 일정한 가치판단을 확신하면서 자신의 의지를 굳세게 견지한다. 그리고 이러한 지향은 어떤 곤경 속에서도 변하지 않는다.
그는 주인의 채찍질을 받으면서도 처절한 행진을 계속하면서 굳세게 반항한다. 자신이 찬성하는 모든 것으로 자신이 찬성하지 않는 모든 것에 대항하는 것이다.
반항은 치욕의 거부에 그치는 것이 아니라, 타인에게 굴욕을 강요하지도 않는다. 인격이 존중되기만 한다면 어떠한 고통도 달게 받는다.
반항은 어떤 것도 창조해내지 못하기 때문에 겉으로 보기에는 부정적인 것으로 보일지 모르지만, 사실 반항자 자신에겐 시종 반드시 지켜내야 하는 것이 있기 때문에 충분히 긍정적인 것이다.
나는 반항한다, 고로 나는 존재한다.

—알베르 카뮈, 『반항자』.

• 차 례 •

제1부 출생과 성장

출생지 · 35
밑바닥에서 · 41
십자로 · 47
격동 속의 화산구 · 55
환등사건 · 69
도쿄 : 문학 계획의 유산 · 79

제2부 혁명의 한복판에서

혁명 전후 · 97
쇠로 된 방 안에서 외치다 · 115
방황 시기 · 135
소용돌이 속에서 · 153
고도(孤島) · 181

제3부 예술의 길, 혁명의 길

혁명의 발원지 · 199
꿈에서 추방된 사람 · 209
혁명문학가들의 포위 공격 · 227
좌련(左聯) 시기 · 261
구망(救亡)과 계몽 · 297
좌련 해산 전후 · 357
쓰러지다 · 389

옮긴이의 말 _ 399 | 연보 _ 402 | 찾아보기 _ 407

| 일러두기 |

이 책은 옮긴이의 뜻에 따라 중국어의 인명 및 지명 표기에 있어서 한국어 발음을 적용하는 것을 원칙으로 했다. 그 이유는 다음과 같다.

1. 세계적으로 인명과 지명을 소리나는 대로 표기하는 것을 원칙으로 삼고 있으나 이는 대부분의 언어가 소리 언어이기 때문이다. 뜻 언어인 중국어의 특성을 무시하여 일률적으로 적용해서는 안 될 것이다.

2. 번역과 출판은 해석과 전달을 위한 것이지 외국인의 인증을 위한 것이 아니므로, 중국어의 인명 및 지명 표기는 발음과 뜻을 함께 전달할 수 있는 우리 식 표기가 바람직하다. 예컨대 '北京'을 '북경'으로 읽을 경우 '북쪽의 도성'이라는 의미가 분명해지지만 '베이징'으로 표기할 경우 소리만 알 수 있을 뿐 그 이름에 내포된 의미는 알 수 없다.

3. 중국어의 발음체계와 우리말의 발음체계가 크게 다르기 때문에 우리말 표기로는 중국어의 세분화된 발음을 제대로 소화할 수 없는 것도 큰 이유이다. 중간음의 처리도 혼란을 야기한다. 예컨대 발음하는 사람에 따라 '베이징', '뻬이징', '베이찡' 등으로 다양하게 표기되어 혼란만 가중시킬 수 있기 때문이다.

|제1부|

출생과 성장

출생지

　노신魯迅은 본명이 주수인周樹人으로, 1881년 10월 절강浙江 소흥紹興에서 태어났다. 고향 소흥에 대해 노신은 아주 복잡하고 모순적인 감정을 갖고 있었다. 고향을 대단히 아끼고 사랑하여 평생 애정의 끈을 놓지 않았으면서도 다른 한편으로는 증오와 결별의 한을 품고 있었다. 심지어 "신이 노하여 홍수로 쓸어가버려도 좋다"는 저주도 서슴지 않았다.

　양자강揚子江 이남에 위치한 소흥은 수로를 따라 집들이 들어서 있고 가까이는 조아강曹娥江, 멀리는 전당강錢塘江이 흐르고 있어 사시사철 물소리가 그치지 않았다. 수많은 물줄기와 작은 다리, 오봉선烏篷船 등이 산그늘 뒤로 이어지면서 그윽한 풍경을 이루고 있었다. 소흥의 물줄기가 지혜의 상징이라면 소흥의 외곽에는 산과 봉우리 그리고 바위 등이 어우러져 있어, 험준하고 강인한 영혼을 함께 지니고 있었다. "바다와 산의 정기가 모여

● 1920년대 소흥성.

있어 준걸과 뛰어난 인재들이 많이 배출된다海岳精液 善生俊異"는 말 그대로, 소흥에서는 왕충王充, 왕희지王羲之, 육유陸游, 서위徐渭, 왕사임王思任 등 뛰어난 인물들이 많이 배출되었다. 노신은 이들 선현들에 관한 기록을 모아 『회계군고사잡집會稽郡故事雜集』이란 제목의 책으로 엮어

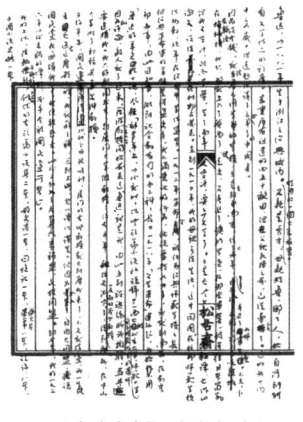
● 1935년 쐬어진『노신 자전』의 수고.

냄으로써 선인들의 행적에 경의를 표하고 이를 길이 기억하려 했다. 반역자인 그는 사실 역사와 전통을 일괄적으로 무시한 것이 아니라 선택적으로 귀의의 대상으로 삼기도 했던 것이다. 특히 그는 "회계는 설욕을 갚은 땅으로 치욕을 남기는 것을 용납하지 못한다"는 왕사임의 말을 좋아했다.

제왕의 도성인 남경南京과 달리 소흥에는 패기도 없고 대도회와 같은 사치도 없었다. 소흥은 중소 도시이자 변방의 도시로서 사방이 작은 마을로 이어져 있고, 관료와 장인, 서민 들, 그리고 유명한 사야(師爺, 옛날 지방관들의 개인 고문 겸 막료―옮긴이) 들 외에 무수한 농민과 어민, 거지 들이 뒤섞여 있었다. 도시문화와 향촌문화가 중첩된 중간지대에서 노신은 어려서부터 상당히 수준 높은 교

● 1893년, 노신의 조부가 과거시험 부정사건에 연루되어 투옥되자 가족들은 이에 연루되는 것을 피하기 위해 큰외삼촌 댁이 있는 소고촌(小皐村)으로 피신했다.

육을 받을 수 있는 기회가 있었다. 첫째는 경전과 서면의 교육이고, 둘째는 일상생활에서의 교육이었다. 이 두 가지 교육 형태는 향토 중국의 고유한 혈맥과 긴밀히 연결되어 있었다. 그는 장기간 '자기의 방'에 갇힌 채 상류사회의 선율에 괴로워하고 있었다. 산수와 풍속, 희곡문화 등 고향의 모든 것이 일생 동안 시의詩意로 따라다니며 비록 미약하긴 했지만 여전히 자긍심의 원천으로 작용하면서 강한 효력을 발휘하면서 영혼의 해독제 역할을 했다.

노신과 고향과의 악연은 집안이 몰락한 이후 고통의 체험으로부터 비롯되었다. 열세 살 때 그는 이미 한 대가족의 도련님에서 '걸식자'로 전락했고, 너무 일찌감치 사회로 내몰렸다. 여러 해가 지난 후 그의 회고에서 우리는 어린 소년의 격정을 발견할 수 있다. 그는 탄식하여 말했다. "누가 소강小康의 가정에서 이런 곤궁으로 추락할 수 있을까? 이런 몰락의 과정에서 세인들의 진면목을 볼 수 있을 것이다……."

밑바닥에서

　소년 노신이 겪었던 두 차례의 중대한 가정의 변고는 그의 정신건강을 심각하게 훼손했고 그에게 지워지기 어려운 깊은 상처를 안겨주었다.

　가장 먼저 일어난 일은 조부의 투옥사건이었다.

　노신의 조부 주복청周福淸은 자字가 개부介孚로 한림 출신이며 외지의 지현知縣으로 발령받았다가 나중에 혁직당하고 말았다. 그 후 돈을 내어 연관(捐官, 청조 말기에 돈을 주고 관직이나 공명첩을 샀던 일)하는 방식으로 경사에서 후보 관원으로 9년을 지내다가 마침내 문서 필사를 전담하는 7품 소경관小京官을 지냈다. 1년 후 자희慈禧 태후의 '만수萬壽'를 기리는 의미로 광서光緖 황제가 어지를 내려 전국 각성에서 은과고시恩科考試를 거행했다. 주복청은 마침 이 기간 동안 모친의 상례를 위해 소흥에 남아 있어야 했다. 몇몇 친척들이 주 고관이 동과同科 진사라는 소식을 듣고는 동년(同年, 같은 해에 과거시험에 합격했다는 것을 뜻함—옮긴이)의 친분을 이용하여 자기 자식들이 시험에 붙게 손써달라고 1만 냥의 양은洋銀을 걷어 뇌물로 전했다. 그는 이를 수락하고 곧장 소주蘇州로 달려가 주 고관의 거동을 살피면서 직접 편지를 한 통 써서 1만 냥이 든 은표를 동봉, 심부름꾼에게 이를 전하라고 시켰다. 하지만 이처럼 주도면밀하게 준비된 모든 계획과 실행은 교활한 심부름꾼에 의해 종내는 실패로 결말이 나고 말았다.

꼭대기까지 부패한 사회일지라도 관방은 '법치'의 체면을 유지해야만 했다. 주복청은 사안의 중대성을 깨닫고 사람들에게 줄을 대어 문제 해결을 시도했지만 여의치 않자 일단 상해로 도망쳐 한동안 숨어 지내다가 결국엔 자수하고 말았다. 광서 황제는 형부의 상서에 대한 답권(答卷, 상주에 대한 황제의 대답을 담은 두루마리 - 옮긴이)에서 친필로 '참감후斬監候'에 처하라는 지시를 내렸다.

참감후란, 범인을 잠시 구금한 상태로 참수를 기다리게 하는 형벌이었다. 언제 참수가 행해질지 예측할 수 없는 상태로 최고 통치자의 지시만 기다려야 하는 것이었다. 이처럼 아침에 저녁의 안녕을 보장할 수 없는 상황에서 죄수의 모든 가족과 친척들은 피를 말리는 고통을 감수해야 했다.

주복청이 투옥되자 이에 연루되는 것을 피하기 위해 노신은 동생 주작인周作人과 함께 모친 노서魯瑞를 따라 시골로 내려가 거의 부랑자에 가까운 생활을 해야 했다.

● 노신의 모친 노서(魯瑞, 1852~1943). 노신의 부친 주봉의(周鳳儀, 1861~1896).
● ● 왼쪽부터 조모 손월선(孫月仙)과 노신의 조부 주복청과 계조모 장국화(蔣菊花)의 초상화.

다행히 지부 대인과 사적인 친분이 있었던 덕분에 주복청은 항부杭州 부옥府獄 근처의 화패루花牌樓에 방을 하나 얻어 첩과 자식을 거느리고 식모와 보모까지 두고 살 수 있었다. 물론 이 모든 비용을 장자인 노신의 부친 주봉의周鳳儀가 부담해야 했다. 하지만 과거시험에 응시할 수 있는 길이 완전히 막혀버린 지식인이 가산을 판다고 한들 얼마나 버틸 수 있었겠는가? 봉건 관료사회에 물든 조부의 부패한 습성에 대해 노신은 반감을 갖지 않을 수 없었다. 나중에 주복청이 병으로 세상을 떠나게 되었을 때, 셋째 동생 주건인周建人이 조부의 일기를 보존해야 하느냐고 묻자 노신은 관례대로 전부 태워버리라는 한마디를 건넸을 뿐이다.

주봉의는 울분이 병이 되어 37세의 젊은 나이로 세상을 떠났다. 이때 노신은 겨우 열여섯 살의 청년이었다. 부친의 죽음은 조부의 하옥에 이어 찾아온, 감당하기 어려운 또 한 차례의 충격이었다.

주봉의가 알았던 고창병鼓脹病을 현대의학으로 설명하자면 간경화에 의해 복수가 차는 병이라 할 수 있다. 병원학적病原學的으로 말하자면 장기적인 정신적 스트레스가 치명적인 요인이 되는 병이었다. 당시 삼미서옥三味書屋에서 한창 학업에 열중하고 있던 노신은 중병에 걸려 있는 부친의 치료 때문에 '공자 왈 맹자 왈' 하는 공부에만 매달릴 수 없었다. 의원을 찾아다니고 처방전을 끊어야 하는데다 거의 매일같이 전당포와 약방 사이를 오가면서 부친의 병을 치료하기 위해 백방으로 돌아다녀야 했던 것이다. 나중에 이 시기의 심정을 회고한 글을 보면 그가 전당포에서 느껴야 했던 치욕이 얼마나 뼈에 사무쳤고, 처방전에 나오는 한겨울의 꼭두서니 뿌리를 비롯하여 3년 동안 서리를 맞은 사탕수수, 짝짓기를 한 귀뚜라미, 자금우紫金牛 등 희귀한 약재를 구하러 다니면서 중국 전통의학에 얼마나 처절하게 우롱당했는지를 쉽게 알 수 있다. 그가 나중에 표현했던 중국의 전통과 사회의 불공평 현상에 대한 증오와 공격은 이러한 충격에 바탕을 두고 있는 것이다.

조부의 투옥사건이 당시 권력과 권력자에게서 직접 유래한 것이라면 부친의 사망은 사회와 문화의 산물이라 할 수 있었다. 연이은 두 가지 불행한 사건이 노신을 장기간의 절망과 고독 그리고 모든 상황에 대한 허무감과 회의에 빠뜨렸다. 사람들은 항상 노신의 성격을 묘사하면서 의심이 많고 쉽게 분노한다고 말하곤 하는데, 사실 이러한 습성은 고난의 생활이 가져다준 필연적 결과였다. 생존을 위한 투쟁에서 자신을 속이지 않기 위해 그는 모든 지원을 거부하면서 외로운 투쟁에 나서야 했다. 그가 그토록 고집스럽고 완강했던 것은 세상 전체가 자신이 맞서 싸워야 하는 적이기 때문이었다. 그에게 있어서 세상은 정해진 이름이 없는 살인단체였고, 그 강대함은 개인적 환각의 산물이 아니라 경험 속에서 우러나온 현실에서 비롯되었다. 때문에 그는 목숨을 건 반항의 삶을 살아야 했다. 하지만 자각하는 약자로서 그의 내심에는 슬픔과 서러움이 가득했다. 주씨 집안의 몰락 자체가 하나의 커다란 불행이었다. 한술 더 떠서 병마에 시달리며 몸부림치다가 죽음을 맞은 부친은 여전히 가난에 허덕여야 하는 모친과 어린 동생들을 세상에 남겨주었다. 모두가 호소할 데 없는 고통을 지닌 수난자들이었다. 증오는 사랑에서 나오고 책임과 용기 역시 사랑에서 나오는 법이다. 장자로서 노신이 이들의 보호자가 되어야 하는 것은 이미 선택의 여지가 없는 일이었다. 넉넉하던 집안이 몰락하는 과정에서 상층 세계와 하층 세계가 역전하는 중간지대에 처한 노신은 장기간 이런 상태에 머물며 인류의 영혼을 응시한 채 주위의 냉대와 멸시, 잔혹함을 감수해야 했다. 노신에게 있어서는 소년 시절 전체가 그의 성격과 철학을 형성하는 시기인 동시에 미래의 사유와 문학적 주제를 잉태하는 중요한 시기였다.

행복은 단순하기 그지없었고 고난만이 바닥을 알 수 없을 정도로 깊고 드넓었다. 실제로 몇 년밖에 안 되는 짧은 기간 동안 노신이 겪어야 했던 모든 일들은 평범한 순민들이 유장한 세월 동안 겪는 것보다 훨씬 더 복잡하고 많았다.

십자로

　부친을 잃은 후 노신은 온갖 어려움 속에서 인생의 십자로로 내몰렸다.

　이 시기에 그는 이미 '주변인'이 되어 있었다. 모친은 사방이 벽으로 막혀 생계마저 유지하기 어려운 상황에서도 여전히 그에게 공부를 계속하기를 권하였고 과거科擧의 길을 가게 했다. 그러나 두 차례의 변고로 인한 깊은 그늘이 그를 휘감아 '정도政道'에 대한 깊은 혐오감과 두려움을 갖게 했다. 대가족의 후계자로서 그에게는 이 길 외에 달리 선택의 여지가 없었다. 당시 지식인들이 택할 수 있었던 가장 흔한 길은 막료가 되거나 상인이 되는 것이었다. 하지만 권력이나 돈의 노예가 되는 것은 둘 다 그가 가장 싫어하는 일이었다. 그렇다고 다 자란 성인으로서 집안의 다른 자제들처럼 스스로 한가한 부류로 전락할 수도 없었고, 글을 버리고 스스로 벌어 먹고산다는 이유로 소나 말처럼 비참하게 일하면서 굴욕

● 『아침 꽃 저녁에 줍다』는 노신이 1926년에 쓴 산문체 회고록으로서 1928년 9월 북경 미명사(未名社)에서 출판되었다. 사진은 초판의 표지이다.

에 마비되어가는 노동자가 될 수도 없었다. 요컨대 그는 사회와 가정이라는 이중의 압력에 시달리고 있었다. 『아침 꽃 저녁에 줍다朝花夕拾』에 수록된 자잘한 잡문에서 그는 이 시기에 자신이 집안의 물건을 몰래 훔쳐다 판 일에 대해 범죄를 저지른 듯한 자책감을 느꼈음을 토로하고 있다. 결국 이런 이중의 압력을 견디다 못한 그는 집을 나오기로 마음먹었다. 하지만 어디로 간단 말인가? 당시의 심정을 그는 "S 도시 사람의 얼굴은 이미 지겹도록 익숙해져 있었다. 그저 그런 것뿐이었다. S 도시의 사람들은 마음마저도 일목요연하게 들여다보였다. 결국 다른 유형의 사람들을 찾는 수밖에 없었다. S 도시 사람들이 욕하고 비난하는 그런 사람들을 찾아가야 했다. S 도시의 사람만 아니라면 가축이나 귀신이라도 무방했다"라고 표현하고 있다.

변화하는 사회가 개인의 나아갈 길에 대해 전혀 생각지 못한 새로운 계기를 마련해주었다.

모든 사물과 현상은 극점에 달하면 반대 방향으로 움직이기 마련이다. 만청滿淸 정부는 중국을 2백 년이 넘도록 통치하면서 왕조의 말로에 이르기까지 결국 치세와 난세가 거듭되는 일치일란一治一亂의 주기율을 벗어나지 못했다. 필연적으로 개혁의 흐름이 거세지기 시작한 것이다. 1840년, 아편전쟁이 발발하자 서양의 무기와 상품이라는 외부적 압력이 통치집단 내부에 균열을 조성하면서 미미하게나마 숨결을 유지해오던 개혁의 흐름이 가속화되기 시작했다. 무술정변戊戌政變에서도 알 수 있듯이 자희慈禧 태후 같은 반동 세력이 나타나 피로써 정치개혁 세력을 씻어버린다 해도 개혁가들의 모습을 완전히 지워버릴 수는 없었다. 세기말에 이른 역사의 시곗바늘은 디는 역전이 불가능했다. 개혁의 속도는 매우 완만했고, 특히 정치 체제의 개혁은 지지부진하게 실행을 유보하고 있었지만 교육제도와 언론출판 분야는 상대적으로 매우 여유 있는 모습을 보이고 있었다. 봉건왕조시대의 마지막 통치자들은 대규모로 문자옥을 일으켰던 선조들에 비해 이데올로기가 그리 투철하지 않았고, 그들의 이러한 무지가 사회 전체에 커다란 이점으로 작용했다. 이 시기에 이미 중국과 서양의 합작 형태로 학당이 생겨났고, 완전한 서양식 학교도 출현했으며, 『지신보知新報』를 비롯한 몇몇 신문과 서양 저작물의 번역본이 속속 등장하기 시작하면서 낯선 세계가 커다란 유혹으로 다가오기 시작했다. 오랫동안 금고 상태에 놓여 있던 사람들의 대뇌가 이때부터 활발하게 움직이기 시작했다.

노신은 소홍에서 『지신보』와 『점석재화보點石齋畫報』를 접하게 되었고 영국인 프랜저가 편저한 『격치신편格致新編』 등 새로운 경향의 저작물들을 대할 수 있었다. 이러한 현대과학 지식과 각종 문화 정보가 그에게 어떤 충격과 격정을 가져다주었을지는 쉽게 상상할 수 있을 것이다. 이런 현상들은 그가 서양 학당을 찾게 된 경로, 즉 이른바 '영혼을 악마에게 팔아버린' 것과도 깊이 연관되어 있다. 물론 그가 먼저 남경의 강남수사학당江南水師學堂과 광무철로학당礦務鐵路學堂에 다니게 됐던 것은 학비가 면제된다는 점이 가장 중요한 이유였다. 그에게는 퇴로가 없었다. 그는 너무도 자립이 필요했다.

수사학당은 관방으로부터의 간섭과 영향이 매우 컸고 도처에 관료주의의 색채가 농후했다. 이에 대한 노신의 관념은 그다지 명철하지 못했다. 이 기간 동안 그는 동생 주작인과 함께 한 차례 과거시험에도 응시했다. 어떤 이유에서였건 그가 과거시험에 참여했다는 행위 자체는 일종의 후퇴였다. 다행히 이러한 기로에서의 방황은 아주 일찍 끝이 나버렸다.

새로운 형태의 학교가 그를 구해준 것이었다. 광무철로학당에서도 한문을 배우면서 팔고문(八股文, 명청 시기에 과거시험의 답안용으로 채택된 특별한 형태의 문체로, 파제破題와 승제承題, 기강起講, 입수入手, 기고起股, 중고中股, 후고後股, 속고束股 등 여덟 부분으로 구성된다 — 옮긴이)의 한계를 벗어나지 못했지만 격치格致와 산학算學, 지리, 역사, 회화繪畫, 체조, 독일어 등 새로운 과목들도 적지 않았다. 특히 지질학과 광물학은 노신에게 커다란 자극제가 되었다. 모든 강의실이 서양식으로 설비되어 있었고 교과서도 서양 책이었다. 노신이 입학한 이듬해에 학교 관리인들이 전부 신당 사람들로 바뀌면서 학교의 분위기는 훨씬 활기가 넘쳤다. 일단 글을 확보한 노신은 생동감 있게 신당 출현의 상황을 기록하기 시작했다. 마차를 타고 있을 때면 그는 항상 『시무보時務報』를 읽었고 한문 시험도 스스로 출제했다. 그가 출제한 문제는 교사들이 출제한 것과는 사뭇 달랐다. 한 번은 그가 '워싱턴론'이란 문제를 출제

● 노신이 청년 시절 즐겨 읽은 『시무보』.

한 것을 보고는 오히려 교사가 슬그머니 다가와 묻기도 했다. "워싱턴이란 게 뭐 하는 물건인가……?"

이때 학교 안에는 새로운 책들을 열독하는 분위기가 유행하고 있었다. 노신은 조급하고 흥분된 마음으로 엄복嚴復이 번역한 『천연론天演論』을 읽었다. 이 책은 영국의 유명한 생물학자로서 다윈의 진화론에 지대한 영향을 준 헉슬리의 저작 『진화론과 윤리학 및 기타』를 번역한 것이었다. 역자는 서론과 본론을 번역했지만 실제로는 거의 개작에 가까운 것으로, '인치人治의 실행은 모두 자연에 귀속된다'는 영국 사회학자 스펜서의 사상에 대해 혁명적인 해석을 내린 것이다. 그 가운데 그가 가장 강조한 것은 '생존경쟁', '적자생존'의 진화론 원리로서, 이는 국민들에게 국가의 존망에 대한 경종을 울리기 위한 것이었다. 『천연론』은 1898년에 출판되어 지식계에 거대한 반향을 일으켰다. 노신 역시 다윈 학설로부터 깊이 영향을 받았고 이때부터 위기의식과 투쟁, 과학과 진보가 평생 동안 그의 뇌리에 기본적인 신념으로 자리잡게 되었다. 훗날 다른 학설을 접하게 된 뒤에도 이런 기조는 쉽사리 흔들리지 않았다.

중일 갑오전쟁 이후 중국은 침몰이 가속화되는 가운데 한편으로는 재기를 위한 분투가 시작되었다. 의화단 운동은 일종의 기형적인 집단행동으로써 전통만을 따르는 단순한 방식으로 제국 열강 세력에 의해 강화된 식민 곤경을 해결하려 시도했다. 하지만 이러한 민간의 기개는 원명원圓明園의 화재와 함께 순식간에 시들어버리고 말았다. 구망救亡의 중대한 책임은 자연스럽게 격변에 처한 봉건 인사들과 신흥 자산계급 지식인들의 몫으로 떨어졌다. 이들은 자신들이 처한 진퇴양난의 곤경을 깊이 따져본 결과, 감당하기 어려운 역사의 굴욕을 견디면서 강대한 적에게서 생존의 방법을 배워야 한다는 사실을 깨닫게 되었다. 메이지明治 유신 이후 빠른 속도로 발전했던 일본의 사례와 특히 경자년庚子年의 손해배상을 경험하게 되면서 큰 교훈을 얻은 중국 조야에서는, 이 두 가지 사건을 통해 서양을 배우지 않으면 안 된다는 것이 현실인식의 가장 절실한 판단근거로 간주되게 되었다. 1896년, 청 정부가 열세 명의 유학생을 일본으로 보내는 것을 시작으로 1906년까지 약 10년에 달하는 기간 동안 일본에 유학한 학생 수가 총 1만 2천 명에 달하면서 대규모 일본 유학의 붐을 형성했다.

  노신은 바로 이러한 조류 속에서 관비 유학생으로 선발되어 일본으로 가게 되었다. 1902년의 일이었다.

격동 속의 화산구

일본 도쿄에는 중국 지식계의 거의 모든 엘리트들이 운집해 있었다.

청 정부는 이미 뿌리까지 썩어 있었고, 세계 혁명 조류의 충격 속에서 빠른 속도로 붕괴를 향해 치닫고 있었다. 국내 형세의 변화에 직면한 해외 망명자들과 수많은 유학생들은 두 개의 진영으로 분열되어 있었다. 무술정변의 생존자이자 지도적 인물이었던 강유위康有爲와 양계초梁啓初는 어제까지만 해도 '유신파'를 자처하던 사람들이 이제는 완고한 '보황파保皇派'로 전락하여 손문孫文과 장태염章太炎을 우두머리로 하는 혁명파의 행동을 극력 저지하고 있었다. 그 결과 이들을 추종하던 사람들은 하루아침에 등을 돌리게 되었다. 혁명파는 '배만(排滿, 만주족, 즉 청 정부의 주류 세력을 배척함—옮긴이)'의 기치를 높이 내걸고 민주혁명과 민족혁명을 결합시켜 민간의 신문과 잡지를 창간하고 국민들을 교육하기 위한 저작물을 번역하여 출간하는 등, 갖가지 수단을 이용하여 대규모 여론을 형성하면서 민권학설과 혁명사상을 적극적으로 전파하여 민족을 위해 헌신하는 희생정신을 고취하려 노력했다. 청 정부가 관비로 유학생들을 파견했던 것은 어떻게 해서든지 살 길을 찾아 얼마 남지 않은 목숨을 지탱해보려는 시도였다. 하지만 청 조정은 이들 청년 학생들이 결국엔 자신들의 무덤을 파게 되리라는 사실을 예측하지 못했다. 개혁 자체도 그랬지만 일단 발동이 걸린 청년들의 혁명의식은 더는 원래 규정된 궤도를 준수하면서 운행될 수 없었다. 개혁이 내부적 필요에 의해 이루어지는 것이 아니라 피동적으로 진행되는 것이라면 결국에는 이를 시작한 사람의 패망으로 종말을 고하기 마련이었다.

일본에 도착한 노신은 먼저 고분학원弘文學院에 입학하여 일본어와 과학의 기초지식을 배웠다. 얼마 후 유학생들의 반정부 풍조가 점점 그를 휘감아 빨아들이기 시작했다. 이곳에서 노신은 두 가지 중대한 사상적 수확을 얻게 되었다. 첫째는 혁명에 관한 것이었다. 혁명이란 아주 멀리서 울리는 천둥이 아니었다. 사회 변혁의 특수한 방식으로서의 혁명은 언제든지 발생할 가능성이 있었고, 실제로 이미 끊임없이 진행되고 있었다. 나중에 노신은 '작은 혁명'이라는 새로운 견해를 갖게 되었다. 그는 혁명을 사람들이 입버릇처럼 말하는 '개혁'과 다를

● 1904년 노신의 고분학원(弘文學院) 졸업사진.

바 없는 것으로 간주했다. 또한 혁명이란 서재 안에서 허구로 만들어낼 수 있는 것이 아니라 혁명에는 반드시 사회 충돌의 불가피성이 존재한다는 것이 그의 생각이었다. 하지만 보다 중요한 것은 혁명 주체의 실천적 활동이었다. 실제적인 투쟁을 거쳐야 하고 반드시 피의 대가를 지불해야만 효과적으로 현실을 개조할 수 있다는 것이다.

혁명의 소용돌이 속에 처해 있었던 노신은 혁명의 필연성과 필요성을 이해했을 뿐만 아니라 혁명의 격렬함과 잔혹함 그리고 어느 것과도 조화될 수 없는 특성을 잘 이해하고 있었다. 그에게 혁명이란 단지 하나의 관념에 그치는 것이 아니었다. 노신은 혁명을 흉내내는 사람이 아니라 천성적인 혁명가였고 영원히 현실에 맞서는 사람이었다. 도쿄의 혁명적 분위기는 그의 모든 모공과 신경에 깊이 스며들어 그를 저항의 불안과 흥분 상태에 빠지게 했다. 장기적인 정신적 압박이 해방의 출구를 찾게 되자 그가 의식하고 느끼고 있었던 사회문제들이 가장 명쾌하고 간단한 해결의 첩경을 확보하게 되었다. 다름 아닌, 혁명이었다. 자신의 짧은 잡감문雜感文에서 말했던 것처럼, 그는 '과거에는 복고가 가장 두드러진 흐름이었고, 지금은 현재를 유지하는 것이 멋진 일이지만, 미래에는 혁신이 새로운 주류를 형성할 것'임을 예견할 수 있었다. 혁명은 이미 역사의 법칙이 되어 있었다. 하

● 양계초(梁啓超, 1873~1929). 자가 탁여(卓如)이고 호는 임공(任公) 또는 음빙실주인(飮冰室主人). 1895년에 회시에 참가하러 경사로 올라갔다가 강유위 등과 이른바 '공거상서(公車上書)'를 일으켰다. 1898년에 유신변법에 참여했다가 실패하자 일본으로 도피했다. 민국 후기에 정치에 참여하여 원세개를 옹호했으며 나중에는 단기서와도 협력했다. 5·4운동 시기에는 신문화운동을 반대하기도 했다.

● 손문(孫文, 1866~1925). 호가 일선(逸仙)으로 광동(廣東), 향산(香山) 출신이다. 청년시절 의사로 활동하다가 반청(反淸)운동을 시작하여 무장봉기를 조직했다. 1905년 일본에서 중국동맹회를 발기하고 나중에 이를 중국국민당으로 개편했다. 1911년 신해혁명을 일으켜 청 왕조를 전복하고 중화민국 정부를 수립, 임시 대통령으로 추대되었으나 북양군벌에게 혁명의 열매를 빼앗기고 말았다. 1921년 광주에서 비상 대통령으로 추대되면서 '북상선언'을 발표했다. '삼민주의(三民主義)' 이론을 제창하였다.

● 장병린(章炳麟, 1869~1936). 호 태염(太炎). 절강 여항(余杭) 출신으로, 근대 민주 혁명가이자 학자로서 혁명사상을 고취하다가 한 차례 투옥된 뒤 일본으로 망명하여 『민보(民報)』를 발간, 개량파 논쟁을 일으켰다. 1910년 광복회 회장으로 추대된 데 이어 1912년에는 상해에 중화민국연합회를 설립하여 회장과 손문 대통령 추밀고문을 겸임했다. 훗날 공산당에 가담, 원세개를 옹호했으나 송교인이 피살당하자 원세개 토벌을 책동했다가 연금당했다. 5·4운동 이후로는 점차 보수로 흘렀다. 저서 『장씨총서(章氏叢書)』 등.

지만 기득권자들은 대부분 현재가 유지되길 원하면서 혁명에 반대했다. 그리고 혁명가들도 그 종류와 양상이 매우 다양했다. 노신 자신도 나중에 혁명의 변질을 직접 경험하면서 혁명가들이 어떻게 타인의 피로 자신의 손을 씻고, 어떻게 남의 자리를 빼앗으며 어떻게 모든 것을 타도하는지를 목도해야 했다. 하지만 노신은 이처럼 다양한 형태로 왜곡된 이른바 '혁명가'들을 통렬하게 공격하면서도 여전히 혁명에 대한 확신을 버리지 않았다. 집단적인 투쟁 속에서 그는 한 가지 수확을 얻었다. 다름 아닌 공동체의식이었다. 그는 평생 외로운 싸움을 벌였다. 이는 명백한 사실이다. 하지만 그는 여전히 지기를 기다렸고 전우를 갈망했다. 가능한 조건하에서 여전히 일종의 공통된 사상과 의식이 응집된 역량을 갈망했던 것이다. 나중에 좌익작가연맹과 민권보장동맹에 참여했던 것도 모두 민간 노예들의 단결된 힘으로 강력한 권력에 저항하려는 표현에 다름 아니었다. 다른 집단주의자들과 유일하게 다른 점이 있다면, 그가 단체에 가입하고서도 그 조직에 반항하면서 엄밀한 집단의 통제를 받아들이지 않았고 시종 개인의 전제專制를 용인하지 않았다는 것이다. 단체 안에서도 그는 어떻게 해서든지 '유일자'의 개체적 존엄과 자유 행동의 권리를 지켰던 것이다.

고분학원에서 노신이 단행했던 가장 큰 상징적 의미

의 독립혁명 행위는 변발을 자른 것이었다.

만주 청병淸兵이 중원을 향해 입관한 때부터 변발을 자를 것인가 남길 것인가 하는 문제는 중대한 정치문제가 되어왔다. 변발은 일종의 문화적 코드로서, 침략과 노예근성 그리고 순종을 의미했다. 노신은 특정한 민족 압박의 시대를 '변발시대'라 이름 붙이기도 했다.

물론 한족漢族에게 있어서 변발을 자른다는 것은 대단히 큰 사건이었다. 노신은 도쿄의 중국 유학생 집단 속에서 솔선수범하여 변발을 자름으로써 변발을 둘둘 말아 머리 위에 올리고 다니는 주위의 학우들로부터 혐오와 시기의 대상이 되었다. 더욱 치명적인 것은 유학생들을 관리하는 청 조정 감독관의 비위를 건드려 관비 지급이 중단되고 중국으로 송환되는 처지에 내몰리게 된 것이었다. 사실 귀국한 후에도 그는 변발을 하지 않았다는 이유로 갖가지 어려움에 시달려야 했고, 심지어 어떤 사람은 그를 관아에 고발하기도 했다. 변발과 관련하여 노신은 스스로를 변발로 인해 고통 받는 사람이라 자칭했고, 변발을 자른 일을 '커다란 사건'으로 간주했다. 변발을 자른 일이 그에게 미친 영향이 너무나 깊고 컸기 때문에 여러 해가 지난 후까지 흥분을 감추지 못해 머리를 감싸 쥐는 습관이 생기기도 했다. 변발시대에 변발을 자른다는 것은 하나의 혁명임에 틀림이 없었다. 노신은 여러 차례 변발을 자른 것을 혁명과 연계시켰다.

「병후잡담지여病後雜談之餘」란 글에서 그는 "누가 내게 혁명의 공덕을 노래하여 '가슴속에 맺힌 응어리를 풀라'고 한다면 내가 가장 먼저 말할 수 있는 것은 변발을 자른 일이다"라 했다.

변발을 잘라버리고 나서 노신은 특별히 사진을 찍어 기념하고 시를 한 수 쓰기도 했다.

> 마음은 큐피드의 화살을 피할 길 없고,
> 비바람은 큰 바위처럼 조국을 어둡게 하네.
> 찬 별에 뜻 전해도 풀들이 이를 알진 못하지만
> 나는 조국에 나의 피를 바치리라.
> 靈臺無計逃神矢 風雨如磐暗故園
> 寄意寒星荃不察 我以我血薦軒轅

당시 노신은 이 제시가 붙은 사신을 오랜 친구인 허수상許壽裳에게 선물했다.

허수상은 자가 계불季茀로 노신과 마찬가지로 절강 소흥 출신이다. 그가 일본에 유학한 시기는 노신보다 다소 늦지만 똑같이 고분학원에 입학했다. 얼마 후 노신은 보통 강남반으로 편입되었으나 그는 계속 절강반에 남아 있었다. 두 사람은 서로 알게 된 후 대화를 주고받으면서 금세 의기가 투합했고, 자연히 왕래도 빈번해졌다. 함께 있을 때면 두 사람은 문학과 철학 분야의 서적에 관해 토론하는 것 외에 항상 국민성의 개조 문제를 놓고 열띤 논쟁을 벌이곤 했다. 주요 논제는 첫째, 어떤 것이 이상적인 인성인가? 둘째, 중국인들의 국민성에 가장 결핍되어 있는 부분은 무엇인가? 셋째, 중국의 병폐는 어디에서 오는가? 하는 것들이었다. 과거 역사에서 중국인들의 생명이 무가치하게 취급되었던 점을 언급하거나, 특히 이민족의 노예로 전락했던 사실들에 대해 얘기할 때면 두 사람은 동시에 할말을 잃곤 했다.

이 시기에 노신은 자신의 문학적 실험을 시작했다. 1903년 5월, 허수상이 『절강조浙江潮』를 창간했다. 이 잡지는 당시 유학생들 사이에서 대단한 영향력을 발휘했다. 노신은 『절강조』의 청탁을 받고 자신의 첫번째 글인 「스파르타의 혼」을 발표했다. 이 작품은 그가 다시 개작한 일종의 번역소설이었다. 소설의 대략 내용은 고대 그리스의 스파르타 용사 3백 명이 페르시아 침략군을 맞아 용렬하게 싸우다가 전원 전사하는 이야기이다. "큰 깃발이 휘날리니 영광이 빛나네. 강인한 호걸이라면 온몸을 강철처럼 단련해야 하리. 제군들이여, 부디 남아로서 죽으라." 이 작품에서 노신은 심혈을 기울여 엘레나라는 장렬하고 감동적인 여인 형상을 빚어냈다. 같은 시기에 발표된 노신의 또 다른 번역작품으로는 「애진哀塵」이 있었다. 이는 프랑스 작가 빅토르 위고의 작품 일

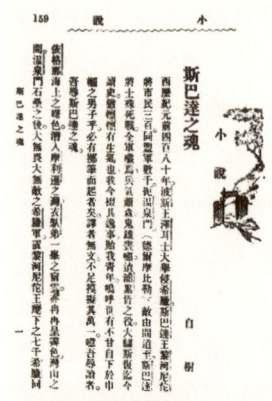
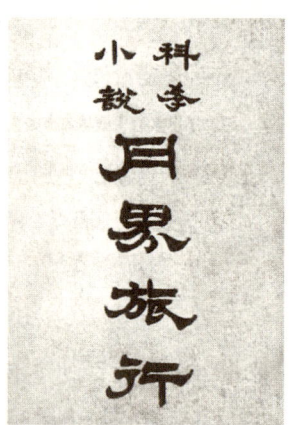

● 위_일본에 유학하는 절강 학생들이 발간하던 잡지 『절강조』와 1903년 노신이 편역해 『절강조』에 연재한 문언소설 「스파르타의 혼」.
●● 아래_노신이 번역한 쥘 베른의 소설 『달나라 여행』, 『지하 여행』 표지.

부를 발췌 번역한 것으로, 재미있는 것은 주인공 방디 역시 여성이라는 점이다. 하지만 엘레나와 다른 점은 그녀는 강렬한 민족의식과 희생정신을 갖춘 반항자가 아니라 속세의 풍진 속에 윤락하며 이리저리 떠돌아다니는 연약한 존재라는 것이다. 노신은 그녀의 존재에 인류의 운명에 대한 관심과 모든 찬미, 원한, 사랑 그리고 동정을 집중적으로 표현했다.

또한 노신은 「중국지질약론中國地質略論」과 「게르마늄에 관하여說鉭」 등 두 편의 과학 관련 논문을 쓰는 동시에 유명한 공상과학 소설가 쥘 베른의 작품 『달나라 여행』과 『지하 여행』 등을 번역하기도 했다. 노신의 이러한 실험창작을 통해 그가 그동안 경험했던 엄격한 과학 훈련과 과학에 대한 확신을 확인할 수 있다. 하지만 이런 경향으로 인해 이른바 '과학구국론'의 틀을 깰 순 없었다. 때문에 문학 분야에 있어서 진정으로 독립적인 창작은 아직 시작되지 못했고, 그의 재능은 민족혁명의 고무와 선전에 주로 투입되었다. 문학적 관념으로 말하자면 여전히 '문이재도(文以載道, 글을 통해 일정한 계몽적 목표를 실현함―옮긴이)'였고, 적어도 이 시기까지는 양계초의 '문학도구설'의 영향에서 완전히 탈피하지 못했다.

바로 이런 이유 때문에 노신의 과학 논문은 여전히 문학작품과 똑같은 감염력을 지니고 있었다. 그의 애국적 열정은 과학을 비롯하여 이미 말라버린 모든 사물을 그

안에 거둬들여 일종의 특이한 광채를 발하게 했다. 선명하면서도 우울한 빛이었다.

우리의 가장 광막하고 아름다운 중국이여! 정말로 세상의 하늘나라요 문명의 비조가 아닐 수 없다! 모든 과학이 오래전에 발달했으니 땅을 측량하고 지도를 그리는 사소한 기술쯤이야 말할 것도 없다. 그러나 어리석게도 지형을 그리는 자들은 지도에 분할한 조각이 너무나 많고 이를 합치면 경계선이 일치하지 않는다. 강물은 항상 내려다보고 산악은 항상 옆에 서 있는 형상으로 그려놓는다. 혼몽하고 우매하기 그지없다. 아아, 상황이 이러하니 사방이 약수(弱水, 전설상의 강으로 중국의 주변을 에워싸고 흐른다고 전해지고 있음—옮긴이)에 둘러싸인 채 고립되어 있어도 언젠가는 자연 도태가 되어 날이 갈수록 퇴화되어 원숭이나 새가 되고 조개나 해조류가 되어 급기야 생명조차 없어지고 말 것이다. 이런 상황에 우리의 사방에는 강한 자들이 빽빽이 들어 차 있어 호시탐탐 우리를 노리면서 키箕처럼 거대한 손을 뻗으며 비처럼 침을 흘리고 있다.

낭만적인 상상과 찬미의 문사는 오래지 않아 무지개 그림자처럼 사라지고 열정도 점점 식어 깊은 사색으로 가라앉고 말았다. 일본에 있는 동안 그의 민족적 자존심은 심각한 손상을 입게 되었다. 전통은 더는 영광이 아니었고 오히려 치욕이자 무거운 족쇄였다. 일종의 우환의식이 그를 완전히 압도하고 있었다. 그는 갑자기 변해버린 사람처럼 태도가 돌변하여 맹목적인 애국주의와 집단주의, 즉 이른바 '군중의 애국적 자만'을 거의 저주에 가까울 정도로 비난했고, 외국인을 포함하여 중국 고유의 문명을 칭송하는 사람들을 질책하는 반면 '고개를 빳빳이 쳐들고 중국을 증오하는' 사람들에게 오히려 진심에서 우러나오는 감사를 표했다. 그가 이처럼 비판의 길을 걷게 된 것은 사실 훨씬 더 외로운 노정이었다. 자신이 살고 있는 세계가 변화함에 따라 그는 조급하고 소란스런 집단으로부터 갈수록 더 멀어져갔다.

1904년 9월, 노신은 센다이의학전문학교仙臺醫學專門學校에 입학했다.

환등사건

　노신이 의학을 선택한 것은 부친이 돌팔이 의사의 오진으로 극심한 고통을 겪어야 했던 기억과 무관하지 않을 것이다. 하지만 온몸과 마음을 민족을 위한 일에 바친 상태에서 과학에 헌신하려는 청년 노신에게는 이보다 훨씬 원대한 계획과 포부가 있었다. 이에 대해 노신 본인도 여러 가지 견해를 밝힌 바 있다. 중시할 만한 것은, 그가 번역된 역사서를 보며 일본 메이지 유신이 주로 현대의학에서 출발했다는 사실을 알게 됐다는 점이다. 또한 당시에는 전쟁이 빈번했기 때문에 실천적인 면에 있어서 장차 군의관이 되어 전장에 나서 독립과 자유를 위해 싸우다 부상한 병사들을 구호할 수도 있다는 것이 그의 생각이었다. 물론 항상 변발을 말아 후지 산처럼 머리 꼭대기에 올려붙이거나 또는 여자들의 쪽 진 머리처럼 묶고 다니면서 매일 소고기 찜이나 배불리 먹고 춤이나 추러 돌아다니는 당시 도쿄 유학생들의 일상생활에 대한 실망도 도쿄를 멀리 떠나 북방의 편벽한 삼림

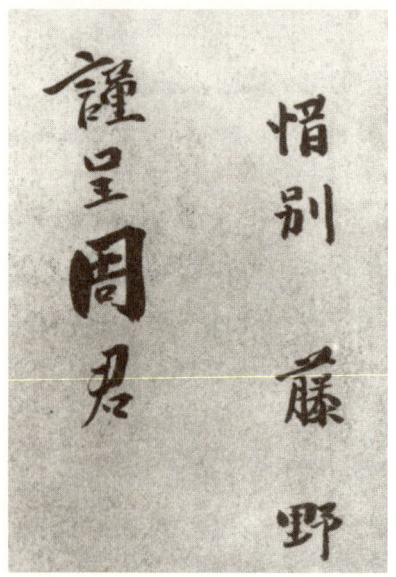

● 후지노 선생, 후지노 겐구로(藤野嚴九郎). 이 사진은 1906년 노신이 퇴학당할 때 후지노 선생이 그에게 선물한 것으로, 사진 뒷면에 '석별'이라는 두 글자가 씌어져 있다.

도시로 가게 한 중요한 원인으로 작용했을 것이다.

노신이 오기 전까지 센다이에는 중국 학생이 단 한 명도 없었다.

센다이의학전문학교에 도착하여 노신이 느낀 주위의 분위기는 대단히 냉담하고 공격적이었다. 이국 땅을 떠도는 나그네인 그에게 특별한 온정을 베풀 수 있었던 유일한 사람은 해부학 담당 교수인 후지노藤野였다.

후지노 교수는 평소 복장이 매우 수수하여 넥타이 매는 것을 깜박 잊는 날도 많았지만 수업 태도만큼은 대단히 진지했다. 그는 노신에게 중국 여인들의 전족이 어떻게 발의 골격을 기형적으로 변형시키는지 자세히 설명해줄 정도로 중국 사정에 대해 관심이 많았다. 그는 중국 학생인 노신에 대해 남다른 애정과 연민의 정을 갖고 있었다. 그는 노신에게 강의내용을 일일이 다 필기하여 매주 자신을 찾아와 확인받게 했다. 그는 그가 필기한 강의내용을 일일이 가필하여 교정해주었고, 심지어 문법상의 착오까지 교정해주었다. 이런 관심은 자신이 담당하고 있는 해부학 수업이 끝날 때까지 한시도 중단되지 않았다. 한 번은 노신이 강의시간에 필기한 혈관의 위치가 약간 잘못된 것을 보고는 그를 연구실로 따로 불러 정확히 지적해주고 아울러 과학과 미학의 차이에 대해 자세히 설명해주기도 했다.

외국인 학생 노신에 대한 후지노 교수의 관심과 지도

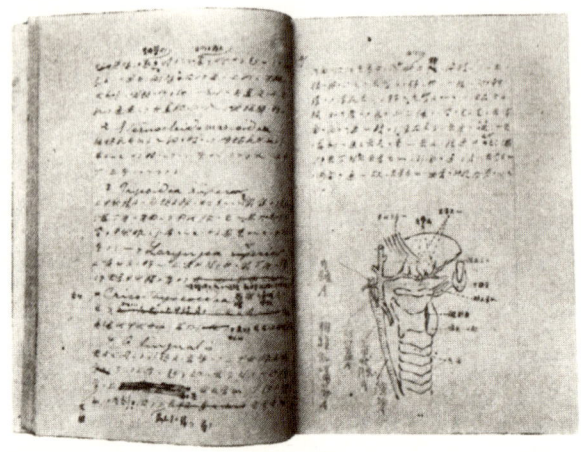

● 센다이의전에 다니던 시기 노신의 해부학 노트. 군데군데 후지노 선생이 틀린 부분을 고쳐준 필적이 남아 있다.

는 일본 학생들이 보기에 지나치게 특별하다는 인상을 면할 수 없었다. 이로 인해 일부 일본 학생들이 노신을 악의적으로 괴롭히거나 공격적인 태도를 보이게 되었다. 한 번은 동급생 회의를 열게 되었는데, 학생회 간부가 칠판에 회의 개최를 알리는 고지문을 쓰면서 '한 명도 빠짐없이 전부 회의에 참석해달라'고 썼다. 그러면서 '빠진다'는 의미의 '루漏' 자 옆에 동그랗게 표시를 해놓았다. 이는 노신을 놀리기 위한 것으로, 그의 우수한 학업 성적이 사실은 후지노 교수가 그에게 미리 시험문제를 누설했기 때문이라는 점을 암시하는 것이었다. 이어서 일본 학생들은 노신에게 우편으로 익명의 편지를 보내면서 톨스토이가 러시아 및 일본 천황에게 보낸 편지의 서두를 모방하여 신약 성경의 구절을 그대로 인용하여 "회개하라!"라고 썼다. 또한 편지의 본문에서는 지난해 해부학 시험에서 후지노 교수가 강의시간에 노트에 뭔가 표시를 해준 덕분에 노신이 좋은 성적을 거둘 수 있었다며 근거 없는 주장을 펼쳤다. 노신은 일본 학생들의 이러한 태도에 대해, "중국은 약한 나라다. 따라서 중국인은 당연히 저능아다. 점수가 60점 이상이 되는 것은 자신의 힘이 아니다. 그들이 이렇게 의심하는 것은 무리가 아닐지 모른다"라고 훗날 썼다.

이듬해에 노신은 더 커다란 자극을 받게 되었는데, 그 결과 의학 공부를 중단하고 앞당겨 센다이를 떠나게 되었다.

새 학년에는 세균학 과목이 추가되었고 갖가지 세균의 형상을 환등기를 통해 볼 수 있었다. 환등기 테이프가 다 돌아갔는데도 아직 수업 끝날 시간이 되지 않았을 경우에는 시사에 관한 몇 가지 간단한 필름을 더 보여주곤 했는데, 그 내용은 전부 러시아와의 전쟁에서 승리한 일본군의 동정이었다. 이런 영화에는 중국인들이 러시아군의 밀정 노릇을 하다가 일본군에 붙잡혀 무참히 처형되는 장면도 들어 있었다. 아이로니컬하게도 둥그렇게 모여 서서 처형 장면을 구경하는 사람들은 상당수가 중국 동포들이었다. 그리고 가장 끔찍한 대목에서는 모두들 손뼉을 치면서 "만세!" 하고 환호성을 질러대기도 했다.

이런 장면은 이전에도 다른 영화에서 여러 번 본 적이 있었지만 이날 본 영화에서의 "만세!" 소리는 유난히 그의 귀를 자극했다. 이 사건으로 인해 노신의 가치관 전체에 중대한 변화가 발생하게 된다. 이러한 변화에 관하여 노신은 『외침吶喊』「자서」에서 이렇게 밝히고 있다.

> 그때 이후로 나는 의학이 전혀 중요하지 않은 일이라 생각하게 되었다. 우매하고 연약한 국민은 체격이 아무리 온전하고 건장하다 하더라도 아무 의미 없는 시위의 구경꾼밖에 될 수 없고, 병사자가 아무리 많다 해도 이를 불행이라 여길 수 없다. 따라서 우리 중국인에게 가장 중요하고 시급한 것은 정신을 뜯어고치는 것이고, 정신을 뜯어고치기 위해서는 무엇보다도 문학예술에 힘써야 한다고 생각했다. 그리하여 문학예술운동을 제창하게 된 것이다.

'환등사건'은 오랫동안 혁명운동에 가려져 있던 중요한 문제를 노출시켰다. 민족 탄압 국면이 형성된 것이 결코 물질적 역량의 부족과 열악함에 기인하는 것이 아니라는 사실이었다. 다시 말해서, 민족의 근본적인 약점

● 1909년 도쿄에서 찍은 사진. 앞줄 왼쪽이 노신이고 오른쪽이 허수상이다.

은 정신적인 혼돈과 우매함, 행동 마비와 나태함, 그리고 자기 기만과 자기의 나약함을 인정하는 데 있다는 것이다. 따라서 민족이 다시 일어서기 위해서는 우선 국민 개체의 각성을 기다려야 한다. 국민성의 개조는 일부 혁명가들이 관심을 기울이던 일이었고, 심지어 일정 기간 동안 유학생들의 보편적인 관심을 드러냈던 과제이기도 했지만 이들에게 '국민성'이란 실질적으로 '전통'과 '민족성', '집단의식' 등으로서 생명 개체와는 아무런 상관도 없는 것이었다. 문학 사업에 대한 노신의 최종 선택은, 자신을 수많은 혁명분자들과 결별시키는 것이었다. 하지만 그는 단 한 번도 전장에서 물러선 적이 없었다. 다른 점이 있다면 그는 안정되고 공격하기 좋은 개인의 참호를 구축하고 혁명이 사회로부터 개인에게로 전이하되 머리로만 전이하는 것이 아니라 영혼에까지 전이하게 하려는 것이었다. '환등사건'이 이런 전략에 하나의 단서를 제공해주었고, 이때부터 노신은 '정신계의 전사' 자리를 굳건히 하게 되었다.

센다이를 떠나면서 노신은 후지노 교수를 찾아가 완곡한 인사로 작별을 고했다. 노신에게 이런 감정 상황은 대단히 중요한 것이었다. 후지노 교수의 관심과 보살핌은 이미 일반적인 사제관계를 넘어선 것이기 때문이었다. 후지노 교수와의 이별과 관련된 세부적인 일들을 노신은 20년이 지나 「후지노 선생」이란 제목의 글에서 대단히 감동적인 필치로 자세히 묘사하고 있다. 이 글에서 그는 후지노 교수가 가필해준 강의록과 그의 사진을 오랫동안 간직하고 있다가 북경으로 이사한 다음에는 책상 반대편 동쪽 창문에 걸어놓았는데, 그 검고 수척한 얼굴이 자신의 싸움에 커다란 용기를 주었다고 술회하고 있다. 1934년 일본 이와나미서점에서 『노신 전집』을 출판하겠다고 했을 때, 그가 제시한 한 가지 요구 사항은 후지노 교수를 기념하기 위해 번역한 글을 넣어달라는 것이었다. 세상을 떠나기 바로 전날까지도 그는 일본 친구들에게 후지노의 근황을 묻는 성의를 보였다.

후지노 교수에 관해 그는 이렇게 말했다.

나는 자주 생각하곤 했다. 그가 내게 보여주었던 열정과 희망, 지치지 않는 가르침은 작게 말하자면 중국을 위한 것, 즉 중국의 새로운 의학을 위한 것이었고 크게 말하자면 학술을 위한 것이었다. 다시 말해 새로운 의학이 중국에 전파되기를 바랐던 것이다. 그의 이름이 모든 사람에게 알려지지는 않았지만 내 눈과 마음속에서 그의 성품은 대단히 위대했다.

권력을 숭배하는 나라에서 사람들은 '위대하다'라는 단어를 황제나 영웅 등 빛나는 사람들에게만 봉헌할 뿐,

제1부 출생과 성장 77

지위가 낮은 사람이나 이름 없고 외로운 사람들을 기념하는 데는 절대로 사용하지 않는다. 그들의 인품에서 쏟아져나오는 빛을 발견하고 이를 위대하다고 말하는 사람은 정말 찾아보기 어려웠다.

도쿄 : 문학 계획의 유산

　노신이 도쿄로 돌아와 가슴 가득 열정을 품고 문학의 꿈을 펼치려 할 때 또 하나의 뜻밖의 사건이 그를 차가운 냉굴 속으로 밀어 넣어버렸다. 노신이 일본으로 건너간 후 모친 노서魯瑞가 그를 위해 혼처를 정해놓은 것이었다. 상대 여자는 성이 주朱요 이름이 안安이었고, 노신 숙조모의 조카손녀로서 제법 부유한 가정 출신이었다. 어쩌면 노서의 선택은 집안이 오랫동안 경제적 곤경에 처해 있었던 사실과 무관하지 않았을 것이다. 그녀는 노신이 일본에서 결혼할 거라는 소문이 들려오자 놀라움을 금할 수 없었고, 결국 커다란 그물을 하나 친 다음 아들 노신을 잡아들여 속임수로 혼례를 마무리 짓기로 마음먹었다. 노신은 모친의 병세가 위급하다는 소식을 듣고 서둘러 귀국길에 올랐고, 집안에 들어선 후에야 이것이 따스한 온정의 함정임을 알게 되었다.

　나무는 이미 배가 되어 있고 더는 돌이킬 수 없는 일이었다. 노신은 아무런 반항의 표현도 하지 않았다. 그

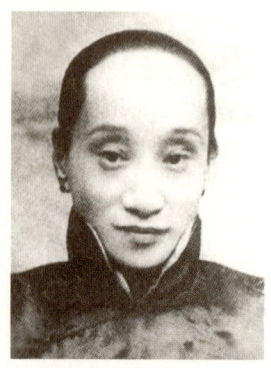

● 주안(朱安) 부인의 사진. 본가에서 일방적으로 진행시킨 결혼은 그에게 아무런 의미도 주지 못했다.

러나 사흘이 지난 후 그는 둘째 동생 주작인을 데리고 다시 도쿄로 돌아왔다.

혼인 문제에 있어서 노신은 자주적인 권리를 포기한 것이 분명했다. 이번 혼인에 관해 그는 형식적으로는 인정하지 않는 듯한 태도를 보이면서 허수아비에게 "모친께서 며느리를 들이셨더군"이라고 말했다. 그는 마치 제3자처럼 행세하면서 이것이 사랑이 없는 혼인임을 강조했다. 한편으로는 개인적 행복을 맹목적인 모성애라는 또 다른 애정에 양보하면서 다른 한편으로는 마비된 심정으로 내심의 고통을 견디고 있었던 것이다. 고통이란 일종의 특수한 감정으로서 상승과 추락의 힘을 동시에 지니고 있었다. 이로 인해 그는 몸 안의 청춘이 이미 사라져버렸음을 깨닫게 되었다. 그리하여 그는 껍데기만 남은 몸을 마음대로 굴리면서 자포자기식으로 행동했다. 심지어 때로는 자학의 지경에 이르기도 했다. 이런 식으로 계속해서 애정의 문턱에서 문만 두드려야 했다. 결국 그는 몸 밖에서 청춘을 찾는 수밖에 없었다. 이러한 추구는 혁명시대에 처한 청년의 신념에서 우러나온 것이긴 하지만 일종의 감정이입으로 이해할 수도 있었다. 그는 자신이 사랑하는 문학을 통해 창조적인 일에 전심 전력함으로써 고통의 늪으로부터 빠져나오려 했던 것이다.

센다이를 떠난 이후 노신은 도쿄 독일어학회에서 설립한 독일어학교에 학적을 걸어놓고 계속 관비를 타내면서 독자적으로 미래의 문학 계획에 필요한 준비 과정을 밟아나갔다.

그의 문학적 야심은 책을 사들이는 모습에서 대충 그 윤곽을 엿볼 수 있었다. 도쿄에는 서점이 아주 많아 책을 사서 읽는 것이 매우 편리했다. 또한 그는 헌책을 파는 노점에서 문학잡지들을 구해 출판의 흐름을 파악하여 도서목록을 작성한 다음 마루자와丸善서점에서 이를 구입하기도 했고, 멀리 유럽에서 책을 받아보기도 했다. 독일 서적만 해도 그는 1백27종이나 갖고 있었다. 구입하는 서적은 당연히 문학 위주였지만 철학과 역사도 소홀히 하지 않았다. 그는 고전보다는 근대와 현대에 치중했고, 문학의 대국보다는 압박받는 약소국과 민족의 서적을 더 중요시했다. 그는 독서를 통해 문학과 정신의 만남을 추구했다. 그가 좋아했던 니체와 톨스토이는 문학가인 동시에 철학자이기도 했다. 이들의 철학은 인류의 생존과 밀접한 관계를 맺고 있었고, 의지意志를 중시하든 양지良知를 중시하든 모두 지식의 계보에 속한 것

● 1908년 노신, 주작인, 허수상 등 다섯 명이 함께 거주하던 집. 대문 입구의 가로등에 '다섯 사람의 집'이란 뜻으로 '오사(伍舍)'라고 씌어져 있다.

이었다.

이런 독서와 사색이 노신의 생활 형태를 바꿔놓기 시작했다. 북경에 있는 동안 복견관伏見館에서 월중관越中館으로, 다시 '오사伍舍'에서 파자波字 19호로 여러 차례 거처를 옮겨 다니는 동안 도성장陶成章 같은 혁명당의 친구들이 쉴 새 없이 오갔고, 끊임없이 토론과 변론을 벌였다. 집주인으로서 노신은 매일 뜨거운 논쟁의 분위기를 감수해야 했지만 어느새 자신의 몸을 밖으로 빼내 제3자의 자세를 보이며 자신의 문학세계에 침잠할 수 있었다. 그는 항상 깊은 밤까지 잠을 자지 않고 책을 읽다가 아주 늦게야 잠자리에서 일어났다. 잠에서 깨어 잠시 신문을 읽다 보면 어느새 점심 먹을 시간이 되곤 했다. 밥과 반찬이 아무리 형편없어도 문제가 되지 않았다. 식사가 끝나면 곧장 자리에서 일어났고, 찾아오는 손님이 없을 때면 나막신을 끌고 서점가로 헌책을 구경하러 갔다.

노신은 줄곧 문학잡지의 창간을 꿈꿔왔지만 자금이 없어 고심하고 있었다. 그러던 어느 날 원문수袁文藪가 자금을 대기로 확답하면서 잡지 조직 업무가 전개되기 시작했다.

간행물의 명칭은 단테의 『신곡』에 나오는 편명을 따서 '신생新生'이라 했다. '새로운 생명'이라는 의미의 이름이었다. 영문으로 하면 '르네상스Renaissance'였는데, 이 역시 복고 성향을 지닌 동료들로부터 큰 찬성을 받았다. 원고를 제공하는 작가로는 노신 외에 허수상과 주작인, 원문수, 진사증陳師曾, 소만수蘇曼殊 등이 있었다. 주작인의 원고가 가장 먼저 도착했다. 제1기의 표지와 삽화도 전부 준비되었고 상당 부분의 원고가 이미 인쇄되었다. 표지 그림은 영국에서 출판된 『와스 화집』에서 고른 그림 〈희망〉이었다. 눈을 가린 시인이 수금을 품에 안고 바닥에 꿇어앉아 있는, 우언寓言의 의미로 가득한 그림이었다. 이 잡지의 다음 몇 기의 표지도 사전에 미리 준비되었다.

노신은 이처럼 편집 업무로 바삐 돌아치면서 얼마나 긴장되고 흥분되었는지 모른다. 그러나 『신생』이 막 출판되려는 시기에 뜻을 같이했던 몇몇 작가들이 떠나버렸다. 자금도 넉넉지 못한 상태에서 '돈이 되지 않는 무명' 작가 세 사람만 남아 결국 좋은 꿈만 꿀 수 없는 상황이 되어버렸다. 이것이 바로 잡지의 유산에 대해 노신이 나중에 회고한 결말이었다.

노신에게 있어서 이런 경험은 대단히 중대한 영향을 미쳤다. 이와 관련하여 노신은 "무릇 한 가지 주장이 찬성과 지지를 받으면 재빨리 전진해야 하고 반대에 부딪히면 재빨리 분투에 나서야 한다. 살아 있는 사람들 속에서 소리쳐 외치는데도 살아 있는 사람들이 아무런 반응도 보이지 않아 찬성도 하지 않고 반대도 하지 않는다면 마치 끝없는 황원에 처한 것처럼 빌릴 손이 없으니

● 『신생(新生)』의 표지에는 영국에서 출판된 『와스 화집』에서 발췌한 그림 〈희망〉이 사용되었다. 눈을 가린 시인이 수금을 안고 바닥에 꿇어앉은 모습으로, 심오한 우언의 분위기를 담고 있다. 이런 표지에서 정간을 예고하고 있는 듯한 느낌을 받게 된다.

이 얼마나 슬픈 일인가! 그리하여 내가 느끼는 것은 적막감뿐이다"라고 했다. 이어서 그는 "이러한 적막감이 하루하루 커져 마치 커다란 독사처럼 내 영혼을 꼼짝 못하게 칭칭 감아버렸다"라고 술회하기도 했다.

아무것도 기대할 수 없는 고독과 적막 속에서 뜻밖의 전기가 찾아왔다. 유명한 무정부주의자인 유사배劉師培가 주편을 맡고 있던 『하남河南』 잡지에서 원고 청탁이 온 것이다. 노신은 이 기회를 이용하여 원래 『신생』에 게재하려 했던 글들을 집중적으로 이 잡지에 발표하고 주작인도 끌어들여 적극적으로 참여하게 했다. 이는 남아 있는 세력을 집결하여 계속 새로운 목표를 향해 나아가기 위한 몸부림이었다. 1907년부터 1908년까지 노신은 「인간의 역사」, 「과학사교편」, 「문화편지론文化偏至論」, 「마라시력설摩羅詩力說」, 「파악성론破惡聲論」 등 여러 편의 글을 발표하여 참신한 전투 풍격을 갖춘 시리즈를 형성하면서, 1903년 전후의 애국주의와 과학주의를 크게 초월하여 인류의 자유해방을 궁극적인 목표로 하는 수준으로 승화시켰다. 이 시기에 그는 이미 사상계몽의 사명을 의식하고 이를 자발적으로 떠맡기 시작했다. 이 일련의 글들은 노신이 신문학의 창작활동에 정식으로 들어서는 빛나는 서곡이자 중국의 근대혁명에 발맞추는 행진곡이었다. 하지만 그 위에는 시종 비장한 정신의 악장이 돌아가고 있었다.

동지들이 황제 제도를 전복시키고 민주공화국을 건설하기 위해 피를 쏟으며 분투하고 있을 때, 노신은 혼자 자신의 유토피아인 '사람의 나라人國'를 만들어가고 있었다. 인류 발전의 역사와 유신 이후 중국의 상황을 고찰하고 나서 그는 '사람을 죽이고 물질로 사람들을 얽어매는 것'이 과학과 진보의 천적임을 통감하게 되었다. 일부 개혁가를 자처하는 사람들이 '부유함'과 '중치衆治'를 현대 서양문명이라고 고취하고 있었지만 노신은 이런 것들이 전부 말초적인 현상일 뿐, 근본은 여전히 인간에 있다고 생각했다. 「문화편지론」에서 노신은 "먼저 사람을 세워야 하고 사람을 세운 뒤에 모든 일을 실행해야 한다. 도술道術이 있다 하더라도 반드시 개성을 존중하고 정신을 신장해야 한다"라고 말했다. 이른바 '사람의 나라'라는 것은 사실 정신의 나라였다. 그리고 정신의 내용은 개인주의, 즉 자유의지의 발양이었다. 그가 강조한 '비물질'과 '개인 중시'는 사람의 나라의 두 기둥으로서 양자는 실제로 독립되고 자유로운 정신이라는 하나의 실체이다. 국수주의자와 다른 점은 그가 '동양 문명'을 세계에서 가장 우수한 문명으로 간주하여 그 정신에 의존하지 않았다는 것이다. 반대로 그는 '내부의 삶'인 정신이야말로 중국인들에게 가장 결핍된 것으로 여겼다. 특히 유럽의 '20세기 새로운 정신'이야말로 중국인들에게 가장 절실한 것이라는 게 그의 생각이었다. 때문에 그는 '사람을 세우는 일'에서 출발하여 자신이 말했던 것처럼 "밖으로는 세계 사조에 뒤처지지 않으면서 안으로는 고유의 혈맥을 잃지 않고 지금의 것을 취하고 옛것을 돌이키며 새로운 조종祖宗을 세우고 인생을 의미 있게 하여 이를 극대화하고, 이를 통해 국민의 자각을 촉진하고 개성을 신장함으로써 모래처럼 흩어진 사람들의 땅을 '인간의 나라'로 변화"시키려 했다. 일단 '인간의 나라'가 세워지면 바야흐로 천하에 우뚝 설 수 있다는 것이 그의 생각이자 염원이었다.

「문화편지론」에서는 니체와 입센 등 서양의 여러 사상가들을 거론하면서 이들이야말로 20세기 새로운 사상의 흐름 가운데 가장 진보적인 인물들로, 개성의 존엄과 인류의 가치를 드높였다고 칭송했다. 특별히 노신은 이처럼 19세기 문명에서 발원한 새로운 정신이 실질적으로는 일종의 반항정신임을 지적하면서 이는 "반동과 파괴로 그 정신을 무장하고 새로운 생명의 확보를 그 희망으로 삼으며 기존의 구문명을 변화시킬 뿐만 아니라 이를 소탕하고 제거하는 데 박차를 가하고 있다"고 설명했다. 19세기의 유물주의와 객관주의는 이미 흘러가버렸기 때문에 20세기의 새로운 문명이 이를 대체하는 것은 필연적인 추세였다. 하지만 노신은 여기서 19세기의 문명 가운데 '개혁을 모태로 하고 반항을 근본으로 삼

● 1909년 귀국하기 전에 일본에서 찍은 사진. 왼쪽 첫번째가 노신이고 두번째가 허수상이다.

는' 급진주의 사조를 변호하면서 하나의 극단으로 치닫는 것, 즉 '편지偏至'가 바로 문화발전의 법칙임을 확신했다. 아울러 그는 '새로운 조종이 일어서면 특히 그 처음에 반대하게 되고', '옛 문물 가운데 옥석을 가려 이로써 새로운 기둥을 세워야 한다'고 주장했는데, 여기에는 그가 나중에 제시했던 '중간물中間物' 사상이 포함되어 있다. 요컨대 노신이 주장한 문화발전의 법칙은 하나의 극단에서 또 다른 극단으로 전이하면서 부정에서 부정으로, 비판에서 비판으로 나아가는 것이었다. 결국 진화는 부정과 비판 속에서만 가능한 것이다.

「마라시력설」은 시학에서 출발하여 개인주의의 한 가지 특수한 형태를 두드러지게 나타낸 것으로서 언어로 말하자면 '강력하게 저항하는 파괴와 도전의 목소리'였다. 본문에서는 이를 '신성新聲'이라 명명하고 있다. 노신이 이런 글을 통해 특별히 시인들의 존재 가치를 높이려 한 것은 시인이란 시와 도덕의 결합을 실천하는 사람들로서 철저하게 반항적인 인격의 소유자라 여겼기 때문이다. 시인이란 존재를 그는 이렇게 규정하고 있다. "무릇 시인이란 평생 동안 내면을 닫아걸고 항상 불의에 저항하면서 반드시 행동으로 옮기는 사람들이다. 때문에 힘과 강인함을 숭상하고 자기의 존재 가치를 인정하면서 싸우기를 주저하지 않는다. 또한 이들의 싸움은 금수와 달리 독립된 자유인을 위한 것이다. (중략) 때문에 시인의 일생은 마치 거센 바람과 거친 파도와 같아 모든 허위의식과 누습을 일소한다. 또한 이들의 정신력은 절대로 억제할 수 없는 것이라 힘써 싸우다 장렬한 죽음을 맞지만 반드시 자신의 정신을 스스로 지킨다. 적을 이기지 못하면 싸움을 멈추지 않는다." 본문에서는 이러한 유형의 대표적인 시인으로 바이런을 비롯하여 여러 명의 시인들을 열거하면서 이들을 '마라 시인'이라 칭송하고 있다. 수많은 시인들 가운데 이들만이 자각적으로 자신을 천제天帝, 즉 패권과 상반되는 자리에 놓고 '반항에 뜻을 두고 모든 것을 행동으로 일관했으며', '세태에 순응하여 즐거운 노래를 부르지 않았다'는 것이다.

중국의 제1세대 유학생들이 서양문화에서 찾고자 한 것은 지식과 진리였지만 노신은 이와 동시에 동양으로 고개를 돌려 도의道義를 갖춘 인격을 찾았다. "오늘날 중국에서 정신계의 전사들은 어디에 있는 것인가?" 이는 「마라시력설」 말미를 장식하는 노신의 아주 간절하면서 따스하고 다분히 처량한 비애를 지닌 질의였다. 그리고 이런 질의는 평생 그의 마음속을 맴돌았다.

노신에게 가장 친근하고 유력한 동역자는 주작인이었다. 주작인은 일찍이 '독응獨應'이란 필명으로 『하남河南』에 글을 발표함으로써 친형인 노신의 전투 의지에 부응했다. 주씨 형제는 『폐퇴피 시론』을 공동으로 번역하기도 했는데 그 가운데 「홍성일사紅星佚史」 같은 글은 노신이 입으로 번역한 것을 주작인이 글로 옮긴 합작품이고, 「마라시력설」의 일부 자료들도 주작인이 번역해준 것이다. 두 사람이 각자 행동을 분담하는 시간이 많다 보니 전체 번역 계획도 공동으로 수립해야 했지만 일치된 경향은 사상의 계몽이었다. 『신생新生』이 유산된 후에 번역 출판된 『역외소설집域外小說集』에 대해 노신은 당시의 동기를 이렇게 설명하고 있다. "우리는 일본에 유학하면서 한 가지 막연한 희망을 갖고 있었다. 문학예술을 통해 사람들의 성정을 변화시키고 사회를 개조하는 것이었다. 이런 생각을 갖다 보니 자연스럽게 외국의 문학작품을 번역하여 소개하게 된 것이다." 분명한 것은 이러한 생각이 환등사건 이후 의학을 포기하고 문학을 선택하게 된 최초의 결심과 무관하지 않다는 점이다. 그는 시종일관 의연하게 자신이 선택한 길을 걸어왔기 때문에 그가 편역한 글들은 필연적으로 '이역 문학예술의 새로운 조종'일 수밖에 없었고, 따라서 러시아 문학이나 동유럽 군소 국가 작가들의 반항정신이 가득한 작품을 위주로 하되 영국과 미국, 프랑스 등 강대국의 문학작품은 상대적으로 작은 비중을 차지할 수밖에 없었다.

『역외소설집』은 제재 선정이 독창적일 뿐만 아니라 어느 정도 의역이 가해진데다 문풍 역시 대단히 소박했기 때문에 임서가 직역한 소설처럼 사람들의 구미에 맞지 않으리라는 것은 충분히 예견할 수 있는 일이었다. 하지만 이 책의 판매 실적은 예상보다도 훨씬 저조했다. 도쿄에서의 판매량이 스무 권에 그쳤고 상해에서는 훨씬 더 적은 양이 팔리는 바람에 준비 중에 있던 제3권은 제판을 중지해야 했다. 이미 출판된 책들도 대부분 상해 배본처의 창고에 그대로 쌓여 있다가 나중에 뜻밖의 화재로 인해 책과 지판이 전부 소실되는 바람에 심혈을 기울여 번역하고 출판한 것이 완전히 잿더미로 변하고 말았다. 이는 물론 4~5년이 지난 후의 일이지만, 『역외소설집』이 출판된 후 얼마 지나지 않아 노신은 중국으로 돌아오게 되었다.

| 제 2 부 |

혁명의 한복판에서

혁명 전후

 7년 동안의 유학 생활이 노신에게는 더없이 중요한 시기였다. 그는 혁명과 과학, 문학, 정신적 전사로서의 투쟁에 대한 이상과 실패의 경험을 모두 이역 땅에서 얻게 되었다. 하지만 일본에 오래 머물 수 없게 되었고, 원래 독일로 건너가 얼마 동안 유학할 예정이었으나 이런 계획마저 실현할 방법이 없게 되었다. 주작인은 학업을 마치지 않은 상태였고 게다가 한창 연애 중이라 상당한 돈이 필요했다. 고향 집에는 조모와 모친, 어린 동생에 처실까지 있어 부담이 무거웠다. 중국을 떠나 올 때는 굴레 벗은 말처럼 모든 부담을 털고 떠날 수 있었고 약간의 어려움에도 불구하고 새로운 천지를 향해 날아가려는 열정이 모든 것을 잊게 했지만, 이제 낯선 곳을 떠나 고향으로 돌아가면 어떻게 예전과 마찬가지로 옛 꿈을 좇으며 살 수 있을까 하는 걱정이 앞섰다.

 다행히 노신은 허수상의 추천으로 귀국과 동시에 허수상이 교무부장을 맡고 있는 절강양급사범학당浙江兩級

師範學堂에서 교편을 잡게 되어 교사로서의 생애를 시작하게 되었다.

학교에서 노신이 맡은 과목은 생리위생과 생물 과목이었다. 영혼 탐색의 길에서 완전히 원위치로 돌아온 셈이었다. 이는 대단히 풍자적 의미를 띠는 일이었다. 하지만 자신이 마주하고 있는 일도 어차피 과학이라 결국 어렵지 않게 적응해나갈 수 있었다. 가장 받아들이기 어려운 것은 학교 측 인물들이었고 노신은 사람들 주위를 맴돌면서 주변 환경에 좀처럼 화합하지 못했다. 새로 부임한 감독은 교육총회의 회장 하진무夏震武로 극단적인 수구파 인물이었다. 부임 전날, 하진무는 친필 서한을 보내 전교의 교사들에게 다음날 단정하게 예복을 갖춰 입고 강당에 집합하여 자신을 기다리고 있다가 함께 공자에 대한 전례를 올려야 한다는 명령을 내렸다. 대부분의 교사들이 일본에서 유학하고 돌아온 사람들이라 이러한 퇴보적 행동은 강력한 저항에 부딪힐 수밖에 없었다. 하진무는 부원府院에 도착하여 부임을 알리는 동시에 결국 허수상을 해임했다. 이로 인해 교사들이 분분히 사직서를 제출했고 학생들은 집단으로 수업을 거부했으며, 다른 학교들도 연합으로 성명서를 발표하면서 투쟁의 수위가 높아만 갔다. 쌍방의 팽팽한 줄다리기는 20여 일 정도 계속되다가 결국 관방에서 하진무를 도로 불러들이는 것으로 결말이 났다. 하진무는 너무 완고하여

● 신해혁명 직후의 노신.

모든 일을 자의적으로 처리하였다. 노신을 비롯한 교사들은 속어의 뜻을 따서 그를 '하목과夏木瓜'라 불렀고, 이번 투쟁을 '목과전쟁'이라 칭했다. 그러나 후임자는 더 거친 인물이었다. 새로 부임한 인물은 어사御使 출신으로 철저한 관료 기질을 갖고 있어 더욱 다루기 힘든 사람이었다. 노신이 『양지서兩地書』에서 기술하고 있는 교육계에 대한 비관적인 견해들은 대부분 이 시기의 감상을 기록한 것이었다. 결국 허수상은 북경 역학관譯學館으로 자리를 옮겨야 했고 수많은 교사들이 줄줄이 사직서를 내고 떠났으며 노신도 조모가 병사한 직후에 결연히 사직서를 내고 항주를 떠났다.

인생에서 가장 피하기 어려운 일 가운데 하나가 밥그릇 문제였다. 가계의 부담이 정말 컸던 것이다. 고향으로 돌아온 지 한 달도 채 되지 않아 노신은 소흥부紹興府 중학당의 박물학 교사가 되었다. 하지만 그는 학교의 상황에 만족하지 못했고 보수도 형편없어 가족들을 부양하기에 부족했다. 하는 수 없이 남아 있던 전답을 팔아야 했다. 허수상에게 보내는 편지에서 그는 이미 월중(越中, 소흥은 춘추전국 시기의 월나라 땅이었다—옮긴이)에 머물고 싶지 않은 심정을 드러냈다. 나중에 일본에 유학했던 동학 진자영陳子英이 감독직을 이어받으면서 노신은 감학監學의 자리를 겸하게 되었지만 소흥을 떠나려는 생각은 변하지 않았다. 앞뒤 두 차례의 학생운동을 거친데다 진자영도 함께 일을 하는 과정에서 점점 권력자로서의 독단적이고 전제적인 태도를 드러내기 시작하자 이런 생각은 더욱 굳어져만 갔다. 노신은 계속 허수상에게 경성이나 다른 지역에 일자리를 하나 구해달라고 재촉했다. 당시의 통신문을 살펴보면 그의 마음속에 초조감이 가득했었음을 알 수 있다.

그 가운데 한 편지글에서는 "소흥에 한가하게 거하다 보니 오랫동안 새로운 기운을 접할 기회가 없네. 2년도 되지 않아 촌사람이 되어버린 것 같아 스스로 서글픔을 떨칠 수 없네"라고 하여 자신의 초조감을 그대로 드러내고 있다. 생활과 교직, 가정과 사회가 총체적으로 그를 압박하고 있었다. 그는 결코 강철처럼 단단한 사람이 아니었다. 그는 한편으로는 점차 '촌사람'의 처지로 전락해가고 있는 데 대해 불만을 느끼고 암암리에 이에 저항하고 있었고, 다른 한편으로는 자신이 가라앉고 있는 그 땅을 거부하고 있었다. 이는 몹시 두려운 상황이었다. 허수상과 장협화張協和 같은 친구들이 번역할 원고들을 구해다 주었지만 지질학, 심리학 따위라 마음이 내키지 않았던 그는 계속 탈고를 연기하면서 번역을 끝내지 못하고 있었다. 이처럼 고리타분하고 무미건조한 과학은 실제로 그의 영혼을 구제해주지 못했다. 좋은 차가 달리려면 좋은 길이 있어야 했다. 그는 과학을 실행하는 사회에 이미 실망하고 있었고 심지어 과학 그 자체에도 실망하고 있었다. 주작인의 귀국을 앞당기기 위해 그는 도쿄로 건너가 자신이 즐겨 돌아다니던 서점가를 찾았지만 허수상이 부탁한 책 몇 권을 제외하고 자신을 위해서는 단 한 권의 책도 사지 않았다. 이때까지 그는 시간이 날 때마다 옛 전적들을 베끼거나 교주를 달곤 했다. 나중에 출간된 『회계군고사잡집會稽郡故事雜集』이나 『고소설구침古小說鉤沈』 등은 모두 이 시기의 결과물이었다. 이에 대해 노신은 허수상에게 쓴 편지에서 "이는 학술이 아니라 술과 아내를 대신하기 위해 심심풀이로 쓴 것일세"라고 고백한 바 있다. 그는 모든 일을 그만두고 멀리 떠날 수 있는 날을 학수고대하고 있었다. 하지만 허수상에게서는 아무런 소식도 날아오지 않고 주작인 부부의 귀국을 애타게 기다리다가 절박한 심정으로 모든 공직을 사직하고 말았다.

1911년 10월 10일, 무창武昌 봉기가 일어나자 전국 각지에서 분분히 이에 호응하여 독립을 선언했다. 1912년 1월 1일에는 손문을 우두머리로 하는 중화민국 정부가 수립되었고, 2월 12일에는 청조 황제가 퇴위함으로써 정치 형식에 있어서 중국의 황제통치가 종말을 고했다. 양무파 관료들이 제창한 현대화 노선은 여전히 그 속도가 느렸고 온갖 위험과 문제를 안고 있었다. 하지만 영국과 미국의 자유주의와 프랑스 대혁명의 급진주의에 바탕을 둔 신흥 부르주아 사상은 신해혁명의 기치가 되어 한 시대를 빛내면서 수많은 사람들의 마음을 격동케 하고 있었다.

항주와 소흥이 연이어 해방되자 노신은 또다시 흥분에 들뜨기 시작했다. 소흥이 해방된 다음날 노신은 시골에 숨어 살고 있던 친구 범애농范愛農과 함께 거리로 나가 혁명의 형세를 살펴보았다. 온갖 의혹과 걱정으로 가득 찬 분위기 속에서 그는 앞에 나서 강연단과 무장 연설대를 조직하여 학생들의 시위와 집회를 이끌면서 소리 높이 혁명을 선전하는 구호를 외치고 전단지를 뿌렸다. 이런 활동은 혁명군이 입성할 때까지 계속되었다. 새로 수립된 군 정부의 도독인 왕금발王金髮이 자신을 산회초급사범학당山會初級師範學堂의 감독으로 위임한 이후부터 노신은 구체적인 계획을 세워서 학풍을 정돈하고 교원을 충원하는 대신 다른 경비를 절약하는 등 혁명가로서의 모든 열정을 쏟기 시작했다. 감학을 맡은 범애농도 평소의 나태하고 산만하던 태도를 버리고 술도 줄였으며 예전처럼 한담이나 하면서 시간을 보낼 겨를 없이 일에만 열중했다. 혁명을 주장하건 혁명과의 결별을 선언하건 간에 노신은 이제 서재 안에 틀어박혀 있는 공담가가 아니었다. 안타깝게도 이러한 실천적 사회활동은 그 기간이 너무 짧았지만 그의 일생을 통틀어 이때처럼 아름답고 빛나던 시기는 찾아보기 어려웠다. 그는 너무

● 범애농(范愛農, 1883~1912). 절강 소흥 출신으로 노신의 절친한 친구이다. 일찍이 일본에 유학한 바 있고 귀국한 뒤로는 고향 소흥에서 교편을 잡았다. 신해혁명 후에는 산회초급사범학당의 감학(監學)이 되어 노신과 같은 학교에서 일하게 되었다. 나중에 구세력의 탄압으로 직장을 잃게 되자 물에 투신하여 죽었다. 사진은 부인 심하부(沈荷芙)와 함께 찍은 것이다.

나 빨리 의기소침과 절망의 늪으로 빠져들고 말았던 것이다.

왕금발은 노신이 일본에 유학할 당시 알게 된 원로 혁명가였다. 혁명군이 입성하면서 도독인 왕금발은 혁명의 예기를 확실히 드러내면서 일부 반혁명자들을 처단하고 혁명열사 추근秋瑾을 살해한 주모자 장개미章介眉를 체포했으며, 감옥에 갇혀 있던 정치범들을 석방하고 부세를 감면해주고 교육을 부흥시키는 등 일련의 개혁조치를 단행했다. 그러나 얼마 못 가서 혁명당은 변하기 시작했다. 도독부 산하의 3부 4국은 대부분의 권력이 여전히 원래의 지부知府에 장악되어 있었고, 향신鄕紳 계층이 새로이 세력을 확장함에 따라 구 아문의 관료주의가 근근이 명맥을 유지하던 혁명정신을 삼켜버리고 만 것이다. 입성 이후 얼마 지나지 않아 왕금발은 수많은 신흥귀족들과 한가한 인사들에게 둘러싸여 대 도독의 위세를 드러내면서 친신들을 구성하고 사치스런 생활에 빠지는 등 일락에 젖어들었다. 노신은 당시의 이런 상황을 "아문에 있는 인물들은 처음에는 포의布衣 차림으로 들어와서는 열흘이 못 되어 날이 그다지 춥지 않은데도 전부 장포長袍로 갈아입었다"라는 말로 비아냥거렸다.

이상과 열정은 그토록 깊이 있고 노련한 인물도 경솔한 흥분에 들뜨게 만들었다. 하지만 얼마 지나지 않아 노신은 혁명의 위기를 느끼기 시작했다. 이때, 혁명의 현상에 불만을 품고 있는 일부 청년학생들이 신문을 창간하여 왕금발의 정부에 대해 여론 감독을 실시하겠다는 생각으로 노신에게 발기인이 되어줄 것을 요청해왔다. 노신은 주저 없이 이를 받아들였다. 그리하여 소흥에서 『월탁일보越鐸日報』가 창간되기에 이르렀다. 노신은 명예 편집장으로 추대되어 처음에는 '황극黃棘'이라는 필명으로 「출세사出世辭」라는 제목의 글을 발표했다. 이 글에서 그가 천명하고자 했던 종지는 '자유로운 논의를 발양하고 소인배의 천권天權을 억제하며 공화의 발전을 촉진하고 정치의 득실을 평가함으로써 사회의 몽매한 기풍을 벗어버리고 용감하고 굳센 정신을 진작하는' 것이었다. 혁명에 대해 비판을 실행하는 것은 일종의 권리이자 책임이기도 했다. 노신이 나중에 발표한 잡감문들은 대부분 이런 활동에서 단서를 얻은 것이었다. 이때 주작인도 이러한 활동에 참여하여 간단한 평론을 쓰는 것 외에 외국 신문에 발표된 소식에 근거하여 「역전譯電」이란 제하의 칼럼을 발표함으로써 국내외의 중대한 사건들을 보도하기 시작했다. 신문의 판매 상황은 아주 좋아 처음에 2백 부였던 인쇄 부수가 빠른 시일 내에 2천 부로 증가하면서 하나의 지방신문으로 자리잡게 되었고, 그 영향력도 보통 신문과는 달리 매우 커졌다.

그러나 여론의 감독을 좋아할 권력자는 없는 법이다. 이런 소식을 들은 왕금발은 사람을 보내 권총으로 신문을 운영하는 사람들을 처치하려 했다. 여러 사람들의 권고로 노신은 잠시 시골로 도망쳐 위험을 피했다. 그 사이에 장개미는 다시 석방되었고, 오히려 도성장陶成章이 화를 당했다. 구세력은 왕금발을 집중적으로 공격했고 장개미를 체포했던 것마저 그의 죄상이 되었다. 이어서 『월탁일보』 내부에도 분열이 생기면서 두 파로 나뉘어 장개미의 석방을 주장하는 글이 신문에 실리기도 했다. 나중에는 신문사 조직이 개편되면서 완전히 음모가들의 손에 장악되었고, 새로 설립된 교육회도 자유당 분자들에게 장악되었다. 물론 노신이 일하고 있던 사범학교의 경비도 지급이 계속 지연되었다. 학교는 유지할 경비가 없어 결국 시험을 앞당겨 치르고 방학에 들어가는 수밖에 없었다. 이런 상황에서 더 버틴다는 것은 무모하면서도 불가능한 일이었다.

다행히 바로 이때에 허수상이 연이어 두 통의 편지를 보내왔다. 교육총장 채원배蔡元培가 노신에게 교육부에 와서 일해달라는 초빙 의사를 전달해왔던 것이었다. 이리하여 노신은 곧바로 남경으로 가게 되었다. 『양지서』의 기록에 따르면, 남경에 도착했을 때만 해도 노신은 아직 중국의 장래에 희망이 있다고 믿고 있었다. 하지만 1913년, 원세개에 반대한 손문의 '2차 혁명'이 실패하자 그는 형세가 심각하게 악화되고 있음을 직감했다. 형세가 갈수록 나빠지고 또 나빠지고 있었다.

● 채원배(蔡元培, 1868~1940). 절강 소흥 출신으로 1904년에 광복회가 설립되자 회장으로 취임했다. 1912년에는 남경임시정부 교육총장을 맡아 학제를 개편하면서 경서의 열독을 폐지했다. 1917년에는 북경대학 학장을 역임하면서 신문화운동을 지지하고 '과학구국'을 제창했으며 1927년에는 국민정부 대학원 원장을 역임했다.

● 원세개(袁世凱, 1859~1916). 하남 항성(項城) 출신으로 1901년에 직예(直隷) 총독과 북양대신을 역임했다. 후에 군제를 개혁한다는 명목으로 북양군을 확대하고 북양 군벌의 우두머리가 되었다. 1903년에 청 조정의 내각대신으로 있다가 돌연 중화민국 임시대총통으로 취임했다. 1915년 12월, 중화제국 황위 계승을 선포함과 아울러 1916년을 홍헌(洪憲) 원년으로 정했다. 그 해 6월, 병으로 세상을 떠났다.

당시 독재자였던 원세개는 이미 청 조정의 내각대신에서 중화민국의 임시대통령으로의 변신에 성공해 있었고, 정부도 북경으로 옮기게 되었다.

북경에 있던 노신은 너무나 외롭고 고독했다. 낮에는 청학부淸學部가 있던 대아문에 가서 사무를 보는 것으로 자신의 첨사僉事 직을 수행하면서 일기에서 묘사한 것처럼 '종일 마른 나무처럼 앉아 무료하기 그지없는 시간을 보내다가' 저녁에는 소흥회관으로 돌아가 고적을 옮겨 적고 불경을 읽거나 그동안 수집한 각종 고전古磚과 고비古碑 등 옛 문물들을 정리하면서 마음속의 외로움을 지우려 애썼다. 이때의 심정을 그는 "단지 나 자신의 적막감은 해소하지 않으면 안 될 것 같다. 이것이 내겐 너무나 큰 고통이기 때문이다"라고 토로했다. 또한 그는 나중에 『외침』 「자서」에서 이렇게 썼다.

그리하여 나는 갖가지 방법을 동원하여 자신의 영혼을 마비시키려 했다. 자신을 국민들 속으로 깊이 침잠하게 하기도 하고 고대의 문물에 푹 빠지기도 했으며 나중에는 더 적막하고 슬픈 일을 직접 겪거나 옆에서 방관하기도 했다. 이는 모두 기억하기 싫은 일들이다. 그들과 내 정신이 함께 진흙 속으로 소멸되었기 때문이다. 그러나 나의 마취법도 이미 그 효력을 다한 것 같았다. 더 이상 청년 시절의 강개함과 격정을 느낄 수 없었다.

● 북경 선무문(宣武門) 밖 남반절(南半截) 호동(胡同, 북경 시가지 고유의 골목)의 '소흥회관'. 노신은 1912년부터 1919년까지 이곳에 거주했다.

● 교육부에서 일하는 동안 노신은 경사도서관(현 국가도서관의 전신) 설립 및 확대를 위해 분투했다. 사진은 1917년 1월 방가(方家) 호동 국자감에서 경사도서관을 개관할 당시에 기념촬영한 것으로 둘째 줄 왼쪽에서 다섯번째 인물이 노신이다.

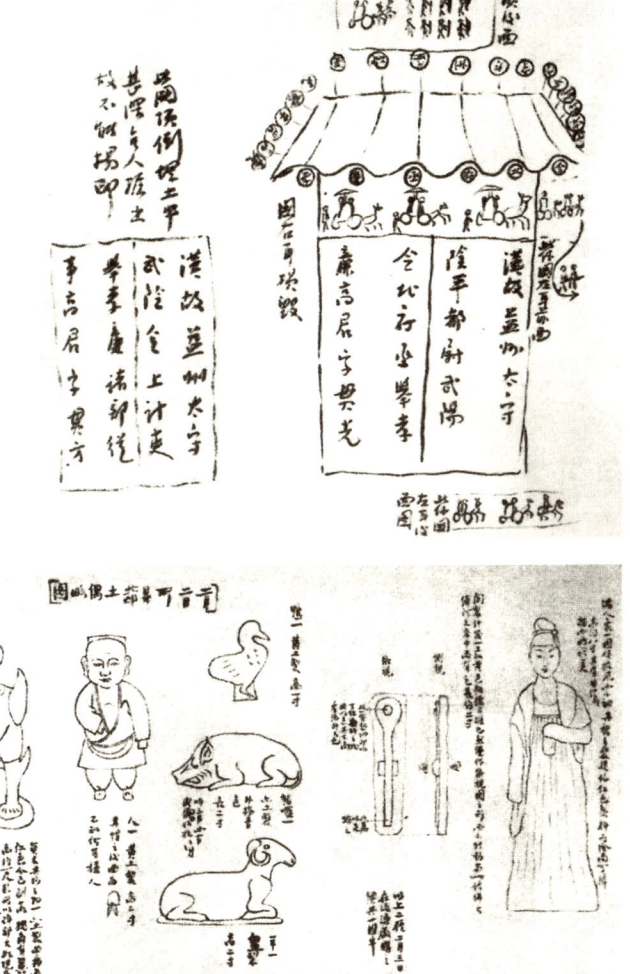

● 노신이 직접 그린 한묘석결도(漢墓石闕圖).
● ● 노신이 직접 그린 토우상.

어느 날 노신은 주작인이 소홍에서 보낸 편지 한 통을 받게 되었다. 범애농이 물에 빠져 죽었다는 놀라운 소식이었다. 노신이 떠나고 난 뒤 범애농은 곧장 학교에서 쫓겨나 남에게 기식하는 생활을 해야 했다. 그는 노신에게 편지를 써서 북경에서 일자리를 좀 찾아봐달라고 부탁했다. 편지에는 "이런 세상에서 무슨 맛으로 사는지 모르겠네", "이제 죽는 수밖에 없네. 살아야 할 이유를 찾을 수 없네" 하는 등의 극단적인 말들도 씌어져 있었다. 원래 수영을 잘하던 그가 익사했다는 뜻밖의 소식에 노신은 그가 자살한 것이 아닌가 하는 의심을 가졌다. 처량하게 비가 내리는 밤, 노신은 「범애농을 애도함哭范愛農」이란 제목으로 세 편의 5언 율시를 지었다. 둘째 수 가운데 네 구절은 "여우와 이리 같은 간신들이 막 굴에 숨어들고, 꼭두각시들이 이미 등장했네. 고향은 차가운 구름에 뒤덮이고, 한여름 무더위인데도 추운 밤이 길었네.(狐狸方去穴, 桃偶已登場. 故里寒雲黑, 炎天凜夜長.)"였다. 허수상은 이 네 구절이 특별히 마음에 든다고 말했다. 이때 노신은 이미 원세개가 정치놀음을 시작하고 있다는 사실을 간파하고 있었다. 사실 '호리狐狸'와 '도우桃偶'는 원세개 개인을 지칭하는 것이 아니라 당시의 크고 작은 정치계 인물들을 통칭하는 것으로서 자신이 경험해온 혁명에 대한 불신을 표명하는 것에 다름 아니었다.

원로 혁명당원으로서 범애농의 일생은 혁명과 긴밀히

연계되어 있었다. 따라서 그의 침몰은 혁명 자체의 침몰이었다. 이때부터 혁명은 심장을 찌르는 듯한 고통으로 그를 괴롭혔고 그의 평생의 사고를 옭아맸다. 입으로는 쉴 새 없이 '혁명'을 외치는 유명인사들이 실현하지 못한 사회혁명에 대한 노신의 결론에는 항상 죽음의 고통이 배어 있어 프랑스 패랭이꽃 같은 청순하면서도 그윽한 희망의 향기를 느낄 수 없었다. 그의 관심은 갈수록 주인과 노예의 경계에 집중되

● 현존하는 『노신 일기』는 바로 이 페이지로부터 시작된다. 일기의 내용은 1912년 5월 5일, 교육부를 따라 북상하여 북경에 도착했다는 것이다.

었고, 이를 통해 혁명과 사회, 역사에 대해 아주 선명하면서도 일반 학자들처럼 애매하지 않은 판단을 내리고 있었다. 중화민국의 국민으로서 그가 말하는 것을 보면 아주 오랫동안 중화민국이 존재하지 않은 것 같았다. 혁명 이후에도 그는 자신이 혁명 이전과 마찬가지로 여전히 노예이며, 심지어 노예의 노예라고 생각했다. 모두들 혁명이 성공했다고 말하는 상황에서 그는 모든 것을 처음부터 다시 시작해야 한다고 생각했던 것이다.

제2부 혁명의 한복판에서

쇠로 된 방 안에서 외치다

개혁의 조류를 막을 수는 없었다.

원세개는 스스로 칭제한 지 얼마 지나지 않아 그를 성토하는 거센 외침 속에서 갑자기 세상을 떠나고 말았다. 원세개를 우두머리로 했던 권력의 핵심은 순식간에 해체되었고 한동안 극도의 공포 상태에 처했던 정치 분위기는 다시 여유를 찾았다. 정통 이데올로기도 권력의 지지를 잃음으로써 고유한 강제적 역량을 상실하게 되었다. 권력 집단들이 여러 차례의 분화와 개건을 거쳐 북양군벌北洋軍閥 정부를 수립했을 때는 이미 또 다른 권력 중심, 즉 지식인들로 구성된 새로운 집단이 이에 거세게 도전하기 시작했다.

이 새로운 지식 권력의 중심은 『신청년』이라는 간행물과 북경대학이었다. 이 두 기구는 1917년에 새롭게 개조되면서 급진주의자인 진독수陳獨秀와 자유주의자인 채원배가 각각 이끌어가고 있었다. 이 지식인 집단에서 가장 활발하게 활동했던 인물들은 하나같이 서양의 관

● 진독수(陳獨秀, 1880~1942). 5·4운동 지도자, 중국공산당의 창시자, 초기 지도자 가운데 하나로서 일찍이 반청(反淸)활동에 참여했다가 청 정부의 추격을 받게 되자 일본으로 피신했다. 1915년에 『청년』(나중에 『신청년』으로 바뀜)을 창간하여 운영했으며, 이듬해에 북경대학 문과 학장으로 초빙되면서 신문화운동을 적극적으로 제창하고 영도했다. 중국공산당 중앙총서기를 역임했으나 1929년 11월에 당에서 제명되어 추방되었다. 1932년에 체포되어 투옥되었다가 5년 후에 석방되었고, 1942년 객사했다. 저서 『독수문존(獨秀文存)』 등.

● 호적(胡適, 1891~1962). 안휘(安徽) 적계(績溪) 출신의 학자이자 교육가이며 사회활동가. 자는 적지(適之). 상해 공학(公學)에서 공부하고 미국에서 철학박사 학위를 취득, 1917년에 귀국하여 북경대학 교수를 지냈고, 『신청년』 잡지의 편집에 참여하면서 진독수와 더불어 신문화운동의 주요 지도자가 되었다. 중국공학교장, 북경대학 문학원 원장 등의 직위를 지냈다.

국민당의 '청당(淸黨)' 이후 한때 '당화(黨化) 교육'을 반대하면서 『신월(新月)』 잡지에 인권 문제를 다룬 일련의 글을 발표했다. 1931년 '9·18사변' 후에는 『독립평론』을 창간했다. 국민당 정부의 주미대사, 행정원 최고정치고문, 북경대학 교장 등을 역임하다 만년에는 대만의 자유주의 운동을 지지했다.

노신이 세상을 떠난 후 호적은 '노당(魯黨)에 반기를 들자'는 소설림(蘇雪林)의 제의를 거절하고 노신의 문학 및 학술적 지위에 대해 상당히 긍정적인 평가를 내렸다.

● 이대교(李大釗, 1889~1927). 자 수상(守常), 호북 낙정(樂亭) 출신으로 중국 최초의 마르크스주의자이자 중국공산당 창시자 가운데 하나이다. 청년 시절에 일본에 유학한 바 있으며 귀국한 후에는 신문화운동에 투신했다. 1918년에 북경대학 도서관 주임을 맡았다가 후에 경제학과 교수를 겸임하면서 『신청년』 편집 업무에도 참여했다. 1927년 4월, 반동 군벌 장작림(張作霖)에게 체포되어 같은 해에 처형되었다. 저서 『이대교 전집』 등.

● 전현동(錢玄同, 1887~1939). 절강 오흥(吳興) 출신의 문학가. 1906년에 일본에 유학하여 노신 등과 함께 장태염에게서 문자학을 수학한 바 있다. 1910년에 귀국하여 여러 학교에서 교편을 잡다가 신해혁명 후에는 북경사범대학 국문과 교수 등을 맡으면서 국어운동과 어문 개혁에 주력했다. 1918년부터 1919년까지 『신청년』 편집 업무에 참여하는 동시에 신문화운동에 투신했다가 5·4운동 이후로는 보수적 경향을 띠었다.

념과 개혁의 열정에 지배되고 있었다. 『신청년』은 '데모크라시democracy'와 '사이언스science'의 기치를 높이 내걸고 자유와 인권, 민주와 과학을 제창하면서 전제정치와 전통문화에 반대하는 동시에 '문학혁명'을 발동하여 백화문운동(白話文運動, 문맹 퇴치를 위해 일반 민중들이 쉽게 알 수 있는 평이한 문체를 보편화시키려는 취지의, 일종의 어문계몽운동—옮긴이)을 통한 사상계몽을 추진했다. 진독수와 호적 등 기수 역할을 했던 인물들 외에 『신청년』의 활동에 참여했던 대표적인 인물로 전현동錢玄同과 이대교李大釗, 유반농劉半農 그리고 갓 북경에 도착한 주작인周作人 등이 있었다. 이들은 대부분 북경대학을 비롯한 몇몇 대학에서 교편을 잡고 있었다. 이들이 뿌린 사상의 불씨는 가장 먼저 청년 학생들 사이에 불길을 일으킨 다음 점차적으로 사회 전체를 향해 번져나갔다. 1919년 5월 4일, 북경대학을 필두로 하여 각 대학 학생들이 그 유명한 5·4운동을 일으킴으로써 반제구망反帝救亡을 주요 특징으로 하는 신문화운동을 절정으로 몰고 갔다. 그러나 이때부터 대중적인 정치운동이 전개됨에 따라 사상운동은 점차 쇠퇴하기 시작했다. 문학도 더는 나팔수의 역할을 담당하지 못해 자신의 방 안으로 돌아갔다.

 이러한 추세에 대한 노신의 반응은 매우 늦은 편이었다. 사방에서 사회운동의 파도가 거세게 포효하고 있을 때 그는 아무것도 느끼지 못하는 것처럼 여전히 평화롭고 조용한 태도로 하급 관리로서의 나날을 보내면서 '마비'와 '죽은 척'의 세월을 보내고 있었다. 그러다가 어느 날 옛 친구 하나가 그를 찾아가 그의 정신생활에 근본적인 변화를 가져다주었다.

이 친구는 다름 아닌 『신청년』의 편집위원 가운데 하나이자 신문화운동의 명장인 전현동이었다.

"자넨 이런 걸 베껴서 무엇에 쓰려고 그러나?"

어느 날 밤 그는 내가 베낀 옛 비문의 사본을 뒤적이면서 의미심장한 질문을 던졌다.

"글쎄, 아무 소용도 없을지 모르지."

"그럼 자넨 무슨 의미로 그런 글을 베끼고 있는 건가?"

"아무런 의미도 없다네."

"내 생각엔 차라리 자네가 글을 좀 쓰는 것이 좋을 것 같네만……."

나는 그의 말뜻을 알아차렸다. 그는 마침 『신청년』이란 잡지를 만들고 있었는데 당시에는 특별히 그의 뜻에 찬동하는 사람도, 그렇다고 반대하는 사람도 없는 것 같았다. 나는 그들 또한 나처럼 어떤 적막감에 빠져 있는 것 같다는 생각에 이렇게 말했다.

"가령 창문도 전혀 없고 쉽게 부술 수도 없는 쇠로 된 방이 하나 있다고 하세. 방 안에는 수많은 사람들이 깊은 잠에 빠져 있지. 오래지 않아 모두들 숨이 막혀 죽을 거야.

하지만 혼미한 상태에서 곧장 죽음으로 빠져드는 것이기 때문에 아무도 죽음의 비애를 느끼지 못할 걸세. 지금 자네가 큰 소리로 외치며 비교적 맑은 정신이 남아 있는 사람들 몇몇을 깨워 일으켜서, 이 불행한 사람들에게 피할 수 없는 임종의 고통을 알게 한다면, 자넨 그들에게 잘한 일이라고 할 수 있겠나?"

"하지만 그렇게 된다면 몇 사람이라도 자리에서 일어날 것이고, 그 쇠로 된 방을 기어이 부술 수 없다고 단언할 수도 없지 않겠나?"

그렇다. 아무리 내 나름대로의 확신이 서 있다 할지라도 누군가 희망을 말했을 때, 이를 말살해버릴 수는 없는 것이다. 왜냐하면 희망은 미래에 있는 것이므로, 절대로 희망이 있을 수 없다는 나의 확신을 증명할 수도 없고 희망이 있다고 주장하는 그를 설복할 수도 없는 것이다. 결국 나는 그의 제의를 받아들여 글을 쓰기로 약속했다. 그 글이 바로 나의 최초 작품인 「광인일기」이다. 그때 이후로 한 번 뱉은 말을 다시 거둬들일 수는 없었다.

「광인일기」의 주제는 식인食人이었다. 노신은 허수상에게 중국은 '식인의 민족'이라고 말하면서 이는 매우 중요한 의미를 갖는 발견이라고 생각했다. 소설에서는 광인의 입을 빌려 "나는 역사를 한번 자세히 조사해보았다. 이 역사에는 연대가 없고 왜곡된 페이지마다 '인의도덕'이라는 몇 글자만 잔뜩 씌어져 있었다. 나는 옆으로 누운 채 잠을 이루지 못하고 밤새 자세히 살펴보고서야 글자의 틈새에서 또 다른 글자를 찾아냈다. 책에 하나 가득 씌어져 있는 글자는 '식인'이었다!"라고 말했다. 현실세계에서는 이미 사람을 먹지 않는 곳을 찾아볼 수 없었다. 사람을 잡아먹으면서 한편으로는 사람에게 잡아먹히고 있었다. 이리하여 거대한 식인의 네트워크가 형성되는 것이다. 그러나 누구도 이런 상황을 의식하지 못하고 누구도 이를 깨닫고 변화시키려 하지 않았다. "부자, 형제, 부부, 친구, 사제, 원수와 적 등 서로 알지 못하는 각양각색의 사람들이 한 덩어리가 되어 서로 권면하고 서로 견제하면서 죽어도 이런 단계를 벗어나지 못하고 있었다." 두려운 것은 자신의 식인에 대해 부끄러움을 느끼면서도 여전히 '박해광迫害狂'으로 남아 있다는 것이다.

식인과 관련하여 「광인일기」에서 묘사하고 있는 것은 추상적인 식인이고 「공을기孔乙己」, 「내일」, 「백광白光」, 「약」, 「아Q정전」 등에서 묘사하고 있는 것은 구체적인 식인이었다. 공을기와 진사성陳士成은 과거제도의 압력으로 안절부절못하는 기형적인 지식인들로서 전자는 군중의 무관심과 냉담함 속에서 죽어갔고 후자는 개인적 굴욕과 자기비하 속에서 죽어갔지만 가난하게 죽기는 마찬가지였다. 단사單四 아줌마의 아들도 병마에 의해 먹혔다기보다는 오히려 사랑이 없는 인간들에 의해 먹혔다고 하는 것이 더 정확할 것이다. 혁명가 하유夏瑜는 죽은 후에 그의 피는 인혈 만두가 되었다. 「작은 것을 크게 보다卽小見大」라는 단문에서는 "모든 희생물이 재단 앞에서 피를 흘린 다음에 모든 사람들에게 남겨주는 것은 실제로는 '흩어진 살코기'밖에 없다"라고 말했다. 아Q는 총살당해 죽었지만 이 불쌍한 떠돌이는 죽음에 이르러서도 자신이 어떻게 죽어가고 있는지 알지 못해 구경꾼들을 향해 총살당하는 것이 머리를 베여 죽임당하는 것보다 보기 좋다고 말했다. 「광인일기」와 「백광」에서는 표현주의와 의식의 흐름 기법을 사용했고 「공을기」에서는 전형적인 체호프식 서사기법을 사용했으며 「내일」은 상당히 산문화되어 있는 근심과 원망의 탄주라 할 수 있다. 「약」은 사실과 상징을 병용한 작품으로 마지막 무덤에 올라가는 대목은 1막의 무언극이라 할 수 있는데 동판화처럼 세밀한 묘사로 그 의미를 극대화하고 있다. 「아Q정전」은 풍부한 구도로 개괄이 전혀 없으면서도 충실한 역사 장면에 세심한 심리분석이 수반되어 있어 풍자 희극인 동시에 철두철미한 비극이라 할 수 있는 작품이다. 신화 「보천補天」 역시 식인을 다룬 작품으로 위대한 여와女媧가 죽자 금군이 그의 배 위에 진을 치고서 유일한 적계라고 자칭한다. 소품 「토끼와 고양이」, 「오리의 희극」 등도 역시 식인의 문제를 다루면

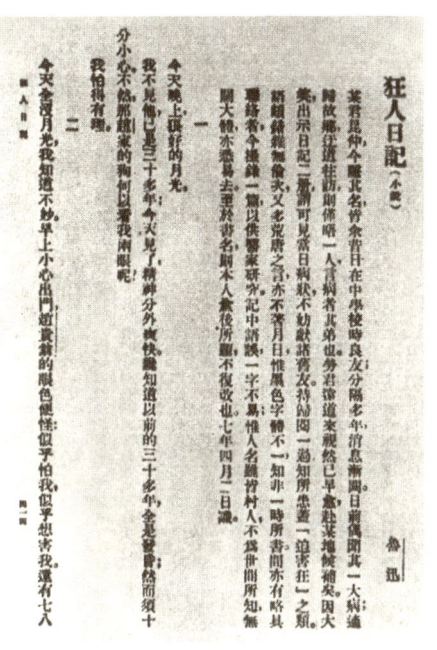
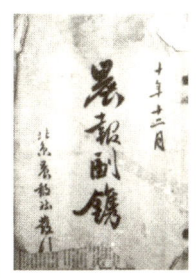

● 왼쪽 _ 1918년 5월, 노신은 『신청년』 제4권 제5호에 중국현대문학사상 최초의 반봉건 백화소설인 「광인일기」를 발표했다.
● ● 「아Q정전」의 최초분은 북경의 『신보부수(晨報副鐫)』에 발표되어 1921년 12월 4일부터 이듬해 2월 12일까지 매주, 또는 격주로 등재되었다. 필명은 '파인(巴人)'이었다. 사진은 『신보부수』 1921년 12월분의 합정본이다.
● ● ● 「약」은 1919년 5월, 『신청년』 제6권 제5기에 처음 발표되었다.
● ● ● ● 「오리의 희극(鴨的喜劇)」은 1922년 12월, 『부녀(婦女)』 제8권 제12호에 처음 발표되었다.
● ● ● ● ● 「내일(明天)」은 1919년 10월 북경의 월간 『신조(新潮)』 제2권 제1호에 처음 발표되었다. 이 간행물은 1919년 1월에 북경에서 창간된 5·4 신문화운동 초기의 주요 간행물 가운데 하나이다. 1922년 3월에 정간되었다.

제2부 혁명의 한복판에서 123

서 일관되게 유아와 약자들을 묘사하고 있다. 한마디로 말해서 이런 소설들이 묘사하고 있는 것은 생명의 외경으로서 우리가 살고 있는 세상이 피와 죽음, 공포의 그림자로 가득 차 있음을 지적하고 있다.

노신의 소설 작품들 가운데 거의 유일하게 「사희社戱」만이 비교적 밝은 색채를 보이고 있다. 이는 아마도 일본 평자들이 말한 것처럼 달빛과 소년을 묘사했기 때문인지도 모른다. 일본의 한 평자는 "달빛은 동양문학에서 전통적으로 세상의 빛이 되어왔고 소년은 노신이 중국에서 유일하게 희망을 걸고 있는 존재이다"라고 말했고, 사토 하루오佐藤春夫는 "달빛이 노신의 전통적인 사랑의 표현이라면 소년은 미래에 대한 희망이자 사랑이다"라고 말한 바 있다. 하지만 농촌을 다룬 또 다른 소설 「고향」에서는 이처럼 조화로운 시의詩意가 완전히 사라지고 만다. 소년의 국토는 '나무 인형'으로 변해버렸고 그의 머리 위에는 더는 황금빛 둥근 달이 비추지 않는다. 여기서 사랑은 '두꺼운 벽'이 되고 희망은 아련히 멀어져 마치 소설의 말미에서 말하는 것처럼 변질되고 만다. "희망은 원래 있다고 할 수도 있고 없다고 할 수도 있다. 이는 마치 땅 위의 길과 같다. 본래 땅 위에는 길이 없다. 걷는 사람들이 많아지다 보면 자연스럽게 길이 되는 것이다."

자신들이 가진 모든 것, 즉 슬픔과 고통, 반항, 과거와 미래를 송두리째 방금 끝나버린 혁명에 기탁한 채 거대한 중국의 대지 위에 흩어져 살고 있는 가난하고 우매한 농민들이 노신의 기억을 완전히 점거하고 있었다. 신해혁명과 그 후의 정치활동과 관련된 소설 작품이 적지 않았는데, 이 가운데 가장 유명한 것이 「아Q정전」이었다. 아Q에게 있어서 혁명이란 완전한 역전에 다름 아니었다. 아무것도 가진 것 없는 상황에서 모든 것을 차지할 수 있는 변화였고, 수재의 아내인 영식상寧式床에서 오마吳媽 등에 이르기까지 미장未莊 사람들은 전부가 그의 포로였다. 실제로 혁명당이 입성한 이후에도 달라진 것이라곤 아무것도 없었다. 지현知縣 대노야(大老爺, 노야는 옛날 주인이나 어른, 관원 등을 부를 때 사용하던 포괄적인 호칭이다-옮긴이)는 여전히 원래의 관직으로서 이름만 살짝 바뀌었고 거인 노야도 무슨 벼슬을 하긴 했지만 이런 이름들을 미장 사람들은 제대로 알 수 없었고 병사들을 이끄는 것도 여전히 이전의 노파총(老把總, 파총은 명·청대의 하급 무관에 해당하는 관직명임-옮긴이)들이었다. 사회 전체에게나 개인에게나 혁명은 여전히 진정한 의미의 혁명이 아니었다. 아Q의 '정신승리법'은 너무나 잘 알려진 이름이지만 정신의 승리란 무엇보다도 사실의 부정과 결함의 은폐를 의미했다. 예컨대 이마에 가득 부스럼 자국이 있으면서도 '부스럼癩'이란 말을 꺼리고 심지어 이 글자와 음이 같은 '뢰賴' 자를 전부 생략하여 말하기도 했으며, 나중에는 머리가 빠진 것을 가리기 위해 대머리를 상징하는 '광光' 자와 '량亮' 자, 심지어 '등燈', '촉燭' 같은 글자도 전부 피했다. 또한 남에게 얻어맞고서도 "아이가 어른을 때린 것에 불과하다"라고 말하면서 여전히 모든 것을 인정하지 않는 태도를 보였다. 이처럼 일종의 자기 기만의 태도로 실존을 대하다 보니 문제의 본질로 들어갈 수 없었고 영원히 문제의 외피에서 맴돌면서 일종의 가상공간에서 생활했다. 희극적 태도로 비극을 연출한 것이었다. 아Q가 총살당하기 직전에 그림을 그리는 대목은 이렇게 묘사되고 있다.

아Q는 동그라미를 그리려 했지만 붓을 손에 들고서 부들부들 떨기만 했다. 그리하여 그 사람이 종이를 땅바닥에 깔아주었고 아Q는 땅에 엎드린 채 젖 먹던 힘까지 다해 동그라미를 그렸다. 그들이 비웃기라도 할까 봐 최대한 둥글게 그리려 했지만 무거운 붓이 말을 잘 듣지 않았다. 간신히 선을 이어 붙이려는 순간, 그만 붓이 밖으로 밀려나면서 종이 위의 동그라미는 과자(瓜子, 중국인들이 즐겨 먹는 간식으로 호박씨를 향료에 절여 말린 것―옮긴이) 같은 모양이 되고 말았다.

아Q는 무지몽매하게 살다가 무지몽매하게 죽어갔다. 그의 살과 피에 들어가지 못하는 한 혁명은 아무 쓸모도

● 「아Q정전」의 육필 원고.

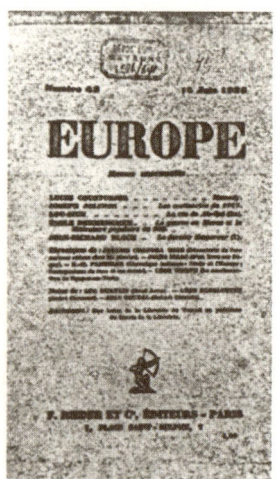
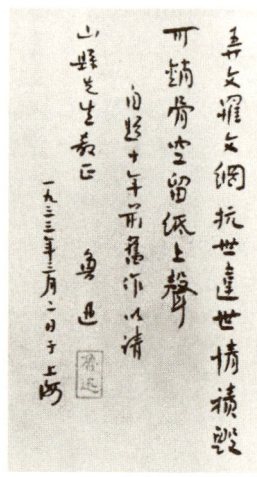

- 1926년 출판된 『아Q정전』 영문판 속표지.
- ● 1929년 출판된 『아Q정전』 러시아어본의 표지.
- ● ● 1926년 「아Q정전」이 수록된 프랑스어판 잡지 『유럽』의 표지.
- ● ● ● 야마아키다 쇼(山縣初男)에게 제사한 『외침』의 표제시. 시문의 내용은 "문장을 희롱하다 검열에 걸리니, 세상에 반항하고 인정을 거슬렀다 하네. 비방의 말 쌓이면 골육까지 가르니, 부질없이 종이 위에 소리만 남았네 (弄文罹文网, 抗世違世情. 積毁可銷骨, 空留紙上聲)"이다.

없었다. 아Q는 자기 자신에게로 들어가지 못했을 뿐만 아니라 사회로 진입하지도 못했다. 정치 권력을 갖지 못한 자로서의 기본적인 권리를 이해하지 못했을 뿐만 아니라 자각적인 정치적 바람도 없었으며 수많은 군중과 연계하여 일정한 권리를 쟁취하는 것도 불가능했다. 중국에는 진정한 의미에서의 개인주의가 없었고 진정한 집단주의도 없었던 것이다. 이른바 중국 사회는 실질적으로는 무수히 고립된 아Q들의 집단이라 할 수 있었다. 때문에 전제정치의 강제력만 있었지 군중의 응집력은 존재하지 않았다. 아Q는 이른바 정신승리법으로 사회의 현실 바깥을 떠돌았기 때문에 영원히 현실을 변화시킬 수 없었던 것이다. 아Q의 이미지는 사실적인 동시에 우화적이었고, 그 황당한 존재는 모종의 환상적이고 형이상학적인 요소를 지닌 채 작품의 열독 공간을 크게 확대시켜놓았다. 이것이 바로 노신이 그려낸 중국의 자화상이었다. 이에 관해 노신 자신도 「아Q정전」을 쓴 의도는 중국의 적막한 영혼을 드러내기 위한 것이라고 밝힌 바 있다.

1923년, 이 소설들은 북경 신조사新潮社에서 『외침』이란 제목으로 출판되었다. 「자서」에서 노신은 '외침'이란 이름을 붙이게 된 연유를 이렇게 설명했다. "나 스스로가 이제는 너무나 절박한 마음에 말하지 않고는 못 견디는, 그런 사람은 아니라 생각한다. 하지만 어쩌면 아직도 과거의 내 적막과 비애를 잊지 못하고 있는지도 모른다. 때문에 가끔씩 몇 마디 더듬거리는 외침을 뱉어냄으로써 적막의 한가운데를 달리고 있는 용맹한 전사들을 위로하여 그들로 하여금 두려움 없이 앞으로 달려가게 하고자 한다." 이는 한 번도 소멸된 적이 없는 '정신계 전사'들의 옛 꿈의 소환을 밝히는 것인 동시에, 자신이 이미 어둠과 절망의 덫에서 벗어나왔지만 몸에는 여전히 깊은 밤의 처량함이 남아 있음을 표명하는 것에 다름 아니었다.

사상문화 투쟁이 진행됨에 따라 전부의 의지와 기세는 갈수록 거대해져 갔다. 신문화운동이 사방에서 적과 대치하고 있을 때 노신은 자발적으로 신문화 진영의 또 다른 방향에서의 공격 임무를 떠맡아 『신청년』의 「수상록」 칼럼에 단평을 발표하여 시대의 병폐를 공격하는 동시에 전통에 반항했다. 그리고 이 두 가지 공격방식은 혁명의 선구자들이 내린 명령에 따른 것이었다. 노신은 이를 '준명문학遵命文學'이라 명명했다. 그는 이 단평들을 '다정한 풍자'라 칭하면서 '무정한 냉소'와 구별하려 했기 때문에 이를 모아 한 권의 책으로 출판하면서 책 제목을 『열풍熱風』이라 붙였다.

노신의 첫번째 잡감집인 『열풍』은 그 주요 화력을 '성무聖武', 즉 중국 전제정치의 전통에 맞추고 있었다. 무수한 죄악과 기형적인 사회문화 현상들이 모두 여기에서 발원하고 있었다. 최고 통치자들은 생전에는 극력 '순수 야수성 영역에서의 욕망과 만족'을 추구하다가 죽어서도 그 시신이 훌륭하게 보존되었다. 더욱 치명적인 것은 폭군 치하의 신민臣民들이 폭군보다도 더 포악했다는 사실이다. 과거의 경험은 황제의 발밑에서 나왔지만 현재와 미래의 경험은 노예들의 발밑에서 찾아야 했다. 노예들의 숫자가 많을수록 이런 마음을 전하는 경험가들도 더 많아지기 마련이었다. 이리하여 중국의 역사는 수장과 제사장들이 한마음으로 숭상하는 치국평천하治國平天下의 계보로서 어떤 이상이나 사상도 없이 그저 '칼과 불'만이 존재할 수밖에 없었다. 결국 대통일과 폭력이 자대(自大, 스스로 위대하다고 여김-옮긴이)와 호고(好古, 옛것을 맹목적으로 좋아함-옮긴이)의 국민 근성을 형성해놓았다. 자대란 '군중의 애국적 자대'로서, 개인적 자대는 존재하지 않았고 호고의 문화심리는 20세기 말의 국학가國學家들로 이어지는 국수주의에 집중적으로 체현되었다. 이들은 애국주의의 기치 아래 전통의 우상을 위호하는 자들로서 임서林紓와 유사배, 오복吳宓 등이 대표적인 인물들이었다. 이들은 문언문을 제창하고 백화문白話文을 반대했으며 진부하고 구태의연한 정통 관념으로 가득 찬 '눈물을 머금은 비평가'들로서 신생의 기운에 대해 맹렬한 비판을 퍼붓고 있었다.

노신은 아주 예리하게 사회의 관념이 변화하는 시기에 일종의 '이중관념'이 존재한다는 점을 발견했다. 그가 갖가지 기장주의(騎墻主義, 애매한 태도를 취하면서 양다리를 걸치는 경향—옮긴이)와 기회주의를 폭로한 것도 모두 이러한 '이중관념'에 대한 투쟁의 연장이었다. 이른바 '이중관념'이란 외국의 문물을 배우면서 중국의 구습을 그대로 보존하고 자유를 신봉하면서도 특별히 공자를 존숭하며 혁신의 당위성을 주장하면서도 동시에 복고를 외치는 것이다. 겉으로 드러나는 방법은 절충과 조화이면서도 실질적으로는 여전히 '현재의 도살자'인 것이다. 노신은 '우리를 보호하고', '현재를 보호한다'는 관점에 입각하여 '사상을 갖춘 인민'을 호소하면서 "자신이 믿는 사상을 위해서는 다른 모든 것을 희생하고 뼈와 살로 강한 칼날에 부딪쳐 피로써 맞서 싸워야 한다. 칼날의 섬광과 불길이 희미해지면 서서히 밝아오는 하늘을 볼 수 있으니 이것이 바로 새로운 세기의 서광이다"라고 말했다.

『외침』이 허구적이고 독백적이며 기억적인 작품이라면, 『열풍』은 현실적이고 투쟁적이며 선언적인 작품이라 할 수 있다. 『외침』에 수록된 노신의 소설에는 대부분 암울한 분위기가 한 겹 덮여 있지만 『열풍』에 담긴 사유와 사색에는 불꽃처럼 선명한 사상가의 예지가 가득하고 몽테뉴나 니체와 같은 사상의 힘이 담겨 있다.

그러면서도 장구한 죽음의 누적 때문에 자연스럽게 중국 현대 계몽주의의 장엄하고 침착하며 비장한 동양의 풍격이 서려 있다. 거의 같은 시기에 씌어져 또 다른 문집에 수록된 「우리는 이제 어떻게 아버지가 되어야 할 것인가我們現在怎樣做父親」라는 글에서 노신은 이렇게 강조하고 있다.

스스로 인습의 무거운 부담을 등에 지고 어둠의 갑문을 어깨에 맨 채 그들(자녀들)을 광활하고 밝은 곳으로 인도해야 한다. 그리고 그때부터 행복한 나날을 보내면서 합리적인 인간으로 살아야 한다.

허수상으로부터 유럽의 최신 문예사조를 최초로 소개한 인물이라는 칭송을 받은 바 있는 노신은 줄곧 번역을 매우 중시하여 창작과 거의 같은 지위를 부여했다. 심지어 번역을 일종의 창작이라 여기기도 했다. 이는 번역이 관념과 형식의 도입에 그치는 것이 아니라 자기를 표현하는 수단이라는 사고의 발로였다. 이 시기에 완성한 니체의 『차라투스트라는 이렇게 말했다』의 서문과 러시아 작가 아르츠바셰프의 중편소설 『노동자 셰비로프』의 번역이 바로 이러한 자기주장의 수단이었다.

소설 속의 셰비로프는 러시아의 혁명가로서 사형 직전에 탈출하여 페테르부르크 성 안으로 숨어든다. 그가 꿈에도 생각지 못했던 것은 세상의 행복한 사람들이 모두들 입을 다물고 있는데 뜻밖에도 불행한 사람들이 오히려 자신을 체포하도록 정부를 도왔다는 사실이다. 결국 그는 어느 대극장으로 뛰어 들어가 도망칠 곳이 없는 상황에서 일종의 보복심리가 일어나 극장의 관중들을 향해 권총을 난사했다. 관중들은 그가 줄곧 사랑했던 사람들이었다. 그의 의식 속에서 사랑과 증오에 관한 개인적 독백이 울려 퍼졌다.

너는 너의 천직을 다하여 온 힘으로 인류를 사랑했다. ……네가 미워하는 것은 네 마음속에 너무나 큰 사랑이 있기 때문이다! 네가 증오하는 것은 너의 가장 커다란 희생일 뿐이다. ……그보다 더 큰 사랑은 없기 때문에 이는 한 인간이 자신의 영혼을 바친 것과 비견할 수 있을 것이다.

사실 노신에게도 이와 똑같은 개인과 사회, 개인주의와 인도주의, 사랑과 증오 사이의 내재적 갈등이 존재했다. 인생의 모순이 그에게 해결을 요구했지만 끝내 해결하지 못했을 때, 그는 방황의 늪으로 빠져들 수밖에 없었다.

방황 시기

5·4운동은 하나의 시작이자 하나의 끝이었다. 당파성의 개입과 노동자 농민 운동의 흥기로 중국 현대 지식인들의 자치운동은 그 독립적 성질이 변해하기 시작했다. 저명한 지도자급 지식인에서부터 수많은 대학생 집단에 이르기까지 정당에 참가하거나 실제 정치에 투신하지 않으면 사회를 회피하고 조용한 학교 안에 스스로 갇혀버린 채 연구실에서 두문불출했다. 계몽운동은 너무나 빨리 역사의 진부한 흔적으로 변해버렸다. 『신청년』의 운명이 모든 상황을 설명해주었다. 신문화 운동의 정신적 지도자이자 이 잡지의 주간이었던 진독수는 상해에 도착하여 중국공산당이라는 새로운 정당을 조직하고 『신청년』을 정치적 잡지로 변화시켰다. 결국 이 잡지는 중국공산당의 기관지가 되었다. 편집위원이었던 호적 등은 보수적인 태도를 견지하면서 '정치에 관한 언급을 피할 것'을 주장하는 한편, 이 잡지가 원래 갖고 있던 학술문예적 성격을 고수하려 했다. 노신은 이 잡지의

동인으로서 '사상혁명'의 원칙을 일관되게 견지했고, 주작인과 함께 기본적으로 호적의 입장을 지지하면서도 정치에 관한 언급을 피해야 한다는 주장에는 동조하지 않았다. 노신에게는 정치에도 정치사상과 정치운동의 구별이 있었던 것이다. 그는 정치 문제에 있어서 여전히 구체적인 정치적 조작이 아닌 지식인으로서의 입장, 즉 계몽적 입장을 고수해야 한다고 생각했다. 다시 말해서 권력을 위해 글을 쓰는 것이 아니라 저술을 통해 근본적으로 권력에 대항하는 것이 그의 노선이었다. 정치인과 지식인은 그 존재에 의해 명약관화하게 구분될 수밖에 없었다. 분열은 이미 기정사실이었다. 이는 확실히 지식인 집단의 정신적 패배이기도 했다. 이에 대해 노신은 무력하기만 했다.

1932년, 노신은 『자선집自選集』의 「자서」에서 이 시기의 심정을 회고하면서 "나중에 『신청년』 집단이 해산되면서 어떤 사람은 지위가 올라가고 어떤 사람은 내려앉았다. 어떤 사람은 계속 전진했다. 나는 전장에서 같이 싸웠던 전우들이 이렇게 변할 수 있음을 다시 한 번 경험하고서 어쩌다 굴러 들러온 '작가'라는 직함을 갖고 여전히 사막 속을 걷게 되었다. '떠돌이 용사'가 된 것이다."라고 기술하고 있다. 그는 또 『방황』에 제사한 시에서 "새 문단은 쓸쓸하기만 하고, 옛 전장은 평안하네. 천지간에 병졸 하나 남아, 창 메고 홀로 방황하고 있네

● 1919년 11월, 노신 전 가족은 북경 팔도만(八道灣) 11호로 이사했다. 사진에 남옥 문 앞에 노신이 심은 정향수(丁香樹)가 보인다.

寂寞新文苑 平安舊戰場
兩間餘一卒 荷戟尚彷徨

辛卯之春 書請

山縣先生教正 魯迅

- 『방황』의 속표지에 제사한 야마아키다 쇼에게 바치는 시. 시문의 내용은 "새 문단은 쓸쓸하기만 하고, 옛 전장은 평안하네. 천지간에 병졸 하나 남아, 창 메고 홀로 방황하고 있네(寂寞新文苑, 平安舊戰場. 兩間余一卒, 荷戟獨彷徨)"이다.

(寂寞新文苑, 平安舊戰場. 兩間余一卒, 荷戟獨彷徨)"라고 노래한 바 있다.

  이처럼 갈 곳 없어 방황하는 심정은 개인적인 은밀한 사생활과 무관하지 않을 것이다. 노신은 어렵사리 팔도만八道灣의 주택을 사들여 주작인 가족 전체를 이주시킨 다음 모친과 주안朱安을 불러들여 집 안에 한가로이 청양과 정향丁香을 심었다. 이리하여 오랫동안 이 집에서 살 수 있을 줄 알았으나 뜻하지 않게도 얼마 지나지 않아 울타리 안에서 싸움이 일어났다. 노신과 주작인의 싸움과 관련하여 모친 노서는 노신의 학생인 허선소許羨蘇에게 "큰 선생과 작은 선생이 갑자기 싸우기 시작하는데 도무지 무슨 까닭인지 모르겠구려. 처음에는 서로 잘 지내더니 형제 둘이서 부지런히 책 보따리를 들고 들락거리면서 뭔가 의논하고 따지더니……"라고 말한 바 있다. 싸움의 원인은 분명치 않았고 이를 지켜보는 사람들은 모두들 아리송한 표정을 지을 수밖에 없었다. 노신이 세상을 떠나자 주작인은 이 일과 관련된 일기 두 페이지를 없애버렸다. 노신은 1923년 8월 14일의 일기에서 이 일에 대해 "오늘 저녁부터 내 방에서 따로 밥을 먹기 시작했다. 혼자 밥상을 대하게 되어 이를 기록해두려 한다"라고 간략하게 언급하고 있다. 지금까지 남아 있는 유일한 물증은 주작인이 노신에게 쓴 절교서가 전부이다.

노신 선생

저는 어제야 모두들 불쌍한 사람들이라는 걸 알게 되었습니다. 하지만 지나간 일을 다시 말할 필요는 없겠지요. 저는 기독교도가 아니지만 다행히도 항상 모든 걸 참아낼 수 있었고 지난 일을 따져 비난하고 싶지도 않습니다. 제가 전에 가졌던 장미의 꿈은 알고 보니 모두가 허구였습니다. 어쩌면 지금 제 눈에 보이는 것이 진정한 삶인지도 모르겠습니다. 저는 제 사상을 바로잡고 새로운 삶으로 들어서려 합니다. 앞으로는 뒤쪽 사랑채로는 건너오지 마십시오. 달리 드릴 말씀은 없습니다. 마음 편히 갖고 자중하시기 바랍니다.

7월 18일 작인 올림

편지는 '노신 선생'이라고 네 글자가 적힌 네모 봉투 안에 들어 있었고 주작인이 직접 찾아가 노신의 책상 위로 건넨 것이었다. 편지를 다 읽은 노신은 사람을 시켜 주작인을 불렀고 직접 확실한 의중을 듣고 싶어했지만 주작인이 거절하고 가지 않았다. 허수상과 욱달부郁達夫의 견해에 따르면 사건의 발단은 주작인의 아내 하네다 노부코羽太信子와 관련된 것임이 분명하다. 하네다 노부코는 노신이 자신에게 '무례'했던 점을 증명했고, 주작인도 나중에 모 신문기자에게 '장난'에 대해 인정한 바 있다. 허수상은 노신을 극력 변호하면서 하네다 노부코에게 '히스테리'가 있으며 잘못은 주작인의 편신에 있다고 주장했다. 욱달부의 인상에 하네다 노부코는 오히려 예의와 교양을 갖춘 여자였다. 하지만 의심할 수 없는 사실은 노신이 자신의 둘째 동생인 주작인을 몹시 사랑했고 이런 사랑이 제수씨에게도 이어졌다는 점이다. 주작인이 소흥에 체류하는 동안 노신이 그에게 편지를 보낼 때면 항상 제수씨에게 보내는 편지도 같이 보내곤 했다. 노신이 하네다 일가에 경제 원조를 하고 있었기 때문에 주작인과 결별한 후까지 노신은 노부코의 동생인 하네다 오모시사羽太重久와 장기간 우의를 유지했던 것이다. 하지만 이러한 충돌과 이로 인한 철저한 결렬이 오랫동안 보호자를 자처해온 노신을 말할 수 없는 고통의 늪으로 빠져들게 할 수밖에 없었다.

싸움이 끝난 후 노신은 즉시 팔도만에서 나와 주안과 함께 전탑磚塔 호동으로 이사해 들어갔다. 이어서 그는 모친을 편안히 모시기 위해 서삼조西三條 호동 21호 주택을 사들여 5월에 이사했다. 이 시기에 그는 계속 잡문을 쓰는 한편 『중국소설사략中國小說史略』과 『혜강집嵇康集』을 완성하는 등 장기간 편저와 교열 작업에 전념했고, 아울러 소설집 『방황』의 집필을 시작했다. 그 이후에 나온 『들풀野草』 역시 이 시기의 어두운 삶의 내용을 집중적으로 반영하고 있다.

『방황』은 어떤 의미에서 『외침』의 주제를 다시 재현하는 동시에 이를 보다 심화시키고 있다고 할 수 있다. 「축복」과 「내일」을 비교해보자면, 두 여주인은 모두 하나밖에 없는 아들을 잃은 젊은 어미니들로서 똑같이 하소연할 데 없이 비참한 삶을 이어가고 있다. 뿐만 아니라 상림수祥林嫂는 운명에 의한 억압과 두려움에 시달리고 있다. 소설에서 전개되는 인물관계에 있어서 「축복」은 가족을 중심으로 하는 중국 종법사회의 흉악한 모습을 있는 그대로 보여주고 있다. 부녀자들의 세습적인 노예 신분에 관해서는 「이혼」에서 충분한 보충설명을 하고 있다. 또한 『외침』에서의 '간객看客' 형상은 「구경꾼示衆」에서 망원경으로 응시한 모습에 다름 아니다. 노신은 「아Q정전」의 마지막 부분에서 '대단원'의 군중 장면을 확대하여 끝이 보이지 않는 창망한 이미지를 연출하고 있는데, 이는 중국의 민족과 역사를 상징하는 것이다. 「장명등長明燈」은 읽는 이들로 하여금 「광인일기」에 나오는 착란 속에서의 각성을 생각나게 하지만 동시에 박해받는 사람으로서 미치광이와 광인의 어두운 사회현실에 대한 반응상태를 나타내고 있는데 양자 사이에는 커다란 차이가 존재한다. 광인은 발견되는 것이지만 미치광이는 판단되는 것이고, 광인은 간헐적인 각성이지만 미치광이는 지속적인 행동이며, 아이를 구하려는 광인

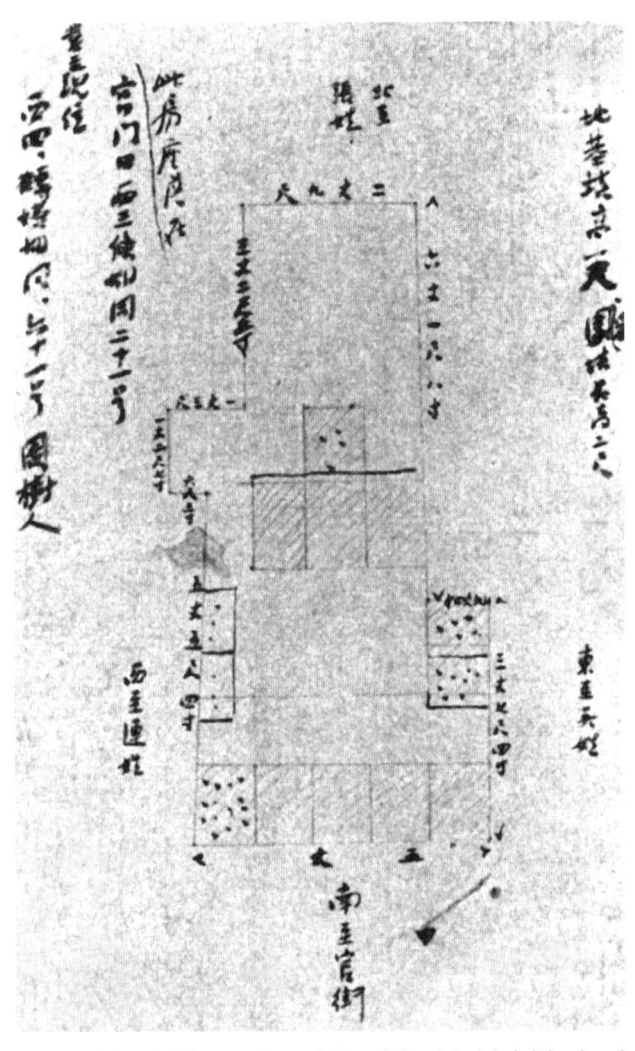

● 노신이 직접 그린 서삼조 21호의 구조설계도. 원래는 방이 여섯 칸이었으나 노신이 사들인 후 남북으로 각 세 칸, 동서로 각 한 칸씩 도합 여덟 칸으로 개조했다.

의 호소는 참회적이고 기도와 같은 데 비해 "불을 지르겠다"고 외치는 미치광이의 절규는 명확한 선언으로서 개체적인 반항에 기초하고 있는 것이다.

『외침』이 중국 향토의 문제에 집착하고 있다면 『방황』의 무게중심은 이미 오래전의 신문화운동, 즉 전통 중국의 최신 변화 및 그 결과물에 경도되어 있음을 극명하게 확인할 수 있다. 신해혁명의 상처는 여전한데 이제는 새로운 상처가 추가되어 있었다. 이러한 신구 두 가지 아픔이 『방황』에서 일군의 지식인들이 공통적으로 겪게 되는 조우를 통해 하나로 연결되고 있다.

이들은 일군의 신형 지식인들로서 쿵을기孔乙己나 진사성陳士成 같은 부류와는 다르지만 이들 역시 모두 각기 다른 방식으로 결국엔 실패와 고독, 죽음으로 치닫고 있었다. 「술집에서在酒樓上」의 여위보呂緯甫는 청년 시절에 신상의 수염을 뽑아버리고 연일 개혁에 관한 의론을 제시했었지만 가정교사가 된 후로는 ABCD를 가르치는 것이 아니라 여전히 '공자 왈, 맹자 왈' 하면서 『시경』과 『맹자』, 『여아경女兒經』 등을 가르치면서 점차 오만하고 제멋대로이며 태도가 불분명한 모습으로 변해갔다. 그는 일종의 회고적 정서 속에서 생활하면서 스스로 무료하다고 여기는 일을 할 뿐 미래를 위해 계획하고 준비하지 않았으며, 심지어 미래를 알지도 못했다. 신문화운동의 열기 속에서 성장한 청년 지식인들은 여위보의 표현대로 하자면 마치 놀란 벌이나 파리처럼 '작은 울타리를 이리저리 맴돌다가 결국 다시 원래의 자리로 돌아오곤 했다.'「고독자孤獨者」의 위연수魏連殳는 처음에는 몰락하여 구걸하는 처지가 되었고 편지를 부칠 우표 살 돈조차 없게 되자 가난한 생활 때문에 결국 두사장杜師長의 고문이 되었다. 이때부터 그의 주변에는 울분에 젖은 강개한 청년들이 사라지고 새로운 빈객들과 새로운 선물, 새로운 칭송만 쏟아지게 되었다. 자신의 이러한 변화에 대해 그는 "나는 이미 이전에 내가 증오하던 일들, 내가 반대하던 모든 것들을 궁행하면서 이전에 내가 숭상했던 것들, 내가 주장했던 모든 것들을 거부하고 배척하고 있다"고 고백한다. 이는 그가 원하지 않았던 변화임이 분명하다. 소설은 염한 시신을 보내는 것으로 시작하여 그것으로 끝을 맺지만 위연수는 시종 아무런 변함이 없는 고독자일 뿐이다. 「상서傷逝」에서는 자유연애의 비극과 이상의 파괴가 가져다주는 비극을 묘사하고 있다. 주인공 자군子君은 사랑 때문에 아무런 두려움 없이 가정을 배반하고 가혹하고 냉담한 눈길들 속에서 자신의 길을 걷게 된다. 그녀는 "나는 나 자신의 것이다. 그들 누구도 나에게 간섭할 권리가 없다!"라고 외치지만 인생의 길은 험난하기만 하다. 연생涓生과 동거를 시작하면서 자군은 가사에 파묻혀 꿈의 날개를 펼 생각마저 잊고 만다. 가난과 굶주림의 고통 속에서 그녀는 갈수록 피폐해지고 고민과 절망에 빠지게 된다. 이처럼 오랜 동안의 몸부림 끝에 그녀는 마침내 다시 부친에게로 돌아가지만, 얼마 있지 않아 죽고 만다. 여기서 사랑과 생활은 병존하지 못한다. 생활은 진실하고 냉혹하며 저항할 수 없는 것이기 때문이다. 이 작품은 경제권, 즉 생존권이 여전히 지식인들의 눈앞에 던져진 중대한 문제임을 경고하고 있다. "노라는 집을 떠난 후 어떻게 되었나?" 하는 질의는 '5·4시대'의 기본 명제이자 『방황』의 주제였다. 이를 화두로 한 강연에서 노신은 "인생에서 가장 고통스러운 것은 꿈에서 깨어났는데 갈 길이 없다는 것이다"라고 지적한 바 있다. 비극은 집을 나갔다가 돌아오는 데까지 통일되어 나타나는 노라식 발상에 있다. 그동안의 황량감이 비극의 깊이와 이에 대한 비판의 힘을 더해주는 것이다. 이러한 비판은 '낡은 사회'를 향한 것인 동시에 지식인들 자신에게 향한 것이기도 하다. 여기서 일종의 인과관계의 모식이 성립하지만 「비누」나 「높으신 나리」에서의 풍자와는 차이가 있다. 지식인들에 대한 이러한 비판은 작가의 마음속에 다 쏟아내지 못한 온정이 가득했음을 반증하는 것이라 할 수 있다.

『들풀』에서는 시적인 언어로 '절망적 반항'이라는 하나의 철학을 제시하고 있다. 아주 얇은 책 한 권에, 빛과 어둠, 삶과 죽음, 과거와 미래, 피와 강철, 화염과 독, 사랑과 원한이 가득 담겨 있다. 작자 노신은 바로

● 노신이 북경에 머문 시기에 창작한 작품들. 『열풍』은 첫번째 잡문집으로서 1918년부터 1924년 사이에 쓴 잡문 24편이 수록되어 있다. 『화개집』도 잡문집으로 1925년에 쓴 작품 25편이 수록되어 있고, 『들풀(野草)』은 산문시집으로 1924년부터 1926년 사이에 쓴 산문시 23편이 수록되어 있다.

이처럼 대립되는 수많은 양자의 중간에 처해 있어 모순의 장력tension을 감내하고 있는 것이다. 이른바 '열광적이고 거센 노래 속에서 추위를 느끼고 천상에서 심연을 내려다보며 모든 눈 속에서 어쩔 수 없는 무력감을 발견하고 희망이 없는 곳에서 구원을 찾는' 것이다. 작품 전체가 마치 하나의 변주곡처럼 끝없는 회전과 변화 속에서 도처에 분출하는 격정을 쏟아내고 있지만 그 음조는 너무 낮아 거의 정지에 가까울 때도 있다. 노신 자신이 말한 것처럼 "어떤 힘이 그를 평안 속에서 파열하게 만들고 동시에 수많은 꿈들이 눈앞에서 이루어지는 것이다." 이 책에 담긴 작품들 가운데는 '내가 꿈속에서 보니'라는 말로 시작되는 대목이 적지 않다. 꿈은 기억인 동시에 이상이기도 하다. 이 꿈속에서 그는 생명에 관한 체험과 사색을 완성하고 있는 것이다.

「그림자의 고별影的告別」에서는 "나는 그림자일 뿐이다. 너에게 이별을 고하고 어둠 속으로 침몰하려 한다. 그러나 어둠이 또 나를 삼켜버릴지도 모르고 빛이 나를 사라지게 만들지도 모른다"라고 하여 방황을 이야기하고 있고, 「구걸하는 사람求乞者」에서는 "나는 아무것도 하지 않는 이러한 무소위無所爲와 침묵으로 구걸하고 있다"라고 하여 허무를 말하고 있다. 「묘비문墓碣文」에서는 조롱하는 듯한 필치로 "떠돌아다니는 영혼이 긴 뱀이 된다. 입 안에 독을 뿜는 이빨이 있지만 남은 물지 않고 자기 자신을 문다. ……자신을 먹어 그 본질을 맛보려 한다. 가혹한 고통과 열기가"라고 하여 고통을 설명하고 있다. 한편 「희망」에서는 "희망, 희망, 이 희망의 방패로 허공 속에서 어둠의 습격을 막아야 한다. 방패 뒤쪽이 여전히 허공 속의 어둠이라 할지라도"라고 하여 막연한 희망을 묘사하고 있고 「무너진 선의 전율頹敗線的廢顫動」에서는 "큰 걸음으로 깊은 밤에서 걸어나와 등 뒤의 냉담한 욕설과 악독한 냉소를 모두 던져버린다"라고 하여 비장한 결단을 표현하고 있다. 「복수復讐」는 두 부분으로 구성되어 있는데 첫번째 부분은 광야에서 서로 끌어안으려는 사람과 죽이려고 덤벼드는 사람이 대립하고 있고 '길 가는 사람들'이 이들을 에워싼 채 구경하면서 모든 동작을 중지시키는 광경을 설정함으로써 죽은 사람의 눈으로 길 가는 사람들의 무력함과 무감각함, 피 흘리지 않는 대규모 살육, 그리고 날아오르는 생명의 환희의 극치 속으로 영원히 침잠하는 모습을 묘사하고 있다. 두번째 대목에서는, 예수 그리스도가 십자가에 매달려 사방에서 적들의 연민과 저주가 쏟아지는 가운데 손과 발에 극도의 고통을 느끼며 죽어가지만 예수 자신은 오히려 자신을 연민하고 비난하는 사람들이 신의 아들인 자신을 못 박아 죽이는 것 자체를 일종의 환희로서 즐기고 있음을 묘사하고 있다. 이러한 '즐김'과 '감상'이 이미 복수를 초월하고 있는데, 노신은 이처럼 거대한 고통과 치욕, 그리고 고독을 견뎌낼 수 있는 사람만이 비로소 진정한 전사가 될 수 있음을 역설하고 있는 것이다. 「과객過客」은 그의 가장 대표적인 명편으로 간주되고 있다. 이 과객은 스스로 기억을 갖고 있을 때부터 혼자였으며 줄곧 앞만 보고 왔다고 말한다. 그가 물러설 수 없는 것은 물러설 만한 곳마다 지주들이 버티고 있고 도처에 추격과 올가미가 놓여 있기 때문이다. 게다가 앞에서는 끊임없이 재촉하면서 그를 불러대는 소리가 있어 잠시도 쉴 수가 없다. 피가 부족해지면 길을 가면서 물을 마셔야 하지만 그는 그 누가 던져주는 음식도 받기를 원치 않고 상처를 감쌀 천 조각 하나조차 받으려 하지 않는다. 그는 이를 마치 보시布施나 되는 것처럼 여겼고 독수리가 시체를 발견하기라도 한 것처럼 두려워했다. 그는 계속 길을 가는 수밖에 없었다. 황혼이 되어도 길을 가야 했고, 길이 다다르는 곳이 바로 무덤이라 해도 계속 가지 않으면 안 되었다. 이것은 곧 생존의 철학인 동시에 죽음의 철학이었다. 모든 것이 사라져버리고 생명은 다시 돌아오지 않는다. 하지만 그럼에도 불구하고 이는 서양 신화에서 끊임없이 바위를 산 위로 굴려 올려야만 하는 부조리와 고통의 화신 시시포스보다도 더 비장한 상황이었다.

『들풀』에는 몇 개의 편장을 제외하고는 전부 유년의 기억들을 담고 있고 상상 속의 유령 같은 섬광이 가득

번뜩인다. 그러나 나중에 개인적인 논전이 극렬해졌을 당시와 같은 모든 것을 꿰뚫는 날카로움을 제외하면 전체적으로 매우 무거운 분위기가 배어 있다. 이는 오랫동안 유지되어온 극도의 자아마비의 결과로 남은 영원히 벗어날 수 없는 고통이었다. 이를 노신이 이 당시에 번역하여 출판한 구리야가와 하쿠손廚川白村의 문학이론 저서의 제목을 빌려 표현하자면 '고통의 상징'이라 할 수 있을 것이다.

소용돌이 속에서

1920년 가을, 노신은 북경대학과 북경고등사범학교의 강사를 겸임하고 있었다. 강의과목은 '중국소설사'였다. 유명한 『중국소설사략』은 바로 이 강의의 내용을 기초로 정리한 것이다. 북경대학에서 그는 러시아의 맹인 시인 예로센코와 깊은 우정을 맺게 되었다. 소설 「오리의 희극」과 역서 『복숭아빛 구름桃色的雲』 등은 그가 먼 곳에서 온 이 친구를 위해 남긴, 따스하면서도 적막한 기념물이다. 1923년부터는 북경여자고등사범학교와 에스페란토어 전문학교의 강사도 겸임하게 되었다. 이듬해 7월, 그는 한 단체의 일원으로 서안西安으로 가서 강연을 하게 되었다. 여행의 주된 목적은 역사소설 『양귀비』의 구상과 무관하지 않았으나 막상 서안에 도착하여 수많은 위조 고적들을 보고 난 그는 이런 계획을 포기해야 했다. 그가 북경여자사범학원에서 했던 강연 〈노라는 집을 떠난 후 어떻게 되었나〉는 사실 노신 자신에게는 하나의 상징적 제목으로 그치는 게 아니었다. 옛 종이와

제2부 혁명의 한복판에서 153

옛 비문으로부터 걸어나와 『신청년』의 전투에 참가하게 되면서 형세가 어떻게 변화해가든 간에 이미 더는 옛 보루로 돌아가 과객처럼 줄곧 앞을 향해 갈 수만은 없었다. 이미 사상적으로도 훨씬 더 급진적으로 변화되어 있었던 것이다.

대학에서의 교직은 노신에게 청년들과 접촉할 수 있는 기회를 제공하면서 '몸속의 늦은 황혼'을 던져버릴 수 있게 해주었다. 세상의 모든 청년은 완전히 노쇠하지 않는 법이기 때문이었다. 북경여자사범학원에 재직하는 동안 그는 청년들의 지지로 지식인들과 동행하면서 점차 권력자들과는 양립이 불가능한 위치로 내몰렸다.

여자고등사범학교가 여자사범대학으로 개칭된 지 얼마 지나지 않아 허수상이 교장 직에서 사임하고 방금 유학을 끝내고 귀국한 여교사 양음유楊蔭楡가 그의 자리를 대신하게 되었다. 그녀는 대단히 보수적이어서 학생들이 손문의 북경 방문을 환영하려 하자 이를 금지시켰다. 그녀는 백화문에도 반대하면서 여러 차례 이 과목의 폐지를 건의하기도 했다. 학교를 관리하는 데에도 그녀는 다분히 가부장적인 태도를 취하면서 널리 자신의 지지 세력을 형성하여 개인적인 견해를 공적인 일에 관철시키려 하며 독선을 일삼았다. 특히 현실 상황에 만족하지 않는 문과 학생들과 학생단체들을 적대시하면서 수시로 탄압을 가했다. 문과대학 예과 2학년 학생 두 명이 이에

● 러시아의 맹인 시인 예로셴코 등과 함께 단체로 촬영한 사진.

대한 시위활동의 여파로 학교에 오지 못했다가 그녀의 지시에 의해 제적되었고, 다른 과 학생들도 마찬가지 사정이 있어 수업에 나오지 못했다가 간신히 학적을 유지할 수 있었다. 이런 사태에 대해 문과 학생들이 집단적으로 들고 일어나 학생자치회에 공도公道를 유지하여 이들을 지원할 것을 요구하게 되었다. 자치회가 교섭을 시도했지만 양음유는 완강하게 면담을 거부하고 공개적으로 학생 대표를 모욕했다. 이에 자치회에서는 긴급회의를 소집하여 양음유의 교장 직을 인정하지 않는 결의안을 통과시키고 그녀를 쫓아내기 위해 이른바 '양몰이 운동(驅羊運動, '羊'은 '楊'과 농음이라 양음유를 몰아내려는 운동을 상징적으로 '양몰이驅羊'로 표현한 것임-옮긴이)'을 전개했다.

원세개가 죽자 서구 제국 열강들은 제각기 지방 군벌들을 키우면서 자신들의 지지 세력으로 삼으려 했다. 끊임없는 분쟁 속에서 각 파 군벌들은 환계皖系 군벌의 우두머리인 단기서段祺瑞를 공동으로 추대하여 그로 하여금 중화민국 임시 집정부를 구성하고 국회와 총통 및 내각총리의 권력을 장악하게 했다. 광동 혁명정부는 북경 군사독재 정부와 대립한 가운데 손문이 제정한 연아용공(聯俄容共, 소련과 연합하여 공산주의자들을 받아들임-옮긴이) 정책을 추진하여 노동자 농민들을 위한 정책을 지지함으로써 제국주의와 그 주구들에 대항하는 투쟁에 진력했다. 그러나 1925년 3월, 혁명이 고조 단계로 접어들

무렵, 손문이 갑자기 병으로 세상을 떠나자 중국의 북방은 일시에 암흑천지가 되고 말았다.

'5·7국치기념일' 당일, 양음유는 강연회를 마련하고 주최자 신분으로 앞에 나서 다시금 교장의 권위를 회복하려 시도했다. 이 소식을 접한 학생회 임원들은 더욱 철저하게 저항하면서 자신들의 대표를 파견하여 대회를 주재하려 했으나, 결국 거부되고 말았다. 이에 학생들은 임시회의를 거쳐 양음유가 회장에 들어서는 것을 저지하기로 결정하고 허광평許廣平과 유화진劉和珍, 정덕음鄭德音 등 여섯 명이 이 일을 떠맡기로 했다. 대회가 시작되어 양음유가 강당 입구에 도착하자 허광평 등이 즉시 앞으로 나서 양음유의 강연장 진입을 저지하면서 한바탕 소란이 벌어졌다. 이에 크게 화가 난 양음유는 경찰을 학교 안으로 불러들여 학생들을 강제로 해산시켰고, 쌍방은 막무가내로 대치하다가 결국 교장이 자발적으로 철수하면서 사태는 일단락되었다.

이틀 후 학교 당국은 평의회를 열어 허광평 등 여섯 명의 학생들을 시위를 선동하여 학풍을 파괴했다는 명목으로 제적 결정하고, "이들을 퇴교시켜 여러 학생들에게 피해가 가지 않도록 하겠다"고 발표했다. 노신과 허수상이 장난으로 허광평을 '해로운 말害馬'이라 부르게 된 것도 바로 이 사건에서 유래한 것이다. 학생회는 긴급회의를 소집하여 평의회에 보내는 공개서한을 발표하는 동시에 학교 당국의 학생 제적 발표는 완전히 무효라고 맞받아쳤다. 다시 이틀 후, 전체 학생들이 학교 운동장에 모여 양음유를 교장 자리에서 쫓아낼 것을 결의했다. 이런 소식을 들은 양음유는 재빨리 여사대 부속학교로 도망쳤다. 이때 학생들은 만장일치로 총간사 허광평을 대표로 선출하고 교장 사무실을 봉쇄하는 동시에 사람을 보내 양음유가 학교 안으로 들어오지 못하도록 돌아가면서 당직을 설 것이라고 알렸다.

쌍방의 대치 국면은 대단히 살벌했다. 허광평은 이런 상황에서 가장 중요한 것은 교직원들의 지지를 얻는 것이라고 생각했다. 이를 위해 학생회에서는 「여사대 학생 자치회가 본교 교원들에게 교무의 유지를 간청하는 서한」을 인쇄하여 각급 주임과 교원들을 찾아가 앞에 나서서 정의를 지켜줄 것을 호소했다.

줄곧 참호 안에 틀어박혀 있던 노신은 자신의 산병전散兵戰을 계속할 것인지 아니면 앞으로 나서 집단의 싸움에 참여할 것인지 고민하기 시작했다.

3월이 되자 한 여학생이 노신에게 편지를 보내왔다. 이 편지에서 그녀는 북경 교육계의 어두운 면을 통렬히 비판하면서 마음속의 고민과 염려를 털어놓았다. 그녀는 아울러 어떻게 해야 쓴 약에 약간의 설탕을 넣을 수 있는지, 설탕을 넣으면 절대로 쓰지 않은지 물었다. 그녀는 너무나 간곡하고 애절한 언사로 노신에게 고통에 빠져 있는 영혼을 구원해달라고 호소했다.

이 학생은 다름 아닌 허광평이었다.

이때부터 두 사람은 빈번하게 편지를 주고받기 시작했다. 인생의 체험과 마음속의 어두움에 대해 노신은 『들풀』에서 시적인 표현으로 뭉뚱그려 묘사하기도 했지만 극사실로 자세하게 분석한 부분도 적지 않았다. 특히 자칭 '삼가 가르침을 구하는 어린 학생' 앞에서는 모든 것을 자백하듯이 하나하나 소상하게 설명해야 했다. 노신은 그녀에게 자신이 염색 항아리 같은 중국 사회를 어떻게 보고 있는지, 고통과 어떻게 싸우고 있는지, 어떻게 강경한 노래를 부르고 있는지 설명하면서 성급하게 굴지도 말고 맹목적으로 희생하지도 말며 끈질기게 투쟁에 임할 것을 주문했다. 허광평은 반항 철학에 대한 노신의 개괄이 대단히 정확하다고 생각했다. 너무나 비관적인 상황에서도 비관하지 않고, 도저히 어찌할 수 없는 상황에서도 뭔가를 해야 한다는 논지가 그녀의 가슴을 울린 것이었다. 그녀는 노신의 이런 정신을 본받으면서 그의 말을 끄는 마부가 되고 싶다고 생각했다.

4월 12일, 허광평은 고향이 같은 학우 임탁봉林卓鳳과 만나기로 약속하여 두 사람이 함께 처음으로 서삼조에 있는 노신의 집을 찾아갔다. 이날부터 두 사람 사이의 통신문은 연서의 분위기를 띠기 시작했다. 두 사람은 편지를 통해 인생과 사회의 문제를 논했고, 서로의 감정을 조율하면서 다분히 희극적인 맛을 즐겼다. 이때 이후로부터 허광평이 노신의 집을 방문하는 횟수는 갈수록 잦아졌다.

교내의 충돌은 압박자와 피압박자 간의 충돌이었다. 노신의 개입은 시간문제였고 게다가 그 사이에는 허광평이 있었다. 허광평 등이 제적된 다음날, 노신은 「갑자기 생각났다忽然想到」라는 연작에 한 편을 더해 "상대가 흉악할 때는 똑같이 흉악해지고 상대가 양과 같을 때는 똑같이 양과 같아야 한다"고 말하면서 청년들이 이처럼 상성한 태도를 보여야만 "어떤 마귀든지 자기가 원래 있던 지옥으로 돌아가게 된다"고 강조하여 지적했다. 학생자치회를 대표하여 노신과 연락을 취한 사람은 임탁봉이었다. 그녀가 학생들의 뜻을 담은 서찰을 건네자 노신은 다 읽고 나서 자치회가 개최하는 교사와 학생들의 연석회의에 반드시 참가하겠다고 약속했다.

노신은 이번 투쟁이 결코 쉽지 않으리라는 점을 잘 알고 있었다. 학생들에게는 누군가 나서서 말을 하고 글을 써서 지지를 표한다 해도 반드시 유효하리라는 보장이 없는 반면, 권력자들로서는 아무리 무리한 태도를 보일지언정 사실상 승리는 따놓은 당상이었다. 하지만 세상이 정말로 이럴 수밖에 없단 말인가? 약자의 일원으로서 그는 이런 현상에 커다란 불만을 갖고 있었고, 허광평에게 보내는 편지에서도 자신은 끝까지 투쟁할 것이고 하는 데까지 해볼 것이라는 의사를 분명히 밝혔다. 여사대의 투쟁에 개입하기로 결정한 그는 과거의 인생 경험, 특히 관리 생활을 돌이켜보면서 눈앞의 압제자들에 대항하기 위해선 단지 용기에만 의지하는 것으로는 부족하고 건전한 이성과 풍부한 전략을 갖춰야 한다는 사실을 깨달았다. 또한 투쟁에 임하는 집단은 투쟁의 합법성을 중시해야 한다는 점도 잊지 않았다. 주도권을 상대방에게 넘겨주지 않기 위해 그는 양음유가 믿고 있는 기관이 교육부라는 사실을 잘 알고 있으면서도 여사대 학생들을 대신하여 「교육부에 드리는 글」을 써서 고압적인 태도로 학생들을 업신여기는 양음유의 언행을 고발하고, 그녀를 하루속히 교장 직에서 면직시킬 것을 요구했다. 또한 그는 집단선언문을 작성하여 교원들이 연명하는 방식으로 『경보京報』에 발표하여 여론의 영향력을 확대하는 구상도 갖고 있었다. 개인적인 활동으로는 집중적으로 잡감문을 발표하여 관방에서 내려온 '무딘 칼'을 맹렬하게 공격할 생각이었다. 이러한 글들을 자신이 참여하고 있는 지식인들의 동인 간행물인 『어사語絲』와 제자 손복원孫伏園이 편집을 맡고 있는 『경보』 부간(副刊, 중국 신문의 문화면으로 주로 문학예술과 시론을 게재하는데 지면이 다른 나라의 신문에 비해 비교적 넓은 게 특징이다—옮긴이)에 발표하는 동시에 자신이 직접 조직하고 편집한 청년 간행물인 『망원莽原』에도 발표했다. 그의 개성으로 볼 때 집단의 투쟁에 참여하는 것은 불가피한 일이었다. 다행히 이 집단은 엄밀한 조직을 갖추고 있지는 않았지만 일치된 의견에 대해서는 무조건 따를 생각이었다. 그가 가장 좋아하는 투쟁방식은 개인적인 투쟁이었다. 투쟁을 통해 자신의 자유 의지를 충분히 개진할 수 있기 때문이었다. 특히 그에게는 잡감문을 쓰는 것이 가장 적합한 방법 가운데 하나였다. 그래서인지 당시에는 글을 쓰는 일이 조금도 어렵지 않았다. 5월로 접어들어 청년 학생들의 생명 주기가 정점에 달하면서 마술 같은 힘이 솟아나기 시작했고, 젊은 피가 신비한 소리처럼 미친 듯이 용솟음치기 시작했다. 도저히 막을 수 없는 기세였다. 5·4운동의 폭풍은 가라앉은 지 이미 여러 해가 지난 1925년에 이르러 갑자기 상해에서 다시 재현되는 듯한 조짐을 보였다. 운동의 성질은 다소 달랐지만 중국 사회에 준 충격은 엄청났다.

5월 30일, 상해 각 학교 학생 2천여 명이 공공 조계지에 모여 일본 제사공장 자본가가 공산당원 고정홍顧正紅을 살해하고 수많은 노동자를 체포하여 박해한 죄상에 대해 항의하고 중국의 주권을 침해하는 공부국工部局의 무리한 제안에 반대하다가 제국주의 경찰에게 붙잡혀 구속되는 사건이 발생했다. 이날 오후에는 남경로南京路 노갑포방문老閘捕房門 밖에 근 1만 명에 이르는 군중이 집결하여 학생들을 석방할 것을 요구하다가 11명이 사망하고 15명이 중상을 입었으며 50여 명이 체포되었다. 이를 역사에서는 '5·30참사'라고 부른다. 이러한 피의 교훈은 노동자계급의 각성을 촉진시켰고 혁명운동이 한 걸음 발전하는 계기가 되었다. 7월에는 광주에 중화민국 정부가 수립되었고 1년 후에는 북벌北伐이 시작되었다.

　북경 전체가 이런 남방의 힘에 충격을 받았다. 이때 양음유는 보다 강경한 수단으로 학생들에게 대응하기로 결심하고 심지어 여사대를 휴교시키는 것도 불사하겠다는 각오를 다지고 있었다. 그녀는 학생자치회를 해산시키는 한편, 경찰청에 교내에 경찰을 파견하여 상주시켜줄 것을 요청했다. 8월 1일, 양음유가 직접 감독하고 지휘하는 가운데 무장경찰 1백여 명이 교문 안으로 진입하여 요로를 지키면서 식음을 중단하면서까지 학교를 철저하게 봉쇄했다. 양음유는 대학 예과의 갑부, 을부, 병부, 국문과 3학년 및 교육 예과 1학년을 폐지한다고 선포하고 학교에 남아 있는 모든 학생들에게 당장 학교를 떠날 것을 명령했다. 유화진과 허광평, 정덕음 등은 학생들을 이끌고 완강하게 저항했다. 오후 네시가 되자 양음유는 무장경찰들에게 학생들을 구타하여 강제로 쫓아낼 것을 지시했다. 이 과정에서 10여 명의 학생들이 진흙탕에 쓰러졌지만 여전히 굴복하지 않았다. 이러한 소식을 접한 각 학교 학생회 대표들이 달려와 이들을 응원 위로하자 형세가 불리하다는 것을 알았는지 양음유는 재빨리 현장을 빠져나갔다. 하지만 경찰의 경계선은 계속 해제되지 않고 있었다. 학생들의 요구에 의해 학교로 달려온 허수상과 노신 등의 교원들은 밤중까지 남아 학교 측이 산발적으로 산포하는 유언비어를 차단했다. 8월 3일, 양음유는 「여사대 사태의 진상을 밝힘女師大啓事」이란 제하의 글을 발표했고 이로써 여사대 사건의 영향은 갈수록 커져만 갔다. 이때 장사교章士釗가 여사대의 휴교를 건의했다는 소식이 전해지면서 여사대 학생들로 하여금 고도의 경각심을 갖게 했다. 학생들은 즉시 긴급회의를 개최하여 교무유지위원회를 설립하고, '장사교 추방선언'을 발표하는 동시에 산발적으로 장사교를 성토하는 전단을 뿌렸다. 학생운동이 크게 번져가는 것을 방지하기 위해 교육부에서는 정식으로 여사대의 휴교를 선언함과 아울러 원래 여사대가 있던 자리에 국립여자대학을 건립하기로 결정했다고 발표했다. 이와 동시에 장사교는 비밀리에 단기서에게 노신을 교육부 첨사 직에서 파면하는 명령을 내릴 것을 건의했다.

8월 19일, 무장경찰의 호위 속에서 교육부 교육사敎育司 사장 유백소劉百昭가 10여 명의 직원들을 거느리고 여사대로 몰려와서는 학교의 강제접수를 선포했다. 하지만 며칠 동안 계속된 청년 여학생들의 완강한 저지에 밀려 이들의 강권과 음모는 실현되지 못했다. 22일 오후가 되자 유백소는 교육부 직원들과 경찰, 잡역부, 하녀 등으로 구성된 보다 방대한 대오를 이끌고 학교로 진입했다. 이들은 유백소의 명령에 따라 10여 명이 학생 하나를 맡는 방식으로 청년들을 밖으로 끌어냈다. 몸부림을 치면서 완강히 저항하다가 결국 끌려 나온 학생들은 10여 대의 차량에 실려 여사대 부설 보습학교로 옮겨져 구금되었다. 이날의 사건은 여사대 사태가 발생한 이래로 가장 심각한 사건으로, 여러 명의 학생들이 부상을 당했고 일곱 명이 실종되었다.

● 장사교(章士釗, 1882~1973). 자 행엄(行嚴), 필명이 고동(孤桐)으로 호남 장사 출신이다. 일본과 독일에 유학한 바 있으며, 청조 말기에 『소보(蘇報)』의 주필을 역임하면서 반청 혁명 활동에 참여했으나 5·4운동 이후에는 복고주의의 대표적 인물이 되었다. 1924년에서 1926년 사이에는 단기서 정부의 사법총장 겸 교육총장을 지내면서 학생운동 및 군중의 애국투쟁을 진압했고 주간 『갑인(甲寅)』을 창간하여 신문화운동에 반대했다.

여사대가 휴교되자 장사교는 즉시 그 자리에 여자대학의 설립을 선포하고 학생운동을 진압하는 데 큰 공을 세운 호돈복胡敦復을 교장으로 임명하는 동시에 직접 「학풍정돈령整頓學風令」을 초안하여 단기서로 하여금 전국에 공포하게 했다. 이로써 교육계 전체가 순식간에 공포 분위기에 휩싸이게 되었다.

이처럼 심각한 사태에 직면하여 노신의 마음속에는 온갖 걱정과 염려가 가득했지만 투쟁을 진행하는 그의 태도는 여전히 완강하고 강력했다. 그는 직접 여사대 교무유지위원회를 떠맡아 회의를 하고 여러 사람들과 연락을 취하는 등 바쁘게 활동하면서도 글쓰기와 편집, 강의 등의 업무를 계속했다. 또한 소송을 벌여 교육부장의 직무를 겸하고 있는 '호랑이 사법부장'을 고소하기도 했다. 이런 와중에서도 그는 자신의 병을 살피면서 때맞춰 약을 먹어야 했다. 그는 아픈 몸을 이끌고 이 사악한 세계와 끝까지 싸우기로 마음먹었다.

교무유지위원회의 지지하에 여사대의 교원과 학생들은 종모宗帽 호동에 몇 칸의 민가를 임대하여 임시 교사로 사용하면서 9월에 북경의 각 대학들이 개학하는 시점에 맞춰 다시 문을 열었다. 11월에는 북경의 수십만 학생과 노동자들이 대규모 시위운동을 일으켰고 가두시위를 벌이던 군중들이 단기서와 장사교, 유백소 등의 저택을 차례로 공격하여 방화하는 사건이 발생했다. 일시에 크고 작은 관원들이 황급히 다른 곳으로 도피하는 사태가 벌어졌다. 여자대학 당국과 일부 직원들은 '혁명'이 시작된 것으로 판단하고는 재빨리 물러났다. 사태가 여사대에게 매우 유리하게 전개되고 있었고, 각 여자대학 학생들이 합세한 가운데 여사대 전체 교원과 학생들은 복교운동을 성공적으로 마무리하고 학교 문패를 다시 내건 다음, 곧장 초대회를 개최하여 각계에 복교의 경과를 보고했다. 이어서 선거를 통해 교무유지위원회

● 여사대 학생들은 종모(宗帽) 호동에 민가를 임대하여 교사로 사용했다. 노신은 이곳을 찾아가 강의하면서 이들을 성원했다.

● 북경여자사범대학 학생들이 양음유(楊蔭楡) 축출 투쟁에서 승리한 후

주석 이배기易培基를 교장으로 선출했다. 이 선거는 중국 교육사상 최초의 교장 민선의 선례를 남기게 되었다. 그 사이에 노신은 학생 단체사진에 제사를 한편 썼다. 이 글에서 그는 두 구절의 고시를 인용하여 "내 자신을 갑병으로 단련하여 그대들과 함께 가리라(修我甲兵 與子偕行)"고 다짐했다.

곧이어 교육부가 노신에 대한 복직령을 발표했고, 평정원도 이 의안을 통과시킴으로써 완전히 복권되었다. 하지만 노신은 절대로 타협을 허용하지 않는 인물이라 이런 조치로 인해 공격의 예봉을 거두기는커녕 오히려 더욱 호전적인 모습으로 발전해갔다. 그는 자신의 투쟁 목표를 쉽사리 바꾸지 않았다. 그의 투쟁목표는 정부였다.

 여사대 학생들이 자신들의 승리를 자축하며 잔뜩 꿈에 부풀어 있을 때, 뜻밖의 충격적 사건이 발생하여 이들을 모두 완전한 암흑 속에 가두어버렸다.

 3월로 접어들면서 풍옥상馮玉祥의 국민군과 장작림張作霖의 봉군奉軍이 교전을 벌이다가 봉군이 패하자 일본제국주의는 중국에서 자신들의 이권을 보호하기 위해 12월에 국민군의 방어선인 대고구大沽口를 공격하는 동시에 신축조약辛丑條約에 참여했던 여러 국가들을 끌어들여 단기서 집정부에 최후 통첩을 보내왔다. 18일 오전, 북경의 2백여 단체, 10만여 군중이 천안문 광장에 모여 '8국의 최후통첩에 반대하는 국민대회'를 개최했다. 대회장에는 '단기서 쇠 발굽 아래의 피段祺瑞鐵蹄下之血'라는 표어가 높이 내걸려 대단히 비장한 분위기를 연출했다.

● 1926년 3월 12일, 풍옥상의 국민군과 봉계군이 작전을 벌이는 동안 두 척의 일본 군함이 봉계군의 대고구(大沽口) 진입을 호위하면서 국민군에 포격을 가했다. 이에 국민군도 포격으로 맞서 일본 함선을 대고구에서 쫓아냈다. 이 일 이후 일본군은 국민군이 신축조약을 위반했다는 구실로 영국, 미국, 프랑스 등 8개국 공사를 규합하여 무력으로 위협하면서 대고구의 군사방어 시설을 철수하라는 무리한 요구를 해왔다.

이에 3월 18일, 북경 각계 민중들은 천안문에서 항의집회를 열고 집정부까지 가두시위를 벌여 청원운동을 펼쳤다. 단기서는 발포를 명령하고 대검을 휘두르며 군중을 탄압했다. 이 사건으로 현장에서 47명이 사망하고 2백여 명이 부상을 당했다. 노신은 이날을 '민국 이래 가장 암울한 하루'였다고 지적하고 청원 군중에게 단기서 정부의 군대와 대치할 것을 종용했다.

이 대회에서는 8개국의 최후통첩을 반송하고 최후통첩에 서명한 공사들을 추방하며 북경시민 반제대동맹을 결성하기로 결의하고, 2천여 명으로 구성된 청원단을 조직하여 구호를 크게 외치면서 곧장 정부소재지인 철사자鐵獅子 호동으로 몰려갔다. 반동적이고 야만적인 전제정부에 평화적 대화를 기대한다는 것은 일종의 환상에 불과했고, 유혈충돌은 필연적인 일이었다. 이날 학생 47명이 총에 맞아 사망했고 2백여 명이 부상을 당했다. 이것이 바로 중국 현대사의 한 페이지를 장식한 이른바 '3·18참사'였다.

이날 허광평도 원래 청원단에 참여할 계획이었으나 출발하기 직전에 노신이 직접 쓴 수고를 호랑이 꼬리에 붙이러 가다가 노신에 의해 저지당했다. 노신은 줄곧 정부가 진정한 국민의 대표라면 청원이 필요 없을 것이고, 그렇지 않다면 청원을 해봤자 아무런 소용도 없을 것이라 생각했다. 하지만 어찌 됐건 간에 정부의 수단이 이처럼 흉포하리라고는 생각지 못했다. 흉보가 전해지고 보니 사망한 사람들 가운데는 그의 학생 두 명도 포함되어 있었다. 유화진과 양덕군楊德群이었다. 이런 비보는 그에게 감당하기 어려운 비통함을 가져다주었다. 그는 방금 쓰기 시작한 「꽃 없는 장미 2無花的薔薇之二」라는 글에 새로운 내용을 첨가하여 완성했다. 이 글의 말미에서 그는 이렇게 적고 있다.

지금까지 쓴 모든 것이 공허한 이야기이다. 펜으로 쓰는 글이 무슨 소용이 있겠는가? 실탄에 쏟아진 것은 청년들의 피였다. 이는 먹으로 쓴 황당한 이야기로도 가릴 수 없는 일이고 먹으로 쓴 애도의 노래로도 취하게 할 수 없는 일로서 어떤 위력으로도 제압하지 못한다. 이는 이미 속일 수 없고 죽여 없앨 수 없는 일이기 때문이다.

이렇게 마무리된 글에는 또 특별히 "3월 18일, 민국 이래 가장 어두운 날에 씀"이라고 명기되어 있었다. 그는 자신은 물론, 모든 중국인들에게 이날을 기억하게 하고 싶었던 것이다.

정부는 흉포하고 극악한 태도를 유지하면서 사실의 진상을 은폐하려 애썼다. 정부는 이 사건에서 사망한 사람들을 전부 '폭도'들이라 매도하면서 청원을 '난동'으로 규정했다. 총으로 학생들을 죽인 행위는 자연스럽게 '폭도진압'으로 처리되었다. 신문보도만 왜곡된 것이 아니었다. 『현대평론』을 주요 매체로 활동하던 여러 문

● 유화진(劉和珍, 1904~1926 뒷줄 중앙). 강서 남창(南昌) 출신으로 북경여자사범대학 학생자치회 주석이었다. 1926년 3월 18일, 학생들을 이끌고 천안문 집회에 참가했다가 변을 당했다. 노신은 그녀를 위해 「유화진을 기념함」이란 글을 썼다.

● 양덕군(楊德群, 1902~1926). 호남 출신으로 북경여자사범대학 학생이었다. '3·18참사' 때 사망

인·학자 들도 정부 편에 서서 갖가지 유언비어를 날조하면서 군중과 청년들이 '스스로 죽음을 자초했다'고 매도했다. 사실 여사대 사건 이래로 '동길상파東吉祥派의 정인군자正仁君子'로 불리던 이들은 줄곧 장사교와 양음유의 편을 들어왔고 근거 없이 번다스럽기만 한 글을 발표하여 학생들을 향해 차가운 화살을 날렸다. 심지어 공개적으로 학생들을 적으로 규정하기도 했다. 특히 진원陳源의 「서형한화西瀅閑話」는 관방의 목소리를 그대로 대변하는 대표적인 글이었다. 노신은 이들을 상대로 투쟁하면서 적지 않은 심력을 소모하긴 했지만 그 덕분에 『화개집華蓋集』과 『화개집속편華蓋集續編』에 수록될 수많은 편장들을 남길 수 있었다. 『무덤墳』에 수록된 마지막 글 「페어플레이 논쟁은 늦춰져야 한다論費厄潑賴應該緩行」는 혁명 역사의 경험을 종합한 글이지만 실제로는 이러한 현실투쟁에 직면한 격정에서 비롯된 작품이었다. '물에 빠진 개를 두들겨 패는' 공식에 은유적 성질이 강하다고 한다면, 그가 이 시기에 쓴 잡감문들은 대부분 공개적인 개인 논전에 속한다고 할 수 있다. 그는 모든 논적들을 하나의 전형으로 만들어 한 사람 한 사람 해부하여 이들의 공통된 모습을 드러냈다. 때문에 일찍이 구추백이 지적했던 것처럼 장사교나 진서형 같은 인물 유형은 명백하게 일종의 정치 대명사로 읽힐 수 있었다. 이는 노신이 투쟁의 실천 과정에서 창출해낸 독특한 풍격의 문체라 할 수 있다. '3·18참사'가 발생한 후에도 진서형은 예전처럼 '한가한 소리'나 늘어놓으면서 모든 죄는 군중의 우두머리에게 있는 것이지 정부에 있는 것이 아니라고 주장했다. 군중의 지도자들이 사람들로 하여금 총의 숲과 탄알의 비를 무릅쓰고 사망과 부상의 고통 속으로 달려가게 했으며, 여사대 학생들도 이런 사주에 의해 어쩔 수 없이 운동에 참여하게 된 것인 만큼 앞으로 다시는 어떠한 운동에도 참여하지 말아야 한다는 것이었다. 이러한 주구들의 논조는 더욱 강력한 노신의 반격에 부딪칠 수밖에 없었다.

그러나 탄압은 그것으로 그치지 않고 훨씬 강도 높은 양상으로 계속 이어졌다. 참사가 발생한 다음날, 정부는 공산당 지도자 이대교李大釗와 국민당 인사 서겸徐謙, 이석증李石曾, 이배기, 고맹여顧孟余 등에 대한 수배령을 내렸다. 이들 말고도 50여 명의 정치 인사들이 블랙리스트에 올라 비밀리에 군경의 체포 대상이 되었다. 이 명단에는 노신의 이름도 끼어 있었다. 노신은 유화진과 양덕군의 장례식에 참석한 후 한 달을 기한으로 잠시 동안의 도피 행각을 시작했다.

피난 전에 그는 「사지死地」를 썼고 피난 중에는 「비참함과 가소로움可慘與可笑」, 「유화진을 기념함」, 「공담空談」, 「흐린 핏자국 속에서淡淡的血痕中」, 「일각一覺」, 「대연발미大衍發微」 등의 작품을 썼다. 이 글들은 완정한 시리

즈 창작으로서, 분노의 항의와 고통 속을 전전하는 가운데 '참호전'에 대한 생각을 반복적으로 설명하고 있다. 전제정부에 대해서는 평화에 대한 환상을 갖는 것이 불가능하다. 또한 전투를 논할 때마다 '정규적인 전법'을 취해서는 안 된다. 수많은 사람들에게 자유주의자라 불리며 사회에 대해 분노와 원한이 많았던 노신은 당시의 사태에 대해 이렇게 말했다.

물론 개혁이 유혈을 면할 수는 없지만 유혈이 바로 개혁인 것은 아니다. 피의 응용과 효과는 돈과 마찬가지라 절대로 인색해서도 안 되고 낭비해서도 안 된다. 나는 이번 희생자들에 대해 말할 수 없는 슬픔을 느끼고 있다.

이러한 언설 또한 인도주의적 성향을 갖고 있는 혁명 논자를 다른 혁명가들과 구별할 수 있게 해주는 부분이었다. 투쟁을 진행해나가는 과정에서 노신은 이러한 태도를 확고하게 견지했다. 투쟁을 제외하고는 쇠망한 민족에게 다른 희망은 주어지지 않기 때문이었다. 아무리 미약하고 조그만 희망일지라도 투쟁을 통해서만 얻어질 수 있는 것이었다.

장기간의 투쟁 속에서 노신과 허광평의 관계는 갈수록 더 가까워져갔다. 한 젊은 여성의 사랑이 그에게 주는 격려의 힘은 측량하기 어려운 것이었다. 어찌 됐건 그는 오랫동안 끝내려 했던 흑암의 심연 속에서 소생해 나와 다 타버린 재에 다시금 불을 붙이고 있었다. 심지어 청년 시절에도 보여주지 않았던 왕성한 투쟁 의지를 드러내기도 했다. 바로 이 시기에 그는 「죽은 불死火」과 「납엽臘葉」 등의 작품을 써서 마음속 깊은 곳의 허광평에 대한 열정을 표현했다. 대략 1925년 10월, 허광평이 「바람이 나의 사랑입니다」와 「동행자」를 발표했을 즈음, 두 사람의 부부관계도 확실해져가고 있었다.

남자가 가정을 가진 뒤에는 누군가를 사랑할 권리가 없는 것일까? 이것이 노신에게는 대단히 심각한 문제였다. 그는 아내 주안에게서 완전히 벗어날 수 없었다. 게다가 자칭 '동행자'라고 말하는 허광평과의 결합이 죽을 때까지 서로 사랑하는 마음으로 인생의 길을 함께할 수 있음을 보장할 수 있는지도 미지수였다. 이런 문제에 의심 많은 그의 성격이 가장 잘 반영되었다. 한 달 사이에 그는 「상서傷逝」와 「고독자」 등 두 편의 소설을 썼다. 이처럼 스스로 만들어낸 얘기를 통해 그는 인생과 애정의 참맛을 되새기는 동시에 그 다음의 행로를 모색했다.

암울한 정치와 애정의 발전이라는 좁은 길에서 그에게는 이미 퇴로가 주어지지 않았다. 결국 그는 허광평과 함께 북경을 떠나 남하하기로 결정했다. 북경을 떠나기 전에 노신과 함께 블랙리스트에 이름이 올랐던 임어당

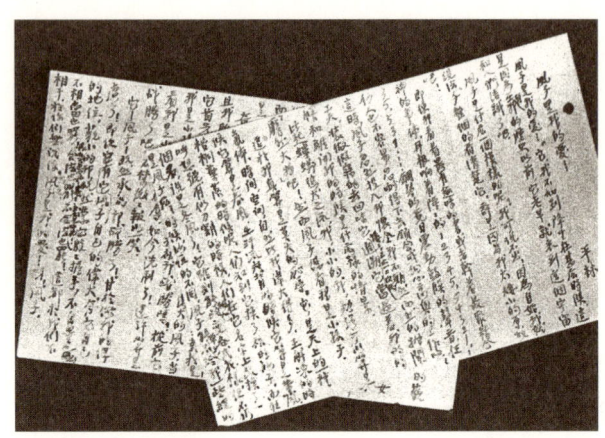

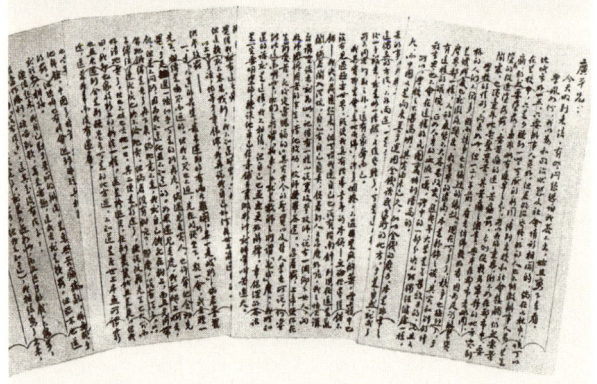

● 허광평이 '평림(平林)'이란 필명으로 노신에게 사랑을 고백한 글 「바람이 나의 사랑입니다(風子是我的愛)」의 원고.
●● 노신이 허광평에게 보낸 최초의 편지. 1925년 3월 11일에 씌어졌다. 나중에 노신은 자신이 허광평과 주고받은 편지를 『양지서(兩地書)』란 제목으로 출판했다. 수록된 편지글 1백35통 가운데 노신이 쓴 것은 68통이었다.

은 이미 하문대학厦門大學에서 언어학과 교수, 문과 주임 겸 연구원 총비서 등의 직함을 갖고 있으면서 때마침 노신에게 교수 자리를 주선해주었다. 허광평도 졸업과 동시에 자신의 모교인 광동성립여자사범학원廣東成立女子師範學院에서 교직을 맡게 되어 자연스럽게 동행의 구실이 마련되었다. 사실 두 사람의 관계는 비밀에 감춰져 있었고 복잡한 매듭이 완전히 풀리지 않은 상태였다. 그러나 두 사람 모두 만족한 한 가지 분명한 결론은, 2년 동안 서로 가까운 지역에 떨어져 생활하면서 사회를 위해 봉사하다가 어느 정도 생활에 필요한 자금이 모이면 합류하자는 것이었다.

북경을 떠나야 한다는 사실에 대해 노신은 아쉬움이 적지 않았다. 이곳은 신문화운동의 발원지일 뿐만 아니라 자신이 정부와 그 주구로 활동하는 문인들을 상대로 열띤 투쟁을 벌였던 현장이기 때문이었다. 학생 장정겸章廷謙이 집으로 찾아와 북경에 남을 것을 간청하자 그는 사마상여司馬相如가 한 무제武帝를 신선에 비유하여 풍자했던 「대인부大人賦」의 한 구절을 적어주는 것으로 완곡한 거절을 대신했다. 그가 추구하는 것은 개인의 안일과 평안이 아니었기 때문이다. 그가 설정한 자신의 유일한 모습은 투쟁하는 인간이었다.

고도孤島

하문대학은 하나의 고도였다.

하문대학에 있는 동안 노신은 갖가지 포위와 단절로 인해 고도가 되었다.

노신에게 있어서 하문대학은 튼튼한 담벼락이 세워진 서양식 집이자 황무한 고도에 펼쳐진 해변이었다. 사면이 모두 바닷가라 세 들 집조차 없었다. 교사는 극도로 비좁고 산만하여 함께 내려온 여러 교수들은 진열실로 쓰이던 서양식 건물을 임시 숙소로 사용해야 했다. 노신의 거처는 강의실로부터 그리 멀지 않았지만 수업을 하러 가려면 96개의 돌계단을 걸어야 했다. 왕복 192개나 되는 계단을 오르내리다 보니 노신은, 이는 아예 건달들을 거둬들이는 셈이라며 자신도 모르게 농담이 나오기도 했다. 나중에 이웃할 사람이라곤 아무도 없는 '집미루集美樓'라는 큰 집으로 옮김으로써 주거 환경이 다소 개선되는 것 같았지만 이사하면서 가구 하나 전구 하나 얻어내려면 매번 적지 않은 수모를 겪어야 했다. 한마디로 말해서 하문대학에 온 처음 며칠 동안의 인상은 절망적이었다.

현지인들도 상당히 폐쇄적이라 외지에서 온 사람들을 기시하거나 속이려 들었고, 노신처럼 남쪽으로 내려온 교원들을 '북인北人'이라 불렀다. 교원들 내부에서도 계파투쟁이 심해 서로 공격하고 배척하면서 교장의 비위를 맞추는 일에 여념이 없었다. 바다에 인접한 지역이라 그런지 보편적인 권력숭배 외에도 배금주의 풍조가 농후했다. 노신의 표현대로 하자면 이곳은 돈을 중심으로 갖가지 투쟁과 사취, 총애 다툼, 아첨과 지나친 의례가 만연했다. 교장에서 일반 교원들에 이르기까지 대부분이 권력에 경도되었고 명리를 추구하는 데 급급한 무리들이었다. 노신은 편지글에서 당시의 심정을 이렇게 기술하고 있다. "북경이 큰 도랑이라면 하문은 작은 도랑이다. 큰 도랑이 더럽고 혼탁한데 작은 도랑이 혼자서 맑을 수 있겠는가? 이곳엔 나 노신도 있고 썩은 수원도 있다." 여기서 말하는 썩은 수원이란 사학자 고힐강顧頡剛을 가리킨다. 노신이 보기에 고힐강은 정치적으로는 국민혁명에 반대하면서도 사람됨이 허위의식과 교활함으로 가득 차 있고 경영에 뛰어난 사람이었다. 노신이 가장 싫어했던 인물인 황견黃堅은 그가 추천해서 데려온 사람이었다. 이 외에도 그는 수많은 사람들을 하문으로 불러들였고 게다가 모두가 가족을 거느리고 있었다. 이

● 노신은 하문대학에서 강의만 한 것이 아니라 학생들의 문학창작 지도에 힘을 아끼지 않았다. 문학단체 '앙앙사(泱泱社)'와 '고랑사(鼓浪社)'도 바로 이때 조직되었고, 이어서 월간 『파정(波艇)』과 주간 『고랑』도 속속 간행됨으로써 황량한 섬 위에 최초로 신문화의 분위기가 전파되게 되었다.

때부터 강산은 영원히 변하지 않을 것 같았다. 그는 이 때의 심정을 이렇게 표현했다. "나는 이런 사람들과 더불어 일을 도모할 수 없다. 일이 아니라면 내가 무엇 때문에 하문까지 내려왔겠는가?"

하지만 이미 황무한 고도 하문으로 내려온 이상, 불을 놓아 황무지를 개척하고 씨를 뿌리며 어떻게 해서든지 일을 도모하지 않을 수 없었다. 신문화운동이 시작된 지 이미 오랜 시간이 지났지만 이곳의 학생들은 아직도 『예기禮記』나 『대학』 같은 책을 읽고 있었고, 글을 쓰는 데도 여전히 옛날 말투를 사용했다. 군현루群賢樓 대강당에서 회의를 열거나 연극을 관람할 때면 남녀가 분명한 경계선을 이루면서 양쪽으로 나뉘어 앉았고 남학생이 같은 반 여학생에게 편지를 쓰는 일도 북경대학에서는 아무런 문제도 되지 않았지만 이곳에서는 커다란 물의를 일으키기에 충분한 사건이었다. 열악하고 혼탁한 환경을 한 사람의 힘으로 변화시키려 애쓴다는 것은 너무나 무모하고 소용없는 일이었다. 노신은 문학사와 소설사를 강의하고 남는 시간에 틈틈이 잘 아는 학생들의 문학창작을 지도했다. 이를 바탕으로 '앙앙사挾抰社'와 '고랑사皷浪社'라는 문학 동인 모임이 조직되었고, 월간 『파정波艇』과 주간 『고랑』이 창간되어 황량하던 섬에 처음으로 신문화의 분위기를 전파하면서 중국 문단의 색다른 꽃으로 자리잡게 되었다. 학생들은 노신에게 원고를 평가하고 교열해줄 것을 요구했고 노신은 한 번도 이를 거절하지 않았다. 이 밖에도 그는 여러 차례 강연 요청을 받아들여 자유 평등과 반항의 사상을 전파하는 데도 힘을 아끼지 않았다. 예컨대 〈중국 책을 적게 읽고 좋은 일을 하는 사람들이 되자〉라는 제목의 강연에서는 이런 강연이 학생들에게 다분히 위험한 선동적 성격을 갖고 있었음을 알 수 있다. 그는 당시의 청년 학생들 가운데서 보다 많은 반역자들이 나타나 기존의 질서를 변화시키는 투쟁에 대거 나서주기를 기대했던 것이다.

그의 일상생활에는 자극이 너무나 결핍되어 있었다. 가끔씩 허광평이 보내주는 편지와 국민혁명군의 북벌의 포성이 즐거움을 준 것을 제외하면 마음 전체가 자신이 살고 있는 고도처럼 일종의 영원한 황량함 속에 덮여 있었다. 한 달이 채 못 되어 그는 허수상에게 편지를 써서 이런 고적감을 호소했다.

> 생활에 필요한 비용은 근근이 잘 해결하고 있네. 북경에서는 돈이 없어도 생활이 가능했는데 지금 이곳에서는 돈이 있는데도 생활이 실종되어버려 무료하기 그지없네.

거의 때를 같이하여 그는 허광평에게도 같은 내용의 편지를 보냈다.

제2부 혁명의 한복판에서

사람이 살아가기 위해선 반드시 생활비가 있어야 할 것이오. 삶이 고단한 것도 다 이것 때문이지. 생활이 있는데 이를 유지할 돈이 없는 것도 고통이겠지만 여기서는 돈이 있는데도 생활이 없는 것 같아 더욱 사는 맛이 나지 않소.

그는 삶 자체를 열렬히 사랑했다. 삶 같은 삶을 위해 결국 그는 원래의 계획을 포기하고 2년 동안 각자 떨어져 살기로 한 것을 1년으로 줄였다.

어차피 짧은 체류기간이다 보니 대단한 계획이 필요치도 않았다. 북경 시절과 비교하자면 하문에서의 세월은 뜨겁게 몰아친 일생 가운데 반성과 정돈의 분위기가 뚜렷한 시기였다. 당시 그에게는 이미 진취적인 삶의 태도가 필요치 않았다. 진취보다는 전반적인 정리가 필요했다. 적막하고 조용한 환경과 차분하게 가라앉은 생활은 회고와 반성에 안성맞춤이었다.

이러한 사상의 정리와 종합은 잡문집 『무덤』의 출판으로 완성되었다. 이 책의 말미를 장식하고 있는 후기는 시와 사상을 완벽하게 결합시킨 대단히 창조적인 글로서 그의 일생을 통틀어 가장 중요한 글이기도 하다.

이 글에서 노신은 자신을 엄격하게 해부하면서 자신이 사상적으로 장자와 한비자의 독소를 받아들여 고인들이 책에 쓴 나쁜 사상들이 자신의 마음속에 들어차 있

● 하문대학 교직원들과의 기념촬영. 넷째 줄 왼쪽에서 첫번째 인물이 노신이다.

다고 고백했다. 이러한 고대의 귀신들을 등에 업고서 그 무게에서 벗어나지 못하기 때문에 수시로 주저앉게 된다는 것이었다. 그는 항상 이러한 사상들을 저주하면서 미래의 청년들에게는 자신 같은 현상이 나타나지 않기를 바란다고 말했다. 여기서 그는 '중간물中間物'이라는 개념을 제시하면서 "진화의 사슬에서는 모든 것이 중간물이다"라고 강조하여 말했다. 그는 자기 자신도 다른 계몽 사상가들과 마찬가지로 중간자라고 생각했다. 따라서 그의 임무는 약간의 각성이 생긴 후에 하나의 새로운 소리를 내는 것이었다. 또한 옛 보루에서 나와 보다 분명하게 형세를 볼 수 있어야만 강한 적에게 반격을 가해 적의 목숨을 확실하게 제압할 수 있었다. 그러나 빛과 어둠은 항상 뒤섞여 있기 마련인지라, 이런 중간자로서의 존재는 점차 사라지며 기껏 교량을 형성하는 돌 하나, 나무 한 조각으로밖에 될 수 없는데, 그렇다고 해서 아무런 희망도 없는 목표나 모범은 아니다. 그는 생활과 투쟁을 무덤으로 통하는 길로 간주했고, 이 길은 탐색과 실천을 필요로 하는 것이지 인도를 필요로 하는 게 아니라고 판단했다. 바로 이런 이유 때문에 그는 보수와 후퇴에 반대했고 복고에 반대하면서 이 모든 것들을 자살행위와 동일시했다. '중간물' 의식은 일종의 생명의식이자 평민의식이었으며, 혁명의식이었다. 그는 시종 이러한 의식을 견지했기 때문에 모든 문화인과 혁명가들의 대오 속에 준엄하고 격렬하게, 그리고 회한과 연민을 가득 떠안은 심정으로 우뚝 설 수 있었던 것이다.

이때 고장홍高長虹과 그의 '광표사狂飈社' 동인들이 노신에 대한 공격을 시작했다. 발단은 아마도, 상배량向培良이 극본 한 편을 『망원』에 투고하여 책임자 위소원韋素園으로부터 수록을 하겠다는 대답을 얻었는데 지면이 부족하여 두 기나 연기되었고, 나중에 상배량이 이 극본을 자신의 책에 수록하여 출판하자 『망원』 측에서 발표하지 않고 도로 돌려보낸 사건 때문이었을 것이다. 이 일로 인해 상배량은 분노를 참지 못했고, 원고를 이런 식으로 돌려보낸 데는 다른 의도가 있는 것이 분명하다고 판단하고는 이런 사실을 편지로 상해에 있는 고장홍에게 알렸다.

고장홍은 이 편지를 읽고 나서 연달아 두 편의 글을 발표하여 위소원이 한때는 남에게 권력을 바치더니 지금은 자기 자신을 바치고 있다면서 노신이 스스로 편집을 맡고 있는 망원사 내부에 '당벌黨閥' 현상이 나타나고 있으며, 또한 주인과 노예의 구별이 없는 곳이 없다고 비난했다. 이어서 그는 공격의 고삐를 늦추지 않고 또 다른 글을 써서 노신이 '사상계의 권위자'라는 헛된 명성을 추구하다가 자신의 나이와 질병까지 전부 조롱거리로 만들고 있다면서 "노신은 종이로 된 권위자의 가짜 면류관을 쓰고서 심신이 모두 병 든 상황으로 접어들었다"고 비아냥거렸다. 고장홍과 상배량은 서로 교대라도 하듯이 번갈아가며 노신에 대한 저주와 비난을 멈추지 않았고 그를 '세고노인世故老人', '다리를 휘감는 돌덩이', '지나간 시대의 인물' 등으로 매도했다. 노신은 한편으론 이들의 공격을 참아내면서 다른 한편으로 자세한 조사를 진행했다. 하지만 더 인내할 수 없는 상황에 이르게 되니 반격에 나서는 것이 당연한 일이었다. 광표사가 특별히 하사한 '사상계 선구자'라는 '가짜 종이 면류관'에 대해 그는 이전에 진원 등이 보여주었던 이와 유사한 조소를 연결시켜 "이는 어두운 상황을 더욱 어둡게 하는 일로서 또 다른 의미를 지닌다"고 지적했다.

아울러 그는 '가짜 면류관'을 일러 '머리는 작은데 모자는 커 남을 속이고 자신을 해치게 되는 것'으로서 자신은 사전에 이런 일을 알지 못했고 사후에도 전혀 즐겁지 않았다고 밝혔다. 그는 「"출관계로 가다'의 전략」과 「새로운 세고世故」라는 제목으로 연이어 두 편의 글을 발표하여 고장홍 같은 청년들 사이에 만연해 있는 '하늘에는 두 개의 태양이 있을 수 없다는 식의 유아독존적 추장酋長 사상'을 심도 있게 비판했다. 고장홍도 이에 대응해 "나는 노신 선생에게 사상에서뿐만 아니라 생활에 있어서도 최대한의 양보를 바쳤다"라는 글을 발표한 데 이어 시를 씨시 "나는 달을 그에게 바쳤네. 밤에게 달을 빼앗겨버렸네"라고 노래했다. 고장홍은 자신을 태양으로 비유하면서 허광평을 달로, 노신을 밤으로 묘사했던 것이다. 이에 대해 노신은 몹시 격분하면서 곧장 「분월(奔月, 중국 고대 전설에 姮娥가 西王母의 불사약을 훔쳐 달로 도망쳤다는 이야기가 있다—옮긴이)」이라는 제목의 소설을 써서 일종의 암시 수법으로 맹렬한 반격을 가했다. 이들 젊은 친구들에 대해 그는 기탄없이 자신의 솔직한 속마음을 털어놓았다.

나는 항상 나와 같은 사람들과 한 패가 되어 나와 다른 사람들을 공격했다. 사사로이 사람들을 모으되 거짓으로 공정함을 구하지 않았으며, 약간의 힘을 들이되 전적으로

● 1927년 1월 2일, 하문 남보타(南普陀)에서 찍은 사진. 그가 특별히 허씨 성 조상의 무덤을 골라 이를 배경으로 독사진을 찍은 것은 곧 출판될 『무덤』에 삽입하기 위한 것이었다. 이날 오후 노신은 허광평에게 즉시 편지를 써서 이렇게 말했다. "오늘 사진을 한 장 찍었소. 우거진 풀 더미 속 양회로 만든 제단 위에 앉아 마치 황제 같은 모습으로······."

희생하진 않았고 감히 나 자신을 팔지언정 친구를 팔진 않았다. 이렇게 할 수 있는 사람이라면 서로 왕래해도 무방할 거라고 생각했고 이렇게 하지 않는 사람에게 억지로 이렇게 해야 한다고 강권할 필요도 없다고 생각했다. 전략적인 동정을 받지도 않았고 사람들에게 충성스런 우정의 보시를 기대하지도 않았다. 사정은 아주 간단하다. 이것이 전부다.

「분월」이 발표되면서 '내분'에 가까웠던 이번 투쟁은 이내 끝을 맺게 되었다. 이러한 투쟁은 중국사회, 특히 청년문제에 대한 노신의 사상을 더욱 심화시켜주었다. 이것이 바로 이른바 '새로운 세고'였다. 결국 이러한 투쟁은 그를 무너뜨리거나 고통을 주지 못했고 오히려 그를 더욱 격앙케 하는 결과를 낳았다.

고장홍과의 싸움은 그에게 자신과 허광평과의 관계를 다시 한 번 생각할 수 있는 기회를 만들어주었다. 그는 스스로에게 "나는 사랑할 수 있다!"라고 호언했지만 두 사람과의 관계에서 마지막 결정을 내리지 않으면 안 되는 상황이 되자 그는 또다시 주저하기 시작했다. 그가 생각해야 할 문제는 매우 복잡하고도 많았다. 주안과 멀리 떨어져 있는 상황도 고려해야 했고, 자신의 고유한 지위를 유지하는 것도 염두에 두어야 했다. 가장 중요한 문제는 자신이 인생에 대해 아무것도 장악하고 있는 것이 없어 허광평을 지치게 하고 다른 사람들에게 더 큰 희생을 강요하고 있다는 자괴감이었다. 허광평과의 편지들은 온통 이러한 희생론으로 가득했고, 두 사람은 이 문제를 놓고 장장 두 달 동안이나 토론을 벌였다. 결국 그는 모든 결정권을 허광평에게로 넘기면서 그녀가 '한 줄기 빛'을 주기만을 기대했다. 허광평의 대답은 이랬다. "선생님께서 일생을 고통 속에서 살아오신 것은 한편으로는 사회를 위한 희생이었습니다. 다시 말해서 선생님 자신만 희생하신 겁니다. 그리고 이 희생이 스스로 원했던 것이긴 하지만 구사회가 선생님께 남겨준 유산에 불과한 것은 아닙니다. 듣자 하니 강한 의지를 지닌 사람은 유산을 필요로 하지 않는다고 했습니다……." 여기서 말하는 유산이란 다름 아닌 주안이었다. '유산'의 처리에 관해 그녀는 "사실상 유산도 상당한 대우를 받고 있는 이상 별 문제는 없다고 봅니다. 유산 때문에 억지로 그 관리인이 된다면 행동이 자유롭지 못할 것이고, 새로운 상황이 허락되지도 않을 것입니다. 이러한 비판이 지나치다고 생각되신다면 평소처럼 북경에서 생활하시는 것이 가장 정당하고 바람직한 방법일 것 같습니다. 새로운 생활에서는 고생이 없을 수 없을 테니까요." 이른바 '희생'에 관해 허광평은 그것이 잘못된 생각임을 분명히 하면서 "세상에는 유린당하기를 원하는 사람은 하나도 없습니다. 다시 말해서, 어느 한쪽이 상대를 사랑하고 보호하면 상대방은 이를 기꺼이 받아들일 수밖에 없지요. 결국 희생이랄 것이 없는 겁니다"라고 말했다. 이리하여 노신의 마음에 가득 찼던 의혹의 구름은 점차 사라지게 되었다. 허광평의 결심과 지혜에 대해 그는 감탄과 감사의 마음을 금치 못하면서 "머리는 이 사람의 발밑에 있지만 왕관을 쓴 것보다 열 배나 더 기쁘다……"라고 말했다.

이 무렵 노신은 광주 중산대학으로부터 교수직 초빙을 받게 되었고 하문대학의 열악한 환경에 지친 데다 허광평과의 관계가 깊어져 그녀가 말한 대로 '해로운 말(害馬, 허광평의 별명)'이 '보호자'로 변하면서 앞낭겨 시험을 치르고 모든 직무에 대해 사직서를 제출한 다음 1927년 1월 16일에 배를 타고 남쪽을 향해 떠났다.

노신이 학교를 떠나게 되자 하문대학은 몹시 긴장했고 적지 않은 혼란이 뒤따랐다. 그를 송별하는 강연회를 비롯하여 잠시 어수선한 분위기가 연출되기도 했지만 이별을 앞에 둔 노신은 오히려 평안하고 조용하기만 했다. 앙앙사挾挾社의 초청으로 기념사진을 찍기 위해 남보타南普陀 서남문에 있는 작은 언덕을 찾아갔을 때는 특별히 허씨

● 『무덤』의 표지. 노신이 표제 글자를 디자인하고 도원경이 그림을 그렸다.

성을 가진 한 사자의 무덤을 골라 이를 배경으로 독사진을 찍으면서 이 사진을 곧 출판될 『무덤』에 삽입해 넣겠다고 말했다. 이날 오후에는 또 허광평에게 편지를 써서 이렇게 말했다. "오늘 사진을 한 장 찍었소. 우거진 풀더미 속 양회로 만든 제단 위에 앉아 마치 황제 같은 모습으로……."

이때 그의 마음은 허광평의 생각에 순종하는 신비한 쾌감으로 가득 차 있었다.

| 제3부 |

예술의 길, 혁명의 길

혁명의 발원지

 노신은 광주에 도착하자마자 일과 인사人事의 소용돌이에 휘말려야 했다.

 유명한 문화인으로서 그는 갈수록 긴장이 심해지는 정치투쟁 속에서 자연스럽게 좌파와 우파 모두에게 포섭의 대상이 되었다. 정치는 일종의 철의 장막이라 사실 조작에 직접 종사하는 사람이 아니라면 시비를 구분하기 어려웠다. 이전에는 허광평의 관찰 결과가 그의 정치적 태도에 일정한 영향을 미치기도 했는데 이제 노신은 전반적으로 광주의 변화에 대해 조금도 낙관적이지 못했다. 이를테면 이곳은 빨간색 속에 흰색이 드문드문 박혀 있는 혁명의 발원지인 셈이었다. 그는 명목이 무엇이든지 간에 이미 정해진 원칙적인 가치를 가지고 눈앞에 펼쳐지는 모든 것을 대했다. 때문에 당장 유행하고 있는 관점들과 다른 많은 것들을 새롭게 발견할 수 있었다.

 2월 18일, 노신은 홍콩 청년회의 초청으로 강연을 했다. 허광평도 동행하여 통역을 맡았다. 그의 강연 제목은 〈소리 없는 중국無聲的中國〉이었다. 이튿날에는 손복원을 대신하여 강연을 했다. 강연 제목은 〈낡은 곡조는 이미 다 불렀다老調子已經唱完〉였다. 두 차례의 강연은 모두 중국의 구전통과 구문화를 겨냥한 것이었다. 그가 지적하고자 했던 것은, 이러한 문화가 중국에는 지극히 유해한 것으로서 이제는 이런 문화를 과감히 던져버리고 자유와 생존의 길을 모색할 때라는 것이었다.

그는 중국은 이미 벙어리가 되었고, 죽었다고 말했다. 청년들은 무엇보다도 먼저 중국을 목소리를 가진 중국으로 변화시켜야 하며 이러한 목소리는 바로 '현대의 목소리'여야 한다고 역설했다. 아울러 그는 현대성이란 바로 세계성이며 세계의 모든 인류와 더불어 세계 속에서 함께 살아가야 하는 만큼 중국의 특성을 강조해서는 안 된다고 설명했다. 중국인들은 조화와 절충을 좋아하는 성정을 갖고 있다고 말들 하지만 이는 실제적으로 옛 길로 돌아가는 것이고 '낡은 곡조'를 다시 노래하는 것에 지나지 않는다는 게 그의 생각이었다. 그는 "우리의 낡은 곡조는 부드러운 칼날이기도 하다"라고 말했다. 또한 그는, 특별히 중국인들은 항상 남에 의해 강철 칼로 난자당해 고통을 느끼면서도 여전히 칼날이 부드럽기만 하다면 정말로 머리를 잘라도 죽음을 느끼지 못할 거라는 생각을 하는데, 이는 결국 필연적으로 죽음에 이르는 길이라고 지적했다. 그러면 어떻게 해야 한단 말인가?

● 1927년 8월 19일 광주(廣州) 서관(西關)에서 찍은 사진.

대담하게 말하고 용감하게 행진하면서 옛 사람들을 밀어버리고 낡은 곡조를 포기해야 한다. 다시 말해서 주인을 섬기던 구문화를 철저히 배반하되 심지어 '격렬하고' '위험한' 방법을 사용할 수 있어야 하는 것이다. 이런 그의 언설에는 당연히 혁명도 포함되어 있었다.

이 두 차례의 강연이 홍콩에서는 당연히 '사설邪說'로 간주되면서 신문에 게재되는 것이 금지되었다.

개학과 더불어 노신은 훨씬 더 바빠지기 시작했다. 그가 가르치는 과목은 문예론과 중국문학사, 중국소설사 등이었다. 이 외에 문학과 주임 겸 교무주임이라는 직함이 가져다주는 다양한 행정업무 때문에 밥 먹을 시간조차 없을 정도로 바쁘게 움직여야 했다. "인생이란 얼마나 유한한 생명과 농담을 주고받는 것인가!"라고 탄식하는 수밖에 없었다.

아무리 그렇다고는 하지만 그는 여전히 학교 바깥 사회 전체의 개조에 대한 관심을 늦추지 않고 있었고, 문학단체도 없고 문예출판물도 없으며 그럴듯한 문예 서점조차 하나 없는 문화의 사막 속에서 오아시스를 열 만한 방법을 찾고 있었다. 가장 먼저 그는 창조사의 출판부와 연합하여 한 가지 일을 벌임으로써 기본적인 분위기를 조성하려 했다. 하지만 창조사의 원로들이 하나같이 혁명으로 치닫다 보니 합작은 이루어지지 않았다. 결국 그는 한정된 자본만을 가지고 혼자 힘으로 '북신서옥

北新書屋'을 열었다. 다섯 달이 지나 정산해보니 아무런 영리를 얻지 못했을 뿐만 아니라 거의 백 원이나 되는 손실을 보고서 하는 수 없이 문을 닫아야 했다.

혁명과 문학예술은 줄곧 그의 사고의 중심을 차지하고 있었다. 그는 「황화절黃花節의 잡감」 등 다섯 편의 글을 쓰는 한편으로 「혁명 시대의 문학」 등을 주제로 여러 차례 강연을 함으로써 혁명과 문학의 상호 인증과 상호 발명을 유도했다. 이는 매우 특별한 방법이었다.

혁명의 눈으로 문학을 바라보면 이른바 '문학무용론'이 나올 수밖에 없었다. 그 이유는 첫째, 권력이 문학을 완전히 제압할 수 있기 때문이다. 이런 상황에 대해 그는 "문학이란 가장 쓸모없는 사람, 아무런 힘도 없는 사람들이 하는 것이다. 실력이 있는 사람들은 절대로 입을 열지 않는다. 사람을 죽일 뿐이다. 압박받는 사람들이 몇 마디 말을 하고 글을 몇 자 쓰곤 한다. 겨우 며칠 어눌하게 외치면서 불평을 토로하지만 실력을 가진 사람들은 여전히 이들을 압박하고 학대하고 살육한다. 이들에게 대항할 방법이 없는데 문학이 무슨 소용이 있겠는가?"라고 말했다. 둘째, 혁명도 일종의 패권이 되어 문학을 선전의 도구로 만들고 그 심미적 기능을 소멸시킬 수 있기 때문이다. 이와 관련하여 그는 "훌륭한 문학작품이 되려면 외부의 명령을 받지 말아야 하고 이해관계

● 노신이 광주에 도착한 후 허광평은 중산대학에서 문과 조교를 맡게 되었다. 사진은 1927년 8월 19일에 촬영한 것이다.

를 따지지 말아야 하며 자연스럽게 마음속에서 우러나오는 것을 표현해야 한다. 주제가 먼저 정해진다면 절대로 훌륭한 글이 나올 수 없는데, 그것이 팔고문과 다를 바가 무엇이겠는가? 문학에 아무런 가치도 없으니 사람을 감동시킬 수 있는지의 여부는 더 말할 것도 없다"라고 했다. 따라서 혁명과 문학의 관계를 논하자면 무엇보다도 먼저 사람들에 대한 영향을 생각해야 했다. 사람들을 '혁명가'들로 만들 수 있어야 하는 것이다. 그는 "혁명을 위해서는 '혁명가'들이 있어야 하지 '혁명문학'에

급급해할 일이 아니다. 혁명가들이 만들어내는 것이 바로 혁명문학이다"라고 말했다. 그는 문학을 논하면서 여러 차례 창작의 성실성을 강조했다. 이처럼 자연유로 自然流露된 문학은 한 민족의 문화적 표현이 되지만 혁명에 대해서는 아무런 위력을 발휘하지 못했다. 이 대목에서 그는 예술 지상주의자로서 어느 정도의 유미적 경향을 드러내기도 했다.

문학의 관점에서 혁명을 바라보면서 그는 고통스럽게 외쳐댔다. 불평을 토로하는 문학은 혁명에 아무런 영향도 미치지 못한다고 전제하고 진정으로 영향력을 지닌 문학은 분노를 포효하는 문학이요, 복수하는 문학이라고 역설했다. 하지만 이 역시 혁명 이전의 문학 현상으로서 대혁명의 시대에는 애당초 문학이 존재할 수 없었다. 문학 창작은 여유를 필요로 하기 때문이었다. 혁명이 성공한 뒤에는 두 가지 내용의 문학이 존재하게 되는데, 하나는 혁명을 찬양하고 새로운 제도를 예찬하는 것이고 또 하나는 구제도에 대한 장송곡이다. 그러나 이때는 새로운 시대에 대한 찬가도 없었고 구시대에 대한 장송곡도 없었다. 이는 결국 중국사회에 아무런 변화가 없음을 실증하는 것이었다. 광동은 여전히 10년 전의 광동이었다.

혁명이란 무엇인가? 노신의 눈에는 혁명에도 '소혁명'과 '대혁명'의 구분이 있었다. 이른바 '소혁명'이란 일반적인 개혁, 즉 점진적인 개혁을 의미하는 데 비해 '대혁명'이란 모순이 격화된 결과로 나타나는 현상으로 약자들이 강한 압제자들에 대해 두려움 없이 반항하는 것을 말한다. 또한 혁명은 폭력을 배제하지 않지만 무력을 행사하는 것만으로는 혁명이라 하기 어렵고 반드시 사상 문화 분야에서의 개혁이 뒤따라야 한다. 그리고 이것은 훨씬 더 어렵고 긴 시간을 필요로 하는 일이다. 셋째, 혁명은 자각적인 사회 행위로서 '봉지奉旨' 혁명은 혁명이라 할 수 없다. 넷째, 혁명은 혁명가들의 혁명에 대한 믿음을 기초로 하지만 후기로 접어들수록 혁명적인 경향을 덜 드러내기도 한다. 혁명의 대오가 한장 호호탕탕하게 기세를 과시하게 되면 오히려 혁명정신이 흐려지거나 희박해지며 심지어 사라져버리기 때문에 그다음 단계는 구질서로의 회귀로 반전되기 때문이다. 노신은 혁명을 불교의 대승불교와 소승불교의 구분에 비유하면서 견실한 소승불교야말로 진정한 불교라고 규정했다. 마찬가지로 혁명에도 견고한 공격자들이 많지 않다는 것이 노신의 지적이었다. 혁명이 이미 보편화된 지역에서는 혁명의 색채가 강하게 드러나지만 사실 이러한 현상은 혁명과 아무런 상관도 없다는 것이다. 다섯째, 혁명에는 필연적으로 희생이 뒤따르기 때문에 희생을 두려워하는 혁명가에겐 의심의 소지가 다분하다. 여섯째, 하지만 혁명을 위해 자신을 희생한 진정한 혁명가들이 모든 사람들에게 잊혀질 때쯤이면 혁명의 시대는 이미 지나가버린다. 혁명에 끝이 없다는 것은 혁명정신이 미래라는 시간대에 있어 시한이 끊임없이 연장되기 때문이다. 혁명정신은 배양되는 것이고 그 생장과정에서 완상에 빠지거나 마음대로 열매를 따려 해서는 안 되는 것이다. 그러나 혁명의 발원지에서 그가 본 것은 이와 같지 않았다. 때문에 그는 개탄을 금치 못하며 "오랫동안 압제를 받아온 사람들이 압제당할 때는 인내밖에 모르더니, 다행히 해방이 되고 나니까 즐기는 것밖에 할 줄 모른다. 비장함은 이들의 뇌리에 오래 머물지 못한다"라고 말했다.

결국 노신은 혁명의 발원지도 너무나 쉽게 반혁명의 온상이 될 수 있다고 단정 지었다. 과거의 논적들과 압제자의 주구가 되어버린 문인들, 정인군자正人君子들, 현대평론파 등이 남하하면서 이를 혁명에 대한 불길한 징조로 파악한 노신은 온갖 근심으로 뒤숭숭한 기분에 휩싸였다. 그 가운데 특히 고힐강이 중산대학에서 교편을 잡게 된 것이 그로서는 가장 받아들이기 어려운 일이었다. 이 시기에 그는 『미간척眉間尺』이란 제목의 소설에서 얻어맞아 물에 빠진 쥐가 자신의 빨간 코를 드러내는 모습을 묘사했다. '빨간 코紅鼻'는 그가 자신의 편지에서 고힐강을 지칭하는 데 사용한 일종의 별명이었다. 고힐강이 내려온다는 소식을 접한 직후에 노신은 '빨간 코가

오면 내가 떠난다'는 방침을 세우고 이를 학교 측에 통보했다. 『미간척』의 주제는 복수였다. 소설 전체를 통해 그는 투쟁에 대한 열정을 불태우면서 이 공의롭지 못한 세상에서는 어떤 대가를 치르더라도, 심지어 자기 자신을 희생하는 일이 있더라도 누군가 반드시 약자를 위해 복수할 수 있어야 한다는 점을 분명히 밝혔다.

언제든지 사직하고 학교를 떠날 수 있도록 하기 위해서인지 그는 허수상, 허광평 등과 함께 백운루白雲樓 26호 2층에 방 한 칸을 임차하여 곧장 중산대학 기숙사인 대종루大鐘樓를 떠나 이곳으로 이사했다.

꿈에서 추방된 사람

국공합작이 결렬되었다.

1927년 4월 12일, 노신이 '피의 유희'라 칭한 대학살이 시작되었다. 북벌군이 상해에 도착하자마자 장개석은 백숭희白崇禧 부대의 지지하에 현지에서 시위를 주도하고 있던 집회 조직의 인물들을 규합하여 '상해노동자연합총회'의 명의로 노동자 규찰대를 습격하고 상해총공회, 즉 상해총노동조합을 점령한 후 미친 듯이 공산당원들과 노동계 지도자들을 체포, 살육하기 시작했다. 이어서 파업과 시위를 금지하고 노동조합을 해산함으로써 모든 혁명 조직을 제거했다. 같은 달 12일부터 15일까지 나흘 사이에 상해에서만 3백여 명이 살해되었고 5백여 명이 체포되었다. 이 밖에 실종된 사람도 5백여 명이나 됐다. 4월 15일에는 광주의 이제심李濟深 등도 대규모 숙청운동을 벌여 군경을 출동시켜 중화전국총공회와 성항파업위원회, 동산東山의 러시아 고문 주택 등을 포위하고 황포군관학교와 성항파업위원회 규찰대의무장을 해제시켰다. 아울러 노동조합과 농업조합, 학생연합, 부녀자연합 등의 여러 단체들을 조사하고 폐쇄시켰다. 이 과정에서 체포된 공산당원과 노동자가 2천여 명에 달했고, 이 가운데 1백여 명이 살해되었다.

4월 18일, 장개석은 남경에 '국민정부'를 수립하고 '청당淸黨' 명령을 발포하여 이단자들을 제거하는 한편, '일당전정'의 정권통치 시스템을 구축했다.

이른 새벽, 중산대학이 포위되었다. 기숙사 각 층마다 수적파樹的派의 두목이 무장병력을 이끌고 들어와서는 조사와 체포를 단행함으로써 살벌한 공포 분위기를 조성했다.

이런 소식을 전해들은 노신은 비를 맞으면서 황급히 학교로 달려가 긴급회의에 참석했다.

회의에서 노신은 학생들의 체포에 대해 학생들에게는 아무런 책임도 없기 때문에 자신이 앞에 나서서 이들을 보호하겠다고 엄숙하게 천명했다. 사람들이 잡혀가는 데는 응당 그 이유가 있어야 했지만 학생들에게는 아무런 죄목도 없었다. 조사와 체포는 있을 수 없는 일이었다. 그는 교무를 담당하고 있는 주가화朱家驊에게 교수 숙소의 조사를 허락하지 말 것을 이제심에게 건의하라고 요청했다. 학생들의 체포 문제를 어떻게 처리할 것인가 하는 문제에 대해 노신과 주가화는 의견 대립을 보였다. 주가화는 학교가 '당교黨校'인 만큼 당의 결정에 복종해야 하고 정부가 실행하는 일에 대해 간여하지 말아야 한다고 주장했다. 이런 결론을 노신이 받아들일 리가 없었다. 그는 5·4운동 당시의 상황을 언급하면서 당시에는 학생들을 구하기 위해 전국 상공업계가 파업도 불사했었고 이런 상황을 주가화나 부사년傅斯年, 하사원何思源 등 운동에 참가했던 사람이라면 누구나 알고 있는데 어째서 이제 와서 이런 사실들을 완전히 망각한 것이냐고 따져 물었다. 무엇 때문에 수천 수백의 학생들이 무고하게 잡혀가야 하고, 어째서 자신들은 학생들을 구하러 나서지 못하느냐는 것이 노신의 항변이었다. 이에 대해 주가화는 시국이 다르다는 궁색한 변명으로 자신의 입장을 해명했다. 당시에는 반대의 대상이 북양군벌이었다는 논리였다. 이것 말고는 달리 할말이 없었다. 지금은 새로운 군벌통치를 막아야 하는 단계인 만큼 옛 길을 다시 갈 수는 없다는 것이었다.

같은 자리에 있던 여러 주임들도 입을 굳게 다문 채 아무 말도 하지 못했다. 완전한 무반응이었다. 노신은 다시 한 번 학생들에 대해 책임을 져야 한다고 말했지만 회의는 진전 없이 황급히 끝나버리고 말았다.

백운루로 돌아온 노신은 비분을 참지 못하고 사직을 결심했다.

4월 21일, 노신은 중산대학에 정식으로 사직서를 제

출했다. 허수상과 허광평도 그와 함께 각자의 직위를 사직했다.

사직 문제는 고힐강이 중산대학으로 온 것과 무관하지 않았다. 한구漢口의 『중앙일보』 부간에는 편집자인 손복원의 글이 한편 실렸다. 이 글에서 그는 노신과 사옥생謝玉生이 편집자에게 보내온 편지를 인용하여 이러한 소식을 공개했고, 그 결과 고힐강이 소송을 제기하는 일이 발생했다. 노신은 고힐강의 이러한 반응이 '당국의 조치'를 이용한 일종의 위협이라 간주하고 또 한 통의 편지를 써 보냈다. 고힐강이 소송을 실행에 옮기기 전에 먼저 손을 쓰기 위해서였다. 나중에 잡감문을 책으로 펴내면서, 노신은 이 편지를 「고힐강 교수의 심사청구를 거부함」이란 제목으로 삽입해 넣었다. 이는 현대파와의 투쟁과정에서 발생한 사건이 쉽게 잊혀지지 않도록 하기 위함이었다.

중산대학을 사직한 노신은 두문불출하며 집 안에 칩거함으로써 현대판 은자가 되었다. "큰 은자는 사람들 속에 은거한다大隱隱於市"는 말이 사실이라면 적어도 표면상으로는 그는 '큰 은자'임에 틀림이 없었다. 하지만 그에게서는 은자로서의 초연한 마음 자세를 찾아볼 수 없었고 오히려 고통과 분노, 초조감과 조급함이 뒤엉킨 복잡한 감정에 사로잡혀 있었다. 그는 이러한 피 말리는 긴장 상태에서 벗어나고 싶었다. 참다못한 그는 오래된 원고들을 정리함으로써 마음속의 고통과 절망을 달래려고 했다.

그 가운데 하나가 바로 『들풀』이었다. 스스로 편집을 끝낸 그는 마그마 같기도 하고 꿈틀거리는 벌레 같기도 한 장문의 제사를 한 편 써서 "침묵하고 있을 때 나는 충실함을 느끼지만 입을 열면 오히려 공허함을 느낀다"라고 말했다. 또한 이 글의 말미에서는 비장하고 격앙된 결사의 다짐을 하고 있다. 이처럼 격앙된 글은 그의 개인 창작을 통틀어 좀처럼 찾아보기 어려운 것이었다.

마그마는 땅 밑을 운행하다가 갑자기 솟구쳐 오른다. 일단 용암이 분출하기 시작하면 모든 들풀과 교목을 다 태워버리기 때문에 썩을 만한 것이 없다.

하지만 나는 태연하고 즐겁다. 나는 크게 웃으며 노래를 부른다.

천지는 이처럼 조용하고 평화로운데 나는 아무것도 할 수 없다. 나는 이 한 묶음의 들풀을 어둠과 밝음, 삶과 죽음, 과거와 미래가 마주치는 곳에서 친구와 원수, 사람과 짐승, 사랑하는 사람들과 사랑하지 않는 사람들 앞에 바침으로써 증거로 삼고자 한다.

나 자신을 위하여, 친구와 원수, 사람과 짐승, 사랑하는 사람들과 사랑하지 않는 사람들을 위해 나는 이 들풀의 죽음과 부패가 불처럼 빨리 이루어지기 바란다. 그렇지 못하면 일찍이 생존했건 생존하지 않았건 간에 이는 정말로 죽음이나 부패보다도 더 불행한 것이다.

두번째 원고는 「옛 일을 다시 제기하다舊事重提」였고, 편집 과정에서 이를 개작한 것이 바로 『아침 꽃 저녁에 줍다朝花夕拾』이다. 당시의 좋지 않은 기억 때문인지 「들어가는 글小引」에서는 "푸르른 나뭇잎을 바라보다가 옛 원고를 정리하다 보니 그나마 뭔가를 하고 있는 듯한 느낌이 든다. 이런 일이나 하고 있자니 살아 있는 날들이 죽은 세월 같아 더위를 쫓기에 편하다"라고 하여 대단히 처량한 분위기를 토로하고 있다. 가지고 내려온 옛 원고 가운데는 독일 동화 『어린 요한小約翰』도 들어 있었다. 이를 다 정리하여 서문을 쓰면서 그는 우울함과 무력감 속에서 또다시 불굴의 반항 의지가 용솟음치기 시작했다. 서문에서 그는 집 밖의 세계는 동화 속의 풍경과 너무도 달라 대도시 속의 비탄이 서려 있고, 어디인지 모르지만 청춘의 생명이 살육되거나 신음하고 있으며, 부패한 일이나 그 일의 재료를 경영하고 있는 것 같은 느낌이 든다고 썼다. 학살자들에 대한 그의 폭로는 너무나 분명했다. 이 피의 유희가 그에게 가져다준 자극은 정말로 컸기 때문에 광대한 피의 긴장 상태에서 그는 조금도 벗어날 수 없었다. 그럼에도 불구하고 그는 "나는 침묵하고 있는 도시에도 나의 생명이 존재하고 있음을 점점 깨닫게 된다. 조금씩 실패하고 후퇴했지만 사실 나는 아직 한 번도 망해보지 않았다"라고 말했다.

과연 그는 일련의 옛 원고들을 다 정리한 다음 줄기찬 기세로 여러 편의 새로운 잡감문을 써 내려갔다. 마치 갑문이 열리자마자 거센 물살이 쏟아져 나오는 듯한 글쓰기였다. 때로는 하루에 여러 편을 쓰기도 하면서 그는 노전사의 왕성한 생명력을 과시했다.

이러한 잡문들은 『화개집』이나 그 속편에 수록된 것처럼 개인적 논전을 위한 글이 아니었다. 하지만 그가 비판하고 공격하는 대상은 여전히 구체적이었고 여전히 주인과 그 발바리들이었다. 그는 이 시대가 '청년들의 수난시기'로서 청년들이 너무나 쉽게 죽어가는 시대라고 규정했다. 하지만 이들이 죽어야 하는 죄목은 무엇인가? 모든 것이 제멋대로이고 강제적인 것이었다. 당국을 공격하면 누구든지 죄인이었다. 그가 『구사잡감扣絲雜感』에서 제시한 '포위신론包圍新論'에서 권력자, 즉 수완가들과 포위자들의 관계에 관해 논하면서 중국 역사의 영원한 순환을 설파한 것은 대단히 정교하고 깊이 있는 것이었다. 그의 견해에 의하면 어떤 사람이긴 간에 일단 수완가가 되면 수완의 크기에 관계없이 그 주변에는 항상 사람들이 달라붙어 물 샐 틈 없이 에워싸기 마련이다. 그 결과, 내부적으로는 수완가들이 점차 혼용해져 꼭두각시로 변하고 외부적으로는 다른 사람들이 수완가들의 원래의 모습을 보지 못하게 된다. 따라서 포위자들을 통해서 왜곡된 모습만 볼 수 있을 뿐이다. 중국이 그처럼 구태의연한 길을 갈 수밖에 없었던 원인도 바로 이들 포위자들에게 있는 것이다. 수완가들이 어떻게 기복하고 흥망을 반복하든지 간에 포위자들은 영원히 이런 기능밖에 할 수 없다. 뿐만 아니라 포위와 동시에 되는대로 조서를 사칭하는 일이 발생하고, 이에 대해 과도한 침묵이 뒤따르며, 혼용한 인물과 간행물, 식물과 광물이 전부 재난을 맞게 된다. 하지만 수완가들은 '용이 상빈上賓을 하늘에서 쫓아낼' 때까지 아무것도 모르고 있고 수완가들이 쫓겨난 뒤에 포위자들은 이미 쓰러진 이 큰 나무 곁을 떠나 또 다른 수완가를 찾아가게 되는 것이다. 그렇다면 민중은 또 어떠한가? 노신은 「유항有恒 선생에게 답함」이라는 글에서 "민중의 사악한 마음은 학자나 군벌에 결코 뒤지지 않는다. 최근에 나는 조금이라도 개혁적 성격을 띤 주장들은 사회로부터 아무런 간섭을 받지 않아야만 '거짓말'이 되어 살아남게 되고, 약간이나마 효력을 발휘하게 되면 이를 제창한 사람들은 대부분 엄청난 고통과 살신의 화를 면치 못하게 된다는 사실을 깨닫게 되었다. 이런 상황은 고금을 막론하고 중국뿐만 아니라 다른 나라에서도 마찬가지였다"라고 지적했다. 이성의 계몽을 거치지 않은 사회에서 군중의 역할이란 다분히 의심스러운 것이다. 중국뿐 아니라 다른 나라에서도 독재자들은 이른바 군중을 이용하여 그 극권極權의 통치를 수립하고 유지했던 사실이 이를 증명한다.

그의 글에 담긴 요지는 대단히 명백하여 양지良知를 갖춘 작가의 용기를 드러내기에는 충분했지만 표현에 있어서 다소 애매하고 은폐하는 듯한 인상도 피할 수 없다. 당시는 이미 글을 쓰는 사람들이 언론의 자유를 상실한 환경이었기 때문이다. 이와 관련하여 노신은 특별히 공화共和가 오히려 사람들을 더 침묵하게 만들었다고 말한 바 있는데, 이는 시대의 상황을 풍자한 지적이었다. 또한 그는 수법을 바꾸어 일본인이 쓴 「서재생활과 그 위험」을 번역하면서 그 부기에서 "이 글의 번역을 마치고 멀리 일본의 언론자유를 생각하면서 정말 감개무량함을 금할 수 없다!"라고 썼는데, 이는 중국에는 이렇다 할 언론의 자유가 없다는 의미였다. 1927년에 잡감집인 『이이집而已集』을 출간할 때는 1926년 10월에 『화개집속편』의 말미에 쓴 시적인 문체의 제사를 중복하여 수록하기도 했다.

> 이렇게 나는 또 엄청난 피와 눈물을 보았는데도
> 내게는 잡감밖에 없다.
>
> 눈물은 말라버렸고 피도 사라졌다.

도살자들은 아주 멀리 떨어진 곳에서
강한 칼을 쓰기도 하고 부드러운 칼을 쓰기도 한다.
하지만 내게는 '잡감'밖에 없다.

'잡감'조차도 '반드시 가야 할 곳으로 들어가버렸을' 때
나는 다만 '어쩔 수밖에' 없을 뿐이다.

이러한 어휘의 중복 사용은 세상사의 복잡다단한 변화를 상징한다. 유혈의 역사가 너무나 짧은 시기에 재현되어 지속되고 있다는 사실이 신군벌이나 구군벌이나 똑같이 산언덕의 오소리 같은 존재임을 설명해준다.

현대를 살면서 은자가 된다는 것은 쉬운 일이 아니었다. 노신에게는 더욱더 그랬다. 그를 찾아오는 사람들은 여전히 많았다. 그의 명성을 듣고 앙모하는 마음으로 찾아오는 사람들도 있었지만 그의 사상을 정탐하러 오는 사람들도 적지 않았고, 심지어 어떻게 해서든지 허점을 잡아 죄를 물으러 오는 사람들도 있었다. 노신은 이런 사람들을 맞이하면서 취사 선택하지는 않았다. 단지 필요할 때에만 이들을 무서운 눈초리로 대할 뿐이었고 애써 자신에게 다가올지도 모르는 위험을 피하지 않았다. 남다른 기백과 지혜가 돋보이는 대목이었다.

일본의 작가이자 시인이며 신문기자인 야마가미 세이

● 위 왼쪽_『들풀』 초판본의 표지. 노신은 제사에서 "나는 침묵할 때 충실함을 느끼고 입을 열 때 공허함을 느낀다"라고 말했다.
●● 위 오른쪽_『아Q정전』 일어판의 표지. 1931년에 출판되었다.
●●● 아래_『당송전기집(唐宋傳奇集)』의 표지. 노신은 1927년 9월 말에 광주를 떠났다. 떠나던 날 마침 중추절을 맞이하며 노신은 이 책의 편집을 끝냈다.

기산上正義는 광주에서 몇 차례 노신과 만났던 일을 자세히 기록하고 있다. 두 사람이 대종루에서 맨 처음 만나 야마가미가 광주에 대한 포괄적인 견해를 물었을 때 노신의 대답은 광주의 학생들과 청년들의 신상에 모아졌다. 그는 광주의 청년들이 혁명을 유희화遊戲化하고 있고 압제자들의 탄압에도 별로 고통과 자각을 느끼지 못하기 때문에 꼭 필요한 진지함과 엄숙함을 갖추지 못하고 있다고 지적했다. 사실 그가 말하고자 한 것은 믿음의 문제였다. 야마가미가 혁명문학에 대해 언급하자 노신은 중국에는 혁명문학이 존재하지 않는다고 부정하면서 "광주에는 고통의 절규와 분노의 포효는 있지만 사색이 없고, 희열과 흥분은 있지만 비애가 없다. 사색과 비애가 없는 곳에서는 문학이 존재할 수 없다"라고 말했다. 그러나 얼마 안 있어 광주에서는 이러한 절규와 분노의 포효마저 사라지게 되었다. 대학살 직후 기자의 눈에 비친 노신의 모습은 훨씬 더 음울하고 냉담하게 변해 있었다. 창밖 백운로의 거리에는 수시로 급박한 구령 소리와 외침 소리, 발소리가 들려왔다. 알고 보니 노동조합과 규찰대의 깃발을 높이 든 노동자들로서 건물 아래로 정연하게 줄을 지어 지나가고 있었다. 이것이 바로 이른바 '봉지奉指혁명'이었다. 하지만 이른바 혁명은 이미 완전히 전제와 공포로 대체되어 있었다. 나중에 노신은 또 야마가미와의 대화에서 중국 혁명의 역사는 자고 이래로 외족外族에게서 그들의 잔혹성을 배운 것에 지나지 않았다고 지적했다. 이번 혁명도 '삼민주의'와 '국민혁명'이라는 그럴듯한 어휘의 은폐하에 아무런 기탄없이 군벌을 능가하는 잔혹행위를 자행함으로서 종말을 고하고 말았다는 것이다.

지식인으로서 노신의 굳세고 단호한 입장은 야마가미를 감동시키기에 충분했다. 이때부터 그는 중국 혁명에 관한 노신의 사고를 담은 작품 「아Q정전」을 번역하기로 마음먹었다. 그는 이 작품 안에 엄청난 비판의 힘이 축적되어 있고 인류에 대한 애정을 포함해 수많은 고귀한 정신들이 담겨 있음을 잘 알고 있었던 것이다.

이달 7일에 노신은 초청에 의해 두 차례의 강연을 하게 되었다. 그 가운데 하나는 지용중학에서의 강연으로, 주제는 아주 일반적인 '독서잡담'이었다. 그는 대학살 직후에 가장 중요한 문제는 새로운 사회정세와 혁명, 그리고 학살자들에 대한 정확한 인식이라고 생각했다. 국민당의 '당화 교육'에 대항하여 그는 모두가 사색자가 되고 관찰자가 되어 자신의 눈으로 세상이라는 책을 읽어 나가야 한다고 역설했다. 그는 여지(荔枝, 중국 사천성에서 나는 과일. 양귀비가 즐겨 먹었다는 이야기가 있다—옮긴이)를 먹는 것을 비유로 들어 처음에는 말린 여지나 통조림 여지, 오래된 여지를 먹다가 신선한 여지를 먹게 되면 그 참맛을 알게 되면서 큰 만족감을 느끼게 되는데, 신선한 여지를 먹어본 사람만이 그 전에 먹었던 것들이 전부 제 맛이 아니라는 걸 알게 되는 것처럼 직접 광주에 내려와 혁명의 현실을 눈으로 보고 몸으로 체험해야 한다고 말했다. 사실 그는 혁명에 대한 자신의 환멸 과정을 말하고자 했던 것이다. 현실이 웅변보다 크고 실천이 이론보다 중요한 법이다. 때문에 그는 "반드시 현실 사회와 접촉하여 자신이 읽는 책을 살아 있는 책으로 변화시켜야 한다"라고 강조했던 것이다. 또 한 차례의 강연은 시 교육국이 주최한 '하기학술강연회'에서의 연설로서 그 제목은 '위진풍도와 글, 그리고 약과 술의 관계魏晉風度及文章與藥及酒之關係'였다. 정말 이상한 제목이 아닐 수 없었다. 마음에 쌓인 것이 많으면 거센 언사로 쏟아지는 법이라, 명목상으로는 고대 사상문화사에 관한 학술보고였지만 실제로는 학자들의 이른바 '학술규범'이라는 틀을 완전히 뒤집어놓는 내용이었다.

이 자리에서도 그는 여전히 정치와 학술문화, 정치인과 지식인계층의 관계에 관해 언급했다. 여기서 그가 언급한 것은 위진 시대라는 역사의 단면으로서 이를 이용하여 중국의 문화전통과 정치도덕 및 지식의 계보를 해부하려는 것이었다. 그는 정치가의 형상으로서 조조曹操에서 사마의司馬懿까지를 전부 깡패와 사기꾼, 학살자로 규정했다. 조조는 공융孔融을 죽였고 사마의는 하안何晏과 하후현夏侯玄, 혜강嵇康 등을 죽였는데 죄명은 전부 불효였다. 노신은 이러한 상황을 해부하여 천하를 무력으로 탈취한 것이라 충으로써 나라를 다스리고자 한다면 입지가 불안정해지고 매사에 손을 쓰기가 어려워지는데다 입론立論에 문제가 있었기 때문에 충이 아닌 효孝로 천하를 다스려야만 생사여탈의 임의성과 자유를 확보할 수 있었던 것이라고 설명했다. 사실 이들 권력자들 가운데 효자는 단 한 명도 없었다. 노신이 지적하고자 했던 것은 당시 공산당원들을 몰살하면서 내세운 구실이 삼민주의에 충실하기 위해서라고 하지만 이는 본질적으로 위진 시대와 마찬가지의 권력 찬탈 행위이며 조조와 같은 일당이라고 볼 수 있다는 것이었다. 그는 당시의 인물을 고대의 인물에 비유하여 북방의 한 군벌이 이전에는 국민당을 탄압하다가 나중에는 북벌군의 세력이 커지자 돌연 청천백일기(青天白日旗, 국민당 정부의 국기로 지금 대만의 국기로 사용되고 있음—옮긴이)를 높이 들고 자신이 오래 전부터 삼민주의를 신봉했으며 총리의 신도라고 주장하기도 했다고 지적했다. 이것으로도 부족했는지 그 군벌은 총리 기념 주간을 설정하기도 했다. 이때 진정한 삼민주의의 신도들은 오히려 삼민주의를 입에 올릴 수 없었다. 삼민주의에 대한 얘기를 들으면서 이맛살을 찌푸리면 삼민주의에 반대하는 것으로 간주하는 사람들이 있었기 때문이다.

이러한 정치 상황에서 지식인 계층이 고통을 당하는

것은 너무나 당연하다. 때문에 위진 시기에는 수많은 병태적 표현이 나타나게 되었는데, 이른바 '명사풍도名士風度'가 바로 그런 것이었다. 강연에서는 특별히 완적阮籍과 혜강 두 사람을 대표적 인물로 언급하면서 이들 각각의 사상과 성격, 권력자들과의 관계, 상이한 운명과 말로 등을 상세히 비교했다. 이들 두 사람은 모두 구태의연한 예교의 파괴자였고 성격이 괴팍하기 그지없었다. 하지만 완적은 노년에 많이 좋아졌지만 혜강은 시종 극도로 거친 성격을 버리지 못했다. 그 결과 완적은 천수를 누렸지만 혜강은 살해당하는 비운을 맞아야 했다. 혜강의 불운은 의론에서 비롯되었다. 그는 "탕왕이나 무왕이 아니면서 주공과 공자를 가볍게 여긴다"라고 말했고, 이처럼 정통 이데올로기에 대해 비판적인 태도가 통치자들에게 직접적인 위협으로 여겨져 그를 가만히 놔둘 수 없게 만든 것이었다. 이처럼 개인으로서의 가장 기본적인 언론의 자유마저 박탈당한 사회에서 혁명을 논한다는 것이 얼마나 사치스러운 일인가?

강연 마지막 날에는 큰 비가 내렸는데도 청중의 숫자는 줄지 않고 오히려 늘어만 갔다. 공적公敵이건 사적私敵이건 간에 그를 시기하고 미워하는 자들은 "몇 시간의 강연으로 자신의 위상을 높이려 든다", "장사가 아주 잘된다"라고 비아냥거리면서 복수의 칼을 갈았다.

9월 말, 노신은 허광평과 함께 광주를 떠났다.

꿈을 안은 채 꿈에 쫓기는 상황은 고통스러울 수밖에 없었다. 하지만 10년 전에 겪었던 민주혁명과 비교해 볼 때 전처럼 지치고 절망적이지는 않았다. 이는 아마도 허광평이 함께 있었기 때문일 것이다. 그리고 이런 동행은 더 이상 사제의 동행에 그치는 것이 아니었다.

허수상이 먼저 사직한 뒤로 임차한 백운루 2층에는 두 사람만 남게 되었다. 두 사람은 이처럼 육체는 물론 영혼까지 자연스럽게 결합하게 되었다. 허광평이 쓴 단막극「마수魔祟」를 통해, 동거를 시작한 장소가 바로 백운루이고 시기는 초여름이었음을 알 수 있다. 또한 이 작품은 두 사람의 생활에 행복의 신비감이 가득했음을 짐작할 수 있게 한다.

하루만 지나면 바로 중추절이었다. 창문 아래서 노신은 『당송전기집唐宋傳奇集』을 완성하고 서문을 썼다. 맨 마지막에는 "중추절 전날 밤이라 달이 크고 둥글다. 벽월이 밝게 비추는 가운데 탐욕스런 모기들이 극성이다. 나는 지금 광주에 와 있다"라고 썼다. 중추 전날 밤, 벽월, 탐욕스런 모기 등은 모두 사실인 동시에 일종의 비유로서 자신이 처한 열악한 환경을 묘사하는 동시에 마음속의 기쁨을 드러낸 것이다.

혁명문학가들의 포위 공격

 1927년 10월 3일, 노신과 허광평은 상해에 도착했다. 단기서에서 풍옥상에 이르기까지 북경은 줄곧 군벌의 근거지가 되어왔지만 반대로 노신에게는 가장 위험한 지역이었다. 그가 북경으로 돌아갈 수 없는 또 다른 이유 가운데 하나는 허광평의 신분 문제였다. 주안이 계속 처실妻室의 신분을 유지하고 있는 상황에서 허광평으로서는 안돈할 방법이 없었다. 상해도 오래 안주할 곳은 못 됐다. 당국(黨國, '국민당이 곧 국가'라는 의미로, 노신이 자주 쓰던 표현이다 - 옮긴이)의 수도 남경과 가깝다 보니 정부의 수많은 기구들이 상해에 터를 잡고 있었고, 관료와 정객, 정치깡패 등의 세력이 도시를 완전히 장악하고 있었으며 방회(幫會, 중국 근대의 비밀결사로 홍콩 삼합회三合會 등의 전신이다 - 옮긴이)와 특무의 무리들이 수시로 출몰했다. 이런 부류의 사람들은 점차 늘어나면서 서로 긴밀하게 결탁하고 있었다. 하지만 노신에게는 달리 선택의 여지가 없었다. 현대파 사람들도 전부 남하한 상태에서 문화

● 광화대학에서 강연을 마치고.

계의 공기는 어디를 가나 똑같이 혼탁하기만 했다.

노신은 셋째 동생 주건인을 시켜 보산로寶山路 근처 경운리景雲里에 있는 3층짜리 집을 하나 임대하여 허광평과 함께 입주해 들어갔다. 이 집에 머무는 동안 그는 손복원 형제와 이소봉李小峰, 임어당 등을 비롯한 여러 지인들과 친구들을 만났다. 또한 특별히 욱달부 부부가 찾아왔었고, 유명한 우치야마內山 서점의 주인과도 알게 되었다. 이 일본인은 나중에 그와 절친한 친구 사이가 되었다.

주거가 해결된 다음에는 직업의 문제가 뒤따랐다. 허광평은 원래 친구가 운영하는 부녀 잡지사에서 일할 생각이었으나 노신은 그렇게 했다가는 자신이 또다시 이전처럼 외로운 처지에 놓이게 될 것을 걱정했다. 그는 허광평이 집안에 남아 가사를 돌보고 일어를 배우면서 혼자서 중요한 일련의 번역 작업에 몰두하기를 원했고, 허광평은 노신의 이런 생각에 순순히 따랐다. 그녀는 번역 작업의 의미를 깊이 있게 인식하지 못하고 있는 상태에서 전심전력으로 이런 일에 몰두하게 된 것에 대해 다소 억울한 마음도 없지 않았다. 하지만 이는 그녀가 원한 일이기도 했다. 그녀는 일 문제에 있어서만큼은 선택의 권리를 포기했다. 십수 년이 지난 후에 그녀는 공개적인 글에서 노신의 호의에 의해 일본어를 공부하게 됐다고 말한 바 있지만, 동시에 이미 오래전 일로 묻혀버린 노신에 대한 불만과 반항을 분명히 밝히기도 했다.

노신으로서는 북경 시대에 경제적인 문제로 몹시 곤혹스러웠던 경험이 있었기 때문에 밥그릇 문제를 중시하지 않을 수 없었다. 하지만 이때에도 그는 오랫동안 자신을 옥죄어온 한 가지 갈등을 떨칠 수가 없었다. 강의를 할 것인가 아니면 글을 쓸 것인가 하는 양자 택일의 문제였다. 결국 그는 노동대학에서의 직무를 결연히 던져버리고 남경 정부의 대학원장인 채원배가 그를 위해 특별히 마련해준 특약찬술원의 초빙서를 받아들임으로써 매달 3백 원의 월급을 받게 되었다. 채원배가 월급을 받으면서도 자유롭게 저술활동을 할 수 있다고 약속함에 따라 그는 한번쯤 시도해봐도 무방할 거라는 결론을 내리게 된 것이다. 어찌 되었든 간에 정부의 돈을 받으면서 정부를 비난한다는 것은 대단히 겸연쩍은 일이었다. 그러나 이 돈도 순전히 정부의 돈이라고는 할 수 없었다.

노신은 강소원江紹原에게 보내는 편지에 이렇게 썼다.

"지금은 바야흐로 사람들의 목숨을 요구하는 시대일세. 편안하게 앉아서 밥을 먹을 수 있기를 바라지만 이는 정말 어려운 일이지."

이제 밥 먹는 문제가 보장된 셈이니 숨을 쉬어도 될 때였다.

● 1927년 10월 3일, 노신은 허광평과 함께 상해에 도착했다. 뒷줄 왼쪽부터 손복희(孫福熙), 임어당, 손복원(孫伏園), 앞줄 왼쪽부터 주건인, 허광평, 노신.

상해에 막 도착했을 때의 상황은 광주에 처음 도착했을 때와 마찬가지로 몹시 바쁘고 혼란스러웠다. 손님들을 만나야 했고, 강연 초청에도 응해야 했다. 하지만 교사 출신인 노신에게 있어서 강연은 자신이 원하는 일이기도 했다. 이런 기회를 이용하여 개인적 사상을 직접 표현할 수 있었고, 특히 청년 대학생들의 마음에 불을 붙일 수 있는 좋은 계기가 되었기 때문이다. 그러다 보니 강연 스케줄은 매우 빽빽하여 평균 한 주에 한 번 꼴로 연단에 서야 했고, 강연의 화력도 매우 집중적이고 맹렬했다.

강연의 핵심은 여전히 정치와 혁명, 지식인 문제 등 사회 현실에 관한 것이었다. 노신은 당시의 현실을 완전히 이해하고 있었기 때문에 강연 내용은 대단히 자유롭고 통렬했다. 그의 연설에는 일정한 법도가 있었고 또한 새로운 돌파구가 있었다. 주요 논점은 개조에 집중되어 있었다. 이리하여 논점의 기초는 어쩔 수 없이 모든 사회의 개체, 특히 지식인들이 담당해야 할 위험에 대한 책임에 모아졌다.

노동대학에서 했던 그의 강연 주제는 〈지식계급에 관하여〉였는데, 이 강연에서 그가 주로 하고자 했던 얘기는 지식인이란 무엇이며 지식인의 지위와 역할은 무엇인가, 또한 지식인의 나아갈 길은 무엇인가 하는 것이었다. 그는 지식과 '강한 권력'의 대립을 강조했다. 권력자는 사상을 통일하려 하지만, 반대로 지식인은 지식을 갖고 있을 뿐만 아니라 '자유사상'을 지니고 있기 때문에 필연적으로 생존공간에서의 충돌을 유발하기 때문이었다. 여기서 노신은 '진짜 지식계급'과 '가짜 지식계급'이라는 두 가지 새로운 개념을 제시했다. 통치자의 지휘에 말없이 행동으로 따를 것인가, 아니면 민중의 편에 서서 사상을 펼칠 것인가. 이것이 하나의 분명한 분수령이었다. 그는 진정한 지식계급이라면 사회에 대해 영원히 만족할 수 없고, 모든 느낌이 영원히 고통일 수밖에 없으며, 눈으로 보는 것이 모두 결점일 수밖에 없기 때문에, 이해를 돌보지 않고 자신의 생각을 발표하면서 언제든지 사회를 위해 희생할 준비를 갖추고 있어야 한다고 지적하면서, 반대로 갖가지 이해관계를 따지는 사람은 가짜 지식인으로서 '지식인을 사칭하는 사람'에 지나지 않는다고 못 박았다. 하지만 반드시 기억해야 할 역사 현상 가운데 하나가 바로 가짜 지식인들의 수명이 더 길다는 것이었다. 다시 말해서 항상 가짜 지식인들이 다수를 점하고 있다는 것이다. 때문에 진정한 지식인들은 위험과 고립을 두려워하지 말고 용감하게 '낡은 사회'를 상대로 투쟁을 벌여야 한다는 것이 노신의 주장이었다. 지식계급의 문제와 관련하여 노신은 정부의 책사로 활동하는 인물들, 즉 현대파 같은 어용문인들에 대한 증오를 생략할 수 없었다. 그의 강연은 이렇게 끝을 맺었다.

외국에서 유학하고 돌아와 자칭 지식계급이라고 하는 사람들은 자신들이 없으면 중국이 멸망할 것이라고 생각하지만 나는 이런 사람들을 거론할 가치조차 없다고 여긴다. 나는 이런 지식계급이 도대체 뭐 하는 물건인지 알 수 없다!

몇 차례의 강연에서 문학의 문제도 빠지지 않았다. 광화대학光華大學에서의 강연에서는 '문학과 사회'라는 주제로 연설하면서 일관된 문학사상을 비교적 분명하게 전달하기도 했다. 노신은 사상투쟁의 실질적인 영역에 따라 문학을 '예술을 위한 예술'과 '인생을 위한 예술'의 두 가지로 분류하면서 상아탑적인 문학행위에 대해 분명한 반대의지를 밝혔다. 또한 그는 사회의 고통을 일종의 취미로 변질시키면서 혁명의 간판만 높이 내걺으로써 문학을 일종의 저주와 발산으로 제한하는 태도를 비판했다. 문학으로 사회를 개조할 것인가, 아니면 사회가 문학을 개조할 것인가? 이런 문제와 관련하여 그는 사회 역량의 강대함을 강조하는 동시에 문학가들이 직면하고 있는 특별히 험난하고 가혹한 처지를 지적하면서 "문학가들이 혁명의 선구자가 되는 것은 대단히 어려운 일이고 특히 억압당하고 있는 상황에서 문학가들이 혁명에 종사하는 것은 더더욱 어려운 일이다. 통치자들의 지휘도가 문학을 지휘하고 있는 한, 문학혁명이라는 것

● 노신은 광화대학 등 여러 학교를 돌며 강연을 했다. 강연은 노신이 원한 것으로서, 이를 통해 자신의 사상을 직접 표현할 수 있었다. 특히 청년 학생들과 대면하는 것은 이들의 정신에 불을 붙일 수 있는 좋은 기회였다.

은 지휘도가 움직이는 대로 춤추는 것에 지나지 않는다"라고 말했다. 그는 이른바 '혁명문학'에 대해 줄곧 경계의 태도를 견지했고, '청당清黨' 이후에는 이미 혁명의 본질이 여지없이 드러났다고 지적하면서 문학이 '혁명'이라는 거짓 탈을 쓰고 있는 것이야말로 가증스럽기 짝이 없는 일이라고 비난했다. 그가 광주에 있을 때, 당부黨部에서는 그에게 '청년의 고뇌'란 제목으로 글을 쓰게 했다. 이 글에서 그는 "연애가 무슨 소용인가? 우리는 혁명을 해야 한다!"라고 역설했다. 나중에 노신은 이 글과 관련하여 이것이 완전히 거짓말이었음을 밝혔다. 솔직히 말해서 자신이 원하는 것은 연애이고, 연애를 위해서라면 혁명을 포기할 수도 있다고 했다. 그는 문학의 성실성을 훨씬 높은 단계로 제고해야 한다고 생각했고, 심지어 건설이 없이는 오히려 멸망하는 것이 낫다고 말하기도 했다. 그는 문학의 죽음은 결코 이상한 일이 아니라고 지적하면서 문학의 생명은 진실에 있다고 역설했다. 일체의 허위와 가식을 배제하여 훌륭한 사상은 훌륭하게 써내고 부패한 사상은 더럽고 추하게 그려내야 한다는 것이다. 그는 모든 '혁명문학'의 문학적 가치에 대해 회의적인 태도를 보였다. 진실을 잃은 문학은 문학의 모든 의미를 상실한 것이나 마찬가지이기 때문이다.

〈문학예술과 정치의 기로〉라는 제목으로 기남대학曁南大學에서 했던 강연은 대단한 영향력을 발휘했다.

노신은 강연의 모두에서 "내가 보기에 문학예술과 정치는 번번히 충돌하고 있다. 하지만 문학예술과 혁명은 원래 상반된 것이 아니다. 양자 모두 현상에 안주하지 못하는 특성을 갖고 있다. 유일하게 정치만이 현상에 만족하려 하기 때문에 당연히 현실에 안주하지 못하는 문학과 서로 다른 방향으로 움직이게 된다"라고 지적했다. 결국 정치가와 예술가 사이의 '일치'는 일시적인 것인데 반해 양자 사이의 충돌은 근본적이고 영원한 것이라는 주장이다.

　정치가는 사람들이 자신의 생각에 반대하는 것을 가장 싫어하고, 사람들이 생각하고 말하는 것을 몹시 경계한다. 반면에 예술가는 늘 민감하고 현실에 안주하지 못하며 항상 입을 열고자 한다. 때문에 예술가는 정치가들의 눈엣가시가 되어 늘 배척되는 운명일 수밖에 없다. 외국의 수많은 예술가들이 본국에서 발붙일 곳이 없어 해외로 도피하고 있고, 도피하지도 못할 경우에는 무참하게 목이 잘려 죽는다. 목을 자르는 것이 가장 효과적인 방법이다. 목이 잘리면 입을 열지 못할 뿐만 아니라 생각 자체가 불가능하기 때문이다. 중국에는 개인주의자들은 아주 많지만 가난한 사람들을 위해 생각하면서 현실을 바꿔보려 애쓰는 인도주의자들은 매우 적다. 정치가들의 눈에는 이런 인도주의자들이 개인주의자들만 못하다. 때문에 충돌은 항상 정치가와 인도주의자들 사이에 발생한다.

 이처럼 노신은 예술가들을 항상 정치가들에 의해 배척당하고 발붙일 곳이 없는 존재로 규정했다. 이전에는 문학 예술가들의 정치적 주장에도 혁명가들이 어느 정도 찬동의 뜻을 표하곤 했으나, 혁명이 성공한 이후로 정치가들은 이전에 자신들에게 반대했던 사람들이 사용했던 것과 똑같은 방법으로 문학 예술가들을 대하고 있는 것이다. 이런 실상에 대해 노신은 보다 솔직하고 유머러스한 표현으로 "정치가들은 문학 예술가들이 영원히 자신들의 통일을 방해할 거라고 믿고 있다. 이러한 편견 때문에 나는 줄곧 정치가들과의 대화를 거부하고 있는 것이다"라고 하였다.
 혁명문학과 관련하여 노신은 문학에도 혁명문학이 있을 수는 있지만 혁명은 본질적으로 문학과 연계될 수 없는 것이라고 생각했다. 이에 대해 노신은 "문학을 하는 사람은 항상 약간의 여유가 있어야 하는데, 혁명의 와중에서는 모두들 빵을 생각할 여유조차 없으니 어떻게 문학을 생각할 수 있겠는가? 문학이 있게 되면 혁명은 이미 성공한 것이나 마찬가지다. 혁명이 성공한 후에야 여유를 가질 수 있다면 어떤 사람들은 혁명만을 추앙하고 칭송하게 될 것이다. 그러나 이는 이미 혁명문학이 아니다. 그들이 혁명을 추앙하고 칭송하는 것은 사실은 권력자를 추앙하고 칭송하는 것에 다름 아닌데, 이것이 혁명과 무슨 관련이 있단 말인가? 따라서 혁명문학을 목적으로 삼는다면 이는 분명 혁명문학이 아니다. 세상에 현상에 만족하는 혁명문학이 어디 있단 말인가? 마취제를 먹지 않았다면 말이다!"라고 말했다.

정치가와 문학가가 충돌하게 되면 승리는 항상 정치가에게로 돌아간다. 이는 역사가 증명하고 있는 사실이다. 하지만 인류의 역사가 이로 인해 끝난 적은 단 한 번도 없었다. 이와 관련하여 노신은 다분히 풍자적인 어투로 이렇게 말했다. "정치가들은 문학가를 사회를 소란하게 만드는 선동가들이라 여기면서 이들을 제거해야만 사회가 평안해진다고 생각한다. 그러면서 문학가들을 죽여도 사회는 여전히 혁명을 필요로 한다는 사실은 망각하고 있다. 러시아의 문학가들이 무수히 살해되고 군대로 충원되었음에도 불구하고 혁명의 불길은 여전히 도처에서 타오르고 있지 않은가?" 또한 노신은 대단히 단호한 어투로 정치가들은 모든 사람들의 사상을 허용하지 않으려 하지만 그런 야만의 시대는 이미 지나가버렸다고 말했다.

일련의 강연에서 노신이 취한 입장은 당국의 입장에 분명하게 반대하는 민간의 입장이자, 인도주의자의 입장이었다. 또한 그 방법론에 있어서는 대단히 날카롭고 민첩하여 끊임없이 시각을 바꾸면서 때로는 사회학적 시각에서 현실을 논하다가 때로는 생물학적이고 심리학적인 시각으로 옮겨가곤 했다. 그의 주장들은 때로는 계급 분석이었다가 때로는 문화의 종합이었고, 시종 지혜와 창의로 가득 찬 고담활론이었다. 그 가운데 지식인에 관한 논술은 내용이 가장 풍부했고 독창적인 의의를 갖고 있었다.

국민당의 '청당' 사건은 중국현대사에 있어서 하나의 중요한 전환점이었다. '4·12' 이후 장개석은 '국민혁명'의 당연한 지도자임을 자처하며 북벌을 계속하면서 풍옥상馮玉祥, 염석산閻錫山 등의 군벌들과 연합하여 봉계 군벌인 장작림張作霖과 교전을 벌인 끝에 신속하게 북경과 천진을 점령했다. 1930년, 국민당 정부는 직예성直隷省을 하북성河北省으로 개칭하고 북경을 북평(北平, 1921년 1월 1일 남경南京에서 출범한 중화민국의 국민정부는 남경을 수도로 삼으면서 1928년 6월에 북경을 북평으로 개칭했다. 그러나 1937년 일본의 괴뢰정권인 '중화민국 임시정부'가 북평에서 출범하면서 다시 북경으로 개칭되었다가, 1945년 8월 일본이 패망하면서 다시 북평이 되었다. 1949년 10월 중화인민공화국이 출범하면서 다시 북경이 되었다.—옮긴이)이라 개칭하여 정식으로 일당 독재의 정권 통치를 시작했다.

이에 중국공산당은 피나는 악전고투 속에서도 용감하게 일어서서 여러 차례 폭동을 일으켰지만 매번 실패로 끝나고 말았다. 혁명이 퇴조로 접어든 것이다. 바로 이때 상해 문학계의 일부 젊은 공산당원들은 '혁명문학'의 기치를 높이 내걸고 노신을 포위 공격하기 시작했다.

● 『창조월간』 제1권 제1기의 표지.

이들은 창조사의 원로인 성방오成汸吾를 우두머리로 하여 방금 도쿄에서 유학하고 돌아온 풍내초馮乃超, 이초리李初梨, 팽강彭康, 주경아朱鏡我, 이철성李鐵聲 등을 규합하여 새로운 간행물인 『문화비판』을 창간했다. 또한 이와 동시에 장광자蔣光慈, 전행촌錢杏邨 등이 '태양사'를 설립하고 『태양월간』을 창간했다. '혁명문학'의 발기와 지도의 권리에 있어서는 창조사와 태양사 사이에 다소 격렬한 논쟁이 있었지만 성격을 같이하는 '혁명문학'을 창도하고 노신 등의 원로 작가를 공격하는 데 있어서는 점차 노선의 일치를 보게 되었다.

● 『태양월간』의 표지.

『문화비판』 창간호에는 풍내초의 장문 「예술과 사회생활」이 발표되었다. 이 글에서는 백화운동 이후 다섯

● 『문화비판』 창간호.

● 곽말약(郭沫若, 1892~1978). 사천(四川) 악산(樂山) 출신으로 별호가 정당(鼎堂)이며 한때 '맥극앙(麥克昻)', '두전(杜荃)' 등의 필명을 사용한 바 있다. 시인이자, 극작가이며 역사학자이자 고고학자이다. 또한 고문자학과 사회활동에도 폭넓게 참여한 바 있다.

1921년에 시집 『여신(女神)』을 출판했고 같은 해에 욱달부, 성방오 등과 창조사를 설립하고 『창조』 계간, 월간 및 주간을 창간했다. 1926년에 북벌전쟁에 참전하여 국민혁명군 총정치부 부주임을 역임했고, 1927년에는 남창(南昌) 기의에 참가하는 동시에 중국공산당에 가입했다. 이듬해에는 일본을 여행하면서 학술연구에 종사하다가 항일전쟁이 발발하자 귀국, 국민정부군 군사위원회 정치부 제3청 청장을 지내다가 나중에 문화공작위원회 주임으로 자리를 옮겼다. 1949년 이후에는 중앙인민정부위원, 정무원 부총리 겸 문화교육위원회 주임, 인민대표대회 부위원장, 정치협상회의 부주석, 중국과학원 원장, 중국문학예술연합회 주석 등의 관직을 지냈다. 저서로 그간의 저작들을 한데 모은 『곽말약전집』 17권이 있다.

그의 작품은 대부분 가공성덕 위주로 정치운동에 부합하는 것들이다. 대약진 시기에는 주양(周揚)과 함께 『홍기가요(紅旗歌謠)』를 편찬했고 문화대혁명 시기에는 『이백과 두보』라는 저서를 출간했는데, 이와 관련된 사유 방식과 문화 관념은 1928년의 '혁명문학'으로 소급되고 있는 것으로 평가되고 있다.

명의 대표적인 작가들을 열거하면서 유일하게 반항정신을 지닌 작가로 곽말약郭沫若을 꼽았고 노신에 대해서는 '항상 어두침침한 술집에서 술에 취해 휑한 눈으로 창밖의 인생을 바라보는' 작가로 묘사했다. 그가 작품을 통해 묘사하는 것은 사회변혁기의 낙오자들의 비애와 자신의 동생들과 나눈 무료하기 짝이 없고 아름답기만 한 인도주의적 언설뿐이라는 것이다. 이어서 제2기에서도 이초리의 「혁명문학을 어떻게 건설할 것인가」라는 글을 발표하여 창조사와 곽말약의 주장을 높이 평가하면서, 노신과 주작인, 진서형陳西瀅 등을 나열하며 이들의 작품을 일률적으로 '취미문학'으로 매도했다. 성방오와 곽말약도 글을 발표했다. 곽말약은 자신이 얼마 전까지 고집했던 '천재론'과 '예술을 위한 예술'의 주장에서 완전히 돌아서서 문학예술의 선전기능을 강조하면서 청년 문학예술가들에게 '확성기가 될 것'을 호소했다. 그렇지 않을 경우 "그대들과는 대화의 여지가 없고 그대들을 단두대로 보낼 수밖에 없다"는 것이었다. 그는 서지마徐志摩 같은 부류를 '의식적인 반혁명파'로 규정하고 어사파語絲派를 '비혁명적 문학가들'로 재단해버렸다. 동시에 노신과 모순茅盾, 욱달부 등을 비판하면서 자신은 이미 방향을 전환하여 '프티부르주아의 의식을 극복하고' '신사상, 신문학의 새로운 실천을 향해 나아가고 있다'고 선언했다. 노신을 가장 격렬하게 공격한 인물은 전행촌

● 모순(茅盾, 1896~1981). 본명은 심안빙(沈雁冰)으로 절강 동향(桐鄕) 출신이며 중국공산당 당원이다. 1921년에 정진탁(鄭振鐸), 섭성도(葉聖陶), 왕통조(王統照) 등과 함께 문학연구회의 조직을 발기하여 현실주의 문학을 제창했다. 『소설월간』 주편과 『민국일보』 주필을 역임했으며 1928년에 일본으로 건너갔다가 1030년에 귀국하여 좌련에 가입했다.

항전 발발 후에는 파금(巴金) 등과 함께 『외침(吶喊)』, 『봉화(烽火)』 등의 편집을 맡다가 나중에 홍콩 『문예진지』의 주편을 맡았다. 1940년에 연안으로 가서 노신예술원에서 강의했으며, 이어서 중경, 홍콩 등지에서 문화사업에 종사했다. 1946년에는 소련을 방문하고 돌아와 『소설월간』의 주편을 맡았다. 1949년 이후로는 문화부 부장, 중국작가협회 주석, 전국문련 부주석, 『인민문학』과 『역문』 주편 등을 역임했다.

저서로 장편소설 『식(蝕)』, 『무지개』, 『부식(腐蝕)』, 『자야(子夜)』, 소설집 『춘잠(春蠶)』, 『임씨네 가게(林家鋪子)』, 평론집 『고취집(鼓吹集)』, 『야독우기(夜讀雨記)』 등.

1970년대에 『인민일보』에 글을 발표하여 노신의 신격화 문제에 관한 의견을 제시하자 이에 대해 중국현대문학사가인 이하림(李何林)이 반박하는 글을 발표한 바 있는데, 이러한 상반된 입장은 줄곧 첨예한 대치를 이루며 21세기까지 이어지고 있다.

이었다. 그는 『태양월간』에 「죽어버린 아Q시대」라는 글을 발표하여 편집자로부터 '여러 가지 혼란한 노신론을 깨끗이 정리하기에 충분한 글'이라는 칭찬을 받은 바 있다. 이 글에서 그는 '노신은 결국 이 시대의 표현자가 될 수 없다'고 단정하면서 노신의 사상은 청대 말기에 완전히 정체해 있어 창작이 주로 과거에 한정되어 있고 미래에 관한 창작이 없다고 비난했다. 또한 그는 노신이 자유주의 사상에 완전히 젖어 있어 지도자 의식, 영웅의식을 뇌리에서 지워버리지 않는다면 앞으로 나갈 길이 없을 것이라고 지적하기도 했다. 아울러 그는 이런 말로 글을 끝맺었다.

> 아Q의 시대는 이미 오래전에 죽어버렸다. 우리는 더 이상 시대의 유해에 연연하지 말고 아Q의 시신을 그의 정신과 함께 매장해버려야 한다!

조금도 틈을 주지 않는 이들의 집요한 공격은 그 화력이 현대파의 정인군자들보다 훨씬 막강했다. 이들은 공산주의 청년들로서 한때는 노신의 연합 대상이 되었던 사람들이었다. 이는 노신이 전혀 예상치 못한 상황이었다.

노신은 조용히 응전했다. 2월 23일, 그는 「취한 눈의 흐릿함醉眼中的朦朧」이라는 제목의 답문을 발표했다. 이 글에서 그는 정말로 몽롱한 사람들은 바로 혁명문학가들이라고 전제하면서 이들의 본질을 파헤쳤다. "그들은 관료나 군벌들과 한데 얽혀 있으면서도 자신들의 민감함과 멀리 내다보는 예감으로 꿈속에서도 철퇴와 낫을 두려워하면서 감히 지금의 주인을 노골적으로 공경하지도 못한다. 그러다가 관료나 군벌들과의 관계가 끊어지면 다시 대중을 향해 나아가 아무 일 없었다는 듯이 자신들의 주장을 펼치면서도 여전히 그들의 지휘도를 기억한다. 한마디로 말해서 이들처럼 태도가 분명하지 않은 자들이 없는 것이다." 노신은 반문했다. "중국 사람들은 톨스토이를 '비겁한 설교자'라고 말하면서도 자신이 느끼는 암흑세력이 지배하고 있는 사회현실에 대해선 정부의 폭력을 제거하고 재판행정의 희극적 가면을 벗기려는 일말의 노력도 보이지 않는다. 인도주의가 철저하지 못함을 알면서도 사람을 죽이는 것이 풀을 베는 것 같은 시대인데도 인도주의식 저항조차 하지 못하는 것이다. 이런 상황에서 누가 혁명가이고 누가 혁명문학가란 말인가?"

이에 대해 혁명문학가들은 즉시 조직적인 반격을 가했다. 『문화비판』뿐만 아니라 『전선戰線』과 『과벽戈壁』, 『문화전선』, 『우리我們』, 『유사流沙』, 『홍황洪荒』, 『팽배澎湃』 등, 이용 가능한 모든 간행물이 노신을 공격하는 데 동원되었다.

● 상해 경운리 우거에서의 노신.

반재년潘梓年은 '약수弱水'라는 필명으로 「현재 중국의 문학가를 논함」이란 제목의 글을 발표하여 노신이 자신들과의 논전에서 '우매하고 완고한' 태도와 '냉담한 조롱 및 뜨거운 풍자'로 문제를 회피하고 있다고 비난하면서 "확실히 늙은이들은 어쩔 수 없다"는 말로 결론지어 버렸다. 한편 같은 기의 『문화비판』에는 창조사 골수분자들의 글 세 편이 한꺼번에 발표되었다. 이초리의 「우리 중국 Don Quixote의 난무를 보시오─노신의 '취한 눈'의 흐릿함에 답하여」와 풍내초의 「인도주의자는 어떻게 자신을 방어하는가」, 그리고 팽강의 「노신의 '제거하라!'를 제거하라」가 그것이었다. 편집자는 특별히 이 세 편의 글에 대한 추천사를 쓰기도 했지만 실제로 이 글들은 본질적인 이론문제는 언급하지 못했고 단지 노신에 대한 공격 일변도의 주장만 늘어놓았다. 예컨대 노신을 '돈키호테 노신' 또는 '문단의 늙은 기사'로 표현하기도 했고, '전전긍긍하는 공포병자', '최악의 선동가', '사회에 대한 인식에서의 완전한 맹목', '고의적인 사실왜곡', '심심함', '무지', '길거리 노파의 야비한 욕설', '부르주아 계급을 위해 싸우는 충실한 주구', '두려움에 빠진 강박증 환자', '중국의 구세주', '죽은 쥐 한 마리' 등 노신에 대한 갖가지 악의적 욕설 일색이었다. 노신의 작품도 송두리째 '인도주의자의 나체사진' 등으로 매도되었다. 성방오는 필명으로 「결국은 '취한 눈의 흐릿함'

일 뿐이다」라는 글을 발표하여 노신을 '꿈속을 떠도는 인도주의자'라 규정하면서 다른 인도주의자들과 함께 싸잡아 비난했다. 전행촌도 마찬가지로 노신을 공격하여 '소흥사야(紹興師爺, 소흥 지역의 특수한 지식인 집단을 일컫는다. 과거에 낙방한 뒤 고급관료들의 참모로 활동하며 상당한 영향력을 행사했다—옮긴이)들의 비열한 정탐 행위와 다를 바 없으며' '음험하고 악독한 마음을 품고 있어', '그 수완이 호신豪紳들보다도 비열하다'고 매도했다. 노신이 「취한 눈의 흐릿함」을 발표하자 그는 즉시 「죽어버린 노신」이란 글을 써서 노신이 완전히 '칼을 빌려 사람을 죽이는 소흥사야들의 술수'를 재현하고 있다고 공격했다. 아울러 그는 아Q의 시대는 이미 지나갔으며 이와 더불어 노신도 갈 데까지 가서 죽은 아Q와 함께 사라져갈 것이라고 말했다. 편자는 편집 후기에서 전행촌의 글이 노신에게 '마지막으로 치명적인 일격'을 가했다고 덧붙였다.

하지만 그들은 노신이 노예 출신의 전사라는 사실을 알지 못했다. 노신은 자신이 반격에 사용할 잡지가 『어사』 하나밖에 없었음에도 불구하고 공격을 받았다는 사실을 그냥 넘겨버리지 않았다. 3월 6일, 그는 장정겸章廷謙에게 보내는 편지에서 "최근에 창조사가 출판한 것들을 비롯하여 몇몇 간행물들이 나를 대대적으로 공격하고 있네. 하지만 나는 오히려 흥미를 느낄 뿐이지. 내가 그들을 향해 얼마나 많은 칼과 화살을 날릴 수 있을지

시험해보아야겠네"라고 말했다.

노신은 『어사』 제16기에 「문예와 혁명」이라는 제목의 통신문을 발표하여 이른바 혁명문학가들의 치명적인 문제점은 감히 현실생활 속의 어두움과 폭력을 정면으로 직시하지 못하는 것이라고 지적했다. '시대를 초월하는' 도피 철학에 대항하여 그는 문학예술과 사회가 서로 의존하여 발전해가는 상생의 관계에 있음을 강조하는 동시에 특별히 상해 문단의 패거리 의식을 비난하면서 같은 패거리에 속한 동료들의 글을 아무런 기준 없이 칭찬하고 격려하는 것은 지극히 열악한 행태라고 질타했다. 아울러 이 글에서는 이론의 실천적 의의를 강조하면서 혁명문학가들이 고취하는 '문학은 곧 선전'이라는 관념에 대해서도 지적과 반박을 생략하지 않았다.

『어사』 제17기에도 노신의 글이 게재되었다. 이번에 발표된 글은 「편扁」, 「길路」, 「머리頭」, 「통신」, 「태평가결太平歌訣」, 「산공대관鏟共大觀」 등 여섯 편으로 모두 하루 만에 씌어졌으며 아주 짧으면서도 날카로운 풍격을 갖추고 있어 일당십一當十을 해내기에 부족함이 없었다.

이 글들은 혁명과 문학을 논하면서도 직접적인 변론은 피하고 있다. 하지만 명분상으로는 하나같이 중국 사회의 어두움에 대한 폭로와 혁명문학가들의 현실도피에 대한 비판이 결합되어 있었다. 열흘 뒤에 노신은 또 「나의 태도와 도량 그리고 나이」라는 제목의 글을 발표하여 정면적인 응답으로 삼았다. 이 글에서 그는 약수의 비방문에서 시작하여 그의 글에 담긴 우스꽝스런 모순을 지적하는 동시에 그러한 모순들의 근원들을 낱낱이 파헤치면서 "낡은 것과 새로운 것은 종종 상통하는 경우가 있다. 예컨대 개인주의자들과 사회주의자들은 똑같이 자산계급에 반대하고, 보수주의자들과 개혁가들은 똑같이 인생을 위한 예술을 주장하지만 오히려 어둠을 두려워하며, 봉갈(棒喝, 좌선할 때 망상이나 잡념을 일으키지 않도록 하기 위해 경책警策으로 때려 대갈大喝하고 오도悟道로 인도하는 것－옮긴이)주의자들과 공산주의자들은 똑같이 인도주의자들을 싫어하고 있다"라고 지적했다. 창조파도 공개적으로 자산계급에 반대하고 어둠을 두려워하면서 인도주의자들을 싫어한다면 그들은 도대체 어느 유형에 속하는 것인가? 이 문제에 대한 해답은 분명했다.

혁명문학의 포위 공격에 대해 노신은 줄곧 전투 태세를 취하긴 했지만 이를 위협으로 느끼진 않았다. 그는 친구에게 보내는 편지에서 "제4계급 문학가들은 목숨을 걸고 나에 대한 공격을 펼치고 있네. 하지만 나는 조금도 아프지도 않고 치명적인 상처도 입지 않고 있네. 중국이 이렇게 큰데도 수단이 좋은 사람이 없는 것이 서글플 뿐이네"라고 말했다.

그러나 그렇다고 해서 혁명문학가들이 그를 가볍게 보고 있는 것은 아니었다. 그들의 마지막 공격은 여전히 맹렬했고 급기야 주장이 앞에 나서 창을 휘두르는 지경에 이르렀다.

6월에 전행촌은 「'흐릿함' 이후―삼론노신三論魯迅」이란 제목의 글을 발표하여 노신에 대한 절망을 선포하면서 그는 시종 개인주의자였다고 규정하고 이는 '프티부르주아 지식인 특유의 나쁜 성질로서 약으로도 고칠 수 없는 저열한 근성'으로서 노신의 모든 행위가 제멋대로이고 집단화되어 있지 않으며 혁명적이지 못하다고 지적했다. 어둠에 대한 폭로와 광명에 대한 예찬을 어떻게 볼 것인가 하는 문제에 대해 전행촌의 글은 비교적 대표적 의미를 갖고 있었다. 그는, 노신의 글을 유심히 살펴본 사람이라면 그가 자신의 어둠에 대한 폭로에 대해 얼마나 커다란 긍지를 갖고 있는지 쉽게 알 수 있을 것이라 말했다. 아울러 그는, 어둠을 폭로하려면 동시에 빛을 창조해낼 수 있어야 하며, 빛의 창조가 없는 폭로는 '맹목적인 폭로'에 지나지 않는다고 역설했다. 노신의 눈길은 어둠에만 집중되어 있기 때문에 그가 가는 길은 무덤으로 향하는 길이고 밑바닥까지 몰락하는 길이라는 것이다. 이초리도 「프롤레타리아 문예비평의 기준」이란 제목의 글에서 예술을 '계급투쟁의 가장 강력한 무기'라고 규정하고 구조와 기교가 내재적 기준이고 어떤 의식을 반영하고 있느냐 하는 것이 정치적 기준이라며 문예비평의 두 가지 기본적인 기준을 제시했다. 또한 이들 사이의 선후관계도 규정했다. 이처럼 용속한 사회학과 기계론적 관점은 1940년대로 접어들면서 더욱 교조화되고 경전화經典化되어 중국문학 전체에 엄청난 영향을 미쳤다.

『창조월간』 제2기에는 노신을 비판하는 글들이 집중적으로 발표되었다. 이 글들은 하나같이 노신을 분명한 적이자 '현 단계에서 가장 유해한 인물'이라 규정하고 '모든 것을 무위로 만들어버릴 수 있는 인물이자 소극적으로는 반동 인텔리겐치아의 도피처가 될 인물'이라고 매도했다. 때문에 노신을 비판하고 그를 제거하는 것이 현 단계의 가장 중요한 임무라

● 전행촌(錢杏邨, 1900~1977). 필명이 아영(阿英)으로 안휘(安徽) 무호(蕪湖) 출신이다. 1926년에 중국공산당에 가입했고 1927년 겨울에 장광자(蔣光慈)와 함께 태양사(太陽社)를 조직하여 『태양월간』, 『시대문예』 등의 간행물을 창간함으로써 혁명문학을 제창했다. 그 후 좌련에 가입하여 상무위원에 선임되었으며 나중에는 문총(文總)의 상무위원을 지내기도 했다. 1949년 이후에는 천진시 문화국장과 시 문련(文聯) 주석, 중국 문련 당조원 및 부비서장, 중국 작가협회 이사 등의 직책을 역임했다. 다수의 저작을 남겼다.

는 것이었다. 곽말약은 '두전杜荃'이라는 가명을 사용한 글로 노신을 지독하게 왜곡하고 공격하면서, 그를 청년들을 극단적으로 적대시하는 '늙은이'라고 비난하며 "죽여라, 죽여! 죽여! 무서운 청년들은 모두 죽여 빨리 없애버려라!"라고 극단적인 표현을 써가며 묘사했다. 아울러 노신의 시대성과 계급성을 이렇게 규정했다.

그는 자본주의 이전의 봉건 잔당이다.

자본주의는 사회주의에 대해 반혁명적이고, 봉건 잔당은 사회주의에 대해 이중으로 반혁명적이다.

노신은 이중으로 반혁명적인 인물이다.

그는 뜻을 얻지 못한 파시스트에 지나지 않는다!

곽말약 등의 글이 발표된 바로 그날, 노신도 「혁명의 커피숍」, 「문단의 연혁」, 「문학의 계급성」 등 일련의 단문을 발표했다. 이는 그가 벌여온 전면적인 논전의 마지막을 장식하는 글들이었다. 그는 하루빨리 이 무료하고 지루한 논전의 굴레에서 벗어나고 싶었다. 논전의 초점 가운데 하나인 문학과 계급성의 문제에 대해 노신은 핵심을 찌르는 설명을 했다. "나 자신은 모든 생각과 행동이 성격과 감정 등에 근거한다고 생각한다. 모든 것이 경제에 지배를 받는다면 (경제조직에 근거하거나 또는 경제조직에 의존한다면) 이는 모두 계급성을 띠기 마련이다. 하지만 모든 것이 계급성을 띠는 것이지, 계급성'만'을 띠는 것은 결코 아니다." 그는 결코 계급성으로 인성을 부정한 것이 아니었지만 인성으로써 계급성을 반대하지도 않았다. 그는 창조파 사람들이 스스로 유물사관을 견지한다고 하지만 사실은 다분히 유심적唯心的이라고 지적했다. 그는 기꺼이 창조파에 대항하여 싸우는 동시에 신월파新月派와 양실추梁實秋 등에 대해서도 비판의 고삐를 늦추지 않았다.

그 후로 혁명문학가들은 노신을 향해 남몰래 또는 공개적으로 공격을 계속했지만 대부분 단속적인 데 그쳤다. 반면에 노신은 시시때때로 현대파와의 투쟁을 비롯하여 이전에 있었던 일들을 거론하면서 싸움을 중단하지 않았다. 그러나 사상문화 분야에 있어서의 싸움은 이미 끝나버린 상태였다.

당시의 논전에 대해 노신은 친구에게 편지를 써서 "상해의 40여 개 서점과 대규모 신 문호文豪들이 거의 반년 동안 나를 끈질기게 공격했지만 연말에 조사해보니 내 졸작들은 여전히 잘 팔리고 큰 환영을 받고 있어 그나마 적지 않은 위안이 되네"라고 고백했다.

노신은 논전을 통해 한편으로는 자신의 논적들을 해부하면서 동시에 자신을 해부했다. 그의 논적들은 유물사관을 표방하면서도 이를 자세히 소개하기를 원치 않았다. 하는 수 없이 노신은 서양의 사회과학 저작들을 사들여 이를 열심히 번역해냈다. 이런 저서들에서 그는 명쾌한 이해를 얻지 못했고 난해하고 애매한 문제들이 너무 많아 자세한 설명이 필요하다고 느꼈다. 나중에 그는 '혁명문학'의 논전에 참여하면서 썼던 글들을 포함하여 잡문들을 모아 출판한 『삼한집三閑集』 서문에서 "내가 창조사에 감사해야 할 일은 그들 덕분에 몇 가지 과

● 1928년 3월 서재에 앉아 있는 노신.

학적 문예론을 접할 수 있었고 그 결과 전대의 문학사가들이 제시했던 수많은 주장들에 여전히 문제가 많다는 것을 알게 됐다는 점이다. 그래서 프레하노프의 『예술론』을 번역함으로써 나뿐만 아니라 여러 사람들이 갖고 있던 진화론에 대한 맹신을 바로잡을 수 있었다"라고 말했다.

트로츠키의 문예관은 프레하노프의 견해와 크게 다르지 않았다. 노신은 그를 '문학 예술을 깊이 있게 이해하고 있는 비평가'라고 칭송했다. 트로츠키의 저서 『문학과 혁명』은 노신이 특히 좋아했던 책으로, 그 안에 담긴 관점을 여러 차례 인용하고 일부를 선별적으로 발췌하여 번역하기도 했다. 이 기간 동안 노신은 또 프레하노프의 저서를 보완하기 위해 루나차르스키의 저서 『예술론』과 『문예비평』을 번역하고 『문예정책』을 중역했다. 1929년 4월에 출판된 문학이론 논문집 『벽하총서壁下叢書』의 저자는 러시아의 카이펠을 제외하고 모두가 일본인이었다. 이 가운데는 아로시마 부로有島武郎와 고지 사네아쓰小路實篤 그리고 노신이 좋아했던 인물로 성실과 열정을 특별히 강조했던 가타카에 노보루片上伸 등이 포함되어 있었다.

창조파가 노신을 '인도주의자'라 칭하면서 끊임없이 공격을 해대고 신월파도 그를 '천박한 인도주의자'라 부르면서 비난을 강화하면서 일시에 노신을 인도주의자로 비난하는 풍조가 이루어졌다. 이에 대항하기 위해 노신은 소련과 일본에서 출간된 톨스토이에 관한 일련의 평론문을 번역했다. 톨스토이에 대한 소련 관방의 태도는 기본적으로 레닌의 관점을 지나치게 확대 해석한 것으로 그의 '재주를 칭찬하고 사상을 폄하한' 것이었다. 이는 일종의 재평가운동으로 노신은 이를 '곽청(廓淸, 분명한 선 긋기-옮긴이)운동'이라 불렀다. 동시에 이처럼 관념을 예술 자체와 불가분의 관계에 놓는 태도에 대해 분명하게 반대의사를 밝히면서 언젠가는 다른 평가가 내려질 것이라고 단언했다. 여기서 지식인의 역할 문제가 또다시 부각되었다. 지식인이라면 권력의 부속물이 되어서는 안 되고 '지식' 혹은 '기술'의 노예가 되어서도 안 되며, 마땅히 '도덕의 힘'을 갖춰 항쟁에 나서야 한다는 것이 노신의 생각이었다. 그는 톨스토이가 권력을 가진 반동 통치계급을 상대로 과감한 항쟁을 벌였다는 점에서 대단히 뛰어난 인물이라고 칭송했다.

이때부터 노신은 소련 '동반작가同伴作家'들의 작품을 본격적으로 번역하기 시작했다. 트로츠키가 '동반작가'라는 개념을 사용하기 시작한 후부터 소련 문예계에는 '동반작가'라 불리는 비당非黨 작가들이 대거 출현했다. 이들은 국내에서 스스로 정통임을 주장하는 라프(RAPP, Rossiyskaya Assotsiatsiya Proletarskikh Oisateley, 러시아 프롤레타리아 작가동맹-옮긴이) 계열 인물들로부터 눈총을 받거나 심지어 적으로 간주되면서, 본질적으로는 혁명의 목표를 적대시하는 반혁명 작가들로 치부되었다. 때문에 노신의 번역은 중국 독자들에게 소련 문학에 대해 보다 폭넓은 이해를 제공하기 위해서라기보다는 이를 구실로 하여 혁명문학가들의 잘못된 경향을 비판하고 장기적으로는 '속고 속이는' 늪에 빠져 있는 중국의 문학 창작에 새로운 모델을 제시하기 위한 것이었다고 할 수 있다.

이때 정부로부터 출판금지 조치를 받은 『어사』는 이미 근거지를 북경에서 상해로 옮겨 노신이 직접 편집을 맡고 있었다. 그는 여전히 한 가지 잡지만으로는 부족하다고 느끼고 있었고, 보다 더 중요하게는 번역문을 집중적으로 소개할 수 있는 지면이 있어야 한다고 생각했다. 그리하여 그는 욱달부와 함께 새로운 간행물 『분류奔流』를 창간하게 되었다. 실제로 『분류』의 모든 편집 업무는 그의 수중에 떨어졌다. 번역과 편집, 교열, 그리고 편집 후기를 쓰는 일에다 삽화를 구하는 일까지 전부 그 혼자서 도맡아야 했다. 노신 자신의 표현을 그대로 옮기자면 "『분류』 때문에 종일 분주하게 돌아쳐야 했다. 낮에는 땀에 젖고 밤에는 모기에 시달렸으며 그나마 참을 수 있는 시간은 전부 『분류』에 쏟아부어야 했다."

좌련左聯 시기

  1929년 5월, 노신은 가족들을 만나기 위해 단신으로 북경에 돌아왔다.

  한 해 전에 그는 '어머님의 명령'을 받았지만 한창 투쟁에 몰두하고 있던 때라 가족들을 돌볼 틈이 없는데다 허광평과의 관계도 있고 해서 계속 시기를 미루고 있었다. 하지만 이제는 허광평이 아이를 가진 상태라 두 사람의 동거 사실을 더는 비밀로 할 수 없어 가족들에게 공개하기로 마음먹은 것이었다.

  북경에 체류하는 보름 동안 노신은 연경대학과 북경대학, 그리고 두 곳의 사범학원에서 도합 네 차례의 강연을 함으로써 상당한 명성을 얻게 되었다. 강연의 내용은 주로 신문학 문제와 여성 문제, 그리고 사회 문제와 문화 문제였다. 그는 강연 중간중간에 자신이 직접 겪었던 투쟁의 경험을 소개하면서 기억 속의 고통에 집착했다. 자신이 허광평에게 쓴 편지에서 언급했던 성방오가 줄곧 서지마를 비난했던 이야기도 빼놓지 않았다. 그는 정치의 선행先行을 강조하면서 사회경제제도의 근본적인 개혁이 갖는 의미를 역설했다. 또한 '계급투쟁'에 상대되는 개념으로 제시한 '동급투쟁(同級鬪爭, 계급 내부에서 일어나는 투쟁으로 해석할 수 있음—옮긴이)'은 민족문화의 내용에 관한 개념이었다. 그의 생각은 하루빨리 '상호투쟁'의 현상을 제거하고 계급투쟁에 전념해야 한다는 것이었다. 사상적 매력 때문인지 그가 가는 곳마다 청중들이 인산인해를 이루었다. 북경대학에서 강연할 때는 사람들이 너무 많이 운집해 있어 무대 뒤쪽을 통해 연단에 올라야 했다. 각종 보도와 포스터를 통해 강연 사실을 알게 된 청년들이 앞 다투어 강연장으로 몰려오는 바람에 경찰들이 강연장 일대를 긴장된 모습으로 에워싸기도 했다.

노신은 세 차례에 걸쳐 미명사를 찾아가 한때 함께 투쟁했던 청년 친구들과 대화를 나누었고, 특별히 서산西山요양원을 찾아가 중병에 시달리고 있는 위소원韋素園을 위문하기도 했다. 또한 교육부에 있는 옛 친구들을 찾아가 그를 학교에 남아 있도록 하기 위해 애쓰다가 몇몇 교원들이 위기에 처해 있다는 소식을 전해 듣게 되었다. 과거의 북경은 이미 북평北平이 되어 있었지만 도시는 진보하지 않고 오히려 정체와 퇴폐에 휩싸여 있었다. 이런 상황을 바라보는 노신으로서는 계속 밖에서 '표류해야'겠다는 결심을 굳힐 수밖에 없었.

다시 상해로 돌아온 그에게 가장 먼저 일어난 일은 주인 이소봉과 판권문제를 놓고 한바탕 송사에 휘말린 것이었다. 송사가 노신의 승리로 마무리되기는 했지만 이 일로 인해 『분류』는 경제적인 지원을 잃어 유산되고 말았다. 이 송사로 인해 노신은 만찬 석상에서 다시 한 번 임어당과 논쟁을 벌여 그와도 우정이 깨지고 말았다. 그러나 우정에 금이 가게 된 진정한 원인은 사상 경향의 차이에 있었다. 두 사람의 결별은 이미 예견되어 있었던 것이다.

9월에 허광평과의 사이에서 아들 해영海嬰이 태어났다. 이때부터 정신적으로 또 하나의 부담이 늘어난 셈이었다. 지나친 애정과 관심은 부담일 수밖에 없었다. 일상생활 속에서 아이의 존재는 그에게 적지 않은 즐거움을 가져다주었지만 그의 걱정을 해소해주지는 못했다. 이런 사실은 나중에 그가 요양소에서 쓴 편지글이나 유언에 그대로 나타나 있다. 아이에 대한 그의 애정은 너무나 감동적이었다. 그의 시 「자조自嘲」의 "성난 눈으로 사람들의 지탄을 냉대하지만, 머리 숙여 기꺼이 아이의 소가 되네(橫眉冷對千夫指, 俯首甘爲孺子牛)"라는 구절은 지금까지도 사람들이 애송하는 시구이지만 또 다른 시 「답객초答客誚」는 아버지의 자화상으로서 더욱 심금을 울린다.

● 아들 해영의 백일 기념사진.

무정하다고 해서 반드시 진정한 호걸은 아니지
자식 사랑한다고 해서 어찌 남자가 아니겠는가
아는가 바람 일으키며 울부짖는 호랑이도
눈 돌려 때때로 어린 새끼를 돌본다는 것을
無情未必眞豪傑 恰子如何不丈夫
知否興風狂嘯者 回眸時看小於菟

  형식적으로나마 국민당이 중국을 통일한 후부터 정치적 통제가 더욱더 심화되었다. 당 중앙이 국가 위에 군림하면서 당정이 분리되지 않았고, 군대에서 모든 군중단체에 이르기까지 완전히 당의 어용기구가 되었다. 1928년 8월, 장개석은 '전국이 통일된 상황'에서 '국가의 기초를 공고히 다지는 작업'을 진행해야 한다고 천명하고 '군정시기'에서 '훈정訓政시기'로 진입했음을 선언했다. 이듬해 1월, 국민당 중앙은 「선전물 심사조례」를 반포하여 당의 정강정책과 결의에 반대하거나 위배하는 것은 무조건 일률적으로 '반동선전물'로 규정하고 철저히 조사하여 발행을 금지하겠다고 밝혔다. 이에 따라 3월에 효산曉山서점이 폐쇄되었고, 8월에는 창조사 출판부가 폐쇄되었으며, 상해의 몇몇 학교들도 폐교되는 조치를 당했다. 10월이 되자 국민당 정부는 전국의 군정기구를 모두 동원하여 모든 서적 및 간행물에 대해 위법 여부를 철저히 조사하게 했다. 이로써 자유와 민주, 인권은 송두리째 짓밟혀버리고 전제 질서가 전쟁과 혼란을 대신하게 되었다. 중국과 중국인 전체가 보다 깊은 암흑의 수렁으로 빠져든 것이다.

1930년 2월, 상해에서 중국자유운동대동맹이 결성되었다.

노신은 청년 친구 유석柔石과 함께 자유동맹의 창립대회에 참석했다. 비밀리에 개최된 이 지식인 집단의 회의에서 노신은 공식 발언을 하지 않았다. 그는 유석의 친구이자 회의 주최자인 풍설봉에게 자신은 이런 방식에 찬성하진 않지만 선언문 발표에는 동의한다는 뜻을 밝혔다. 그러나 발기인 명단이 정식으로 발표되고 보니 그는 욱달부와 함께 지도인물이 되어 있었다.

이어서 상해에 20여 개의 분회가 설립되었다. 자유동맹은 노신을 일련의 강연에 초청하여 자유의 진정한 의미에 관해 말해줄 것을 요청했다. 이에 그는 몇 차례에 걸쳐 강연을 하긴 했지만 강연의 주제는 자유의 주변 주제인 문예와 미학에 머무르면서 끝까지 대회 주최자들이 지정한 핵심으로 들어가지 않았다. 하지만 노신은 자신의 독특한 책략과 방식으로 가장 뛰어난 자유와 인권의 선전가가 되어 있었다. 그러나 이 모든 행동이 냄새 맡는 데 귀신이 되어 있는 '문탐文探'들을 속여넘기진 못했다. 그들은 자유동맹의 모든 활동을 집요하게 추적하면서 당국의 선전매체를 이용하여 끈질기게 갖은 비방과 욕설을 퍼부었다. 이러한 글들이 악독한 것은 '당으로써 나라를 다스린다'는 명제를 강조하면서 자유동맹의 존재의 정당성을 부정했기 때문인데, 그 목적은 당국이 벌이고 있는 진압활동을 고무하기 위한 것이기도 했다. 아니나 다를까, 국민당 정부는 상해 각 학교에서 자유동맹 계열 인사들의 강연을 금지한다는 명령을 내리는 동시에 순포방巡捕房을 동원하여 비밀리에 주최자들을 체포하기 시작했다. 절강성 당부에서는 자유동맹의 정황을 파악한 후 즉시 남경 당국에 '타락한 문인' 노신을 비롯한 51명에 대한 수배령을 내리게 했다. 노신은 처음에는 이를 심각하게 받아들이지 않고 예전처럼 수시로 우치야마 서점을 드나들었지만 나중에 허광평과 친구들의 거듭된 권고로 하는 수 없이 서점 3층에 숨어 밖으로 나오지 않게 되었다. 유석과 풍설봉, 욱달부 등 너덧 명의 친구들을 제외하고는 아무에게도 자신의 주소지를 알려주지 않았다. 며칠에 한 번씩 허광평이 아들 해영을 데리고 그를 찾아갔다. 어쩌다 외출을 하게 될 때면 어김없이 뒤를 따라다니는 사람들이 있었다. 이런 상황은 한마디로 말해서 완전한 봉쇄이자, 유배였다. 그는 장정겸에게 쓴 편지에서 "절반을 살아온 내 인생은 온통 욕먹고 얻어맞는 운명이었네. 줄곧 이런 상황을 감내해왔지. 남아 있는 자유마저 빼앗겨버린다 해도 이는 천하에 늘상 있는 일일 걸세"라고 한탄했다.

● 반한년(潘漢年, 1906~1977). 절강 의흥(宜興) 출신으로 1925년에 중국공산당에 가입했다. 1929년 10월에 중국공산당 중앙선전부가 설립되면서 중앙문화공작위원회(문위)를 구성하여 좌익 문화운동을 이끌고 초대 문위 서기가 되었다. 항일전쟁을 전후하여 중국공산당 팔로군(八路軍) 상해 사무처 주임을 역임하면서 통전 및 정보 공작을 담당했다. 1949년 이후에는 상해시 부시장을 지내다가 1955년에 심문을 받고 장기간 구류되었다가 나중에 복권되었다.

하지만 그는 여전히 남아 있는 자유에 의지하고 있었다. 피난 시기 동안 그는 여러 차례 집을 물색했고 마침내 우치야마 간조의 소개로 5월 중순에 북사천로北四川路의 아파트로 이사하게 되었다. 안전을 위해 그는 대문에 자신의 이름 대신 '우치야마'의 이름을 문패로 달아야 했다.

자유동맹의 설립과 거의 동시에 좌익 문예단체가 탄생하게 되었다. 중국공산당은 국민당 정부의 문화봉쇄 정책에 효과적으로 대응하기 위하여 노신을 끌어들여 그를 통해 영향력 있는 외곽 포위 조직을 형성하기로 결정했다. 그리하여 한편으로는 노신에 대한 당원들의 공격을 중지시키는 동시에 중앙선전부 연락원의 신분으로 반한년潘漢年을 보내 중앙의 지시를 전달하면서 조직의 준비 업무에 착수하게 했다. 또한 풍설봉을 앞에 내세워 노신이 연맹에 가입하도록 설득하기 시작했다. 이때까지 어떤 단체이든 정부에 반대하는 행동이라면 무조건 지지를 아끼지 않았던 노신으로서는 더구나 청년 문학단체라는 말에 주저할 이유가 없었다. 그는 '중국좌익작가연맹'이라는 명칭을 기꺼이 받아들이면서 자신의 독자적인 투쟁을 방해하지 않는다는 원칙을 조건으로 제시했다. 그는 자신의 이름을 거는 것도 좋고, 좌련의 준비 업무에 참여할 수도 있지만, 모든 회의에 매번 참석할 수는 없다고 말했다. 준비위원회는 노신의 맹주 지위를 공론화하고 조직 내부에서도 '위원장'이나 '주석' 같은 직함을 갖게 함으로써 그에 대한 존중을 표하려 했지만 노신은 이를 전부 거절했다. 발기인의 명단 문제에서도 그는 이들 미래의 동료들과 약간의 의견 차이를 드러냈다. 그는 욱달부와 섭성도葉聖陶의 가입을 주장했지만 욱달부는 억지로나마 받아들여진 반면 섭성도는 거부되었다. 이처럼 처음부터 노출된 폐쇄주의적 태도에 대해 그는 몹시 불만스러웠다. 소련의 라프와 일본의 나프(NAPF, 일본 프롤레타리아 예술가동맹)의 선언을 참조해 제정한 강령에서도 노신은 총체적으로 창조파에서 크게 벗어나지 못한 현실 이탈과 유아독존의 경향을 발견했다. 그렇지만 수정을 요구하지는 않고 다만 "어차피 난 이런 글을 쓸 수 없으니 그냥 이렇게 하죠"라고 하여 자신의 의중을 간접적으로 표시했다.

좌련, 즉 중국좌익작가연맹의 창립대회는 3월 2일 북사천로의 두악안로竇樂安路에 있는 중화예술대학의 한 교실에서 거행되었다. 대회에 참석한 사람은 총 40~50명으로 주석단은 노신과 하연夏衍, 전행촌 세 사람이었고, 상무위원은 하연, 풍내초, 전행촌, 노신, 전한田漢, 정백기鄭伯奇, 홍영비洪靈菲 등 일곱 명이었다. 창립대회에서는 '마르크스주의 문예이론연구소'와 '국제문화연구회', '문예대중화연구회' 등의 기구를 설립하고 기관지로서 『세계문화』를 창간하며 각 진보단체와 국제 좌익 문예단체들과의 연계를 모색해나가기로 결정했다.

이 대회에서의 노신의 발언은 정신적으로 여전히 강령에 대한 비판적 태도를 드러냈다. 특히 창조파 출신 성원들이 곤혹감과 불만을 감출 수 없었던 것은, 모두가 일치된 마음으로 앞을 향해 힘찬 출발을 하는 시점에서도 그는 여전히 일부 성원들에 대해 청산되지 않은 관념상의 부채를 언급하면서 "창조사와 태양사가 나를 맹렬하게 공격했었다"는 등의 발언을 서슴지 않은 것이었다. 그는 새로운 전우들로부터 미움을 사는 것을 두려워하지 않았고, 사상투쟁의 역사에 대한 반성이 필요하다고 생각했다. 연설에서 그는 작가의 현실체험과 대중의식을 특별히 강조하면서 '좌익작가연맹'은 너무나 쉽게 '우익작가연맹'으로 변질될 수 있다고 지적하는 동시에 실제적인 사회투쟁 경험을 가장 중요한 위치에 둘 것을 역설했다. 또한 구사회와 구세력에 대한 지구전, 전선의 확대, 전사의 양성, 연합전선의 구축 등 일부 전략적 문제에 있어서도 자신의 의견을 제시했다.

좌련이 설립되고 얼마 있지 않아 노신은 장정겸에게 편지를 써서 이 단체에 가입한 자신의 의도를 설명했다.

사다리 이론이 정말 적확한 것 같네. 이 부분에 대해서는 나도 일찍부터 잘 알고 있어왔지. 정말로 내 뒤를 따르는 사람들이 나를 딛고 높이 오를 수만 있다면 나는 아무리 밟혀도 억울하지 않을 걸세. 중국에는 이처럼 사다리가 될 수 있는 인물이 나 말고 몇 명 되지 않는 것 같네. 때문에 나는 지난 10년 동안 미명사未名社와 광표사狂飇社, 조화사朝花社를 도우면서 혹은 실패하기도 하고 혹은 속임을 당하기도 했지만 중국의 한가운데에서 뛰어난 준걸들이 배출되어 끝내 죽지 않았기 때문에 이번에도 청년들의 간청을 받아들여 자유동맹에도 가입하고 좌익작가연맹에도 가입하게 되었네. 회의장에서 상해에서 활동했던 혁명작가들을 두루 만나게 되었지만 내가 보기에는 모두들 환한 모습을 하고 있더군. 그래서 대세에 아첨하고 싶지는 않았지만 하는 수 없이 사다리의 위험을 무릅쓰기로 했네만 이들이 사다리를 제대로 타고 오르지 못할까 걱정되기도 하네. 그래서 몹시 서글프군!

2년 후에 그는 또 이렇게 말했다.

1930년이 되자 그들 혁명문학가들은 더 이상 버티지 못했다. 창조사와 태양사 사람들은 전략을 바꾸기 시작하여 나를 비롯하여 자신들이 한때 반대하고 적대시했던 작가들을 찾아 좌익작가연맹을 조직했다.

하지만 중국공산당의 일부 지도자들은 일방적인 정치적 고려에 따라 처음부터 좌련을 정치조직으로 간주했고, 이를 비밀조직으로 만들어 작가들로 하여금 전단을 배포하고 표어를 내다붙이며 시위활동을 진행하게 했다. 문학단체로서의 좌련의 특성을 완전히 무시한 발상이었다. 이리하여 좌련은 '제2당'이라는 별명을 갖게 되었고, 애당초 노신이 가입을 결정했을 때의 소망과는 갈수록 멀어져만 갔다. 실제로 양자의 거리는 분명히 멀어져가고 있었다.

중국의 전통 사인士人들은 권력에 대해 의존적 경향을 갖고 있었는데, 사실 이는 일종의 노예근성이었다. 현대의 지식인들도 새로운 관념을 갖고 있긴 했지만 이러한 문화 유전자의 영향을 완전히 탈피할 수는 없었다. 특히 구미 지역에서 유학하고 돌아온 엘리트 인물들은 대부분 개혁의 희망을 상층부에 기탁하곤 했다. 기존의 '현대파'나 나중에 조직된 '신월파' 모두 작게는 권력을 지향하는 태도를 보였고 크게는 권력자에 기대어 기세를 부리려 했으며, 더 심한 경우에는 직접 정부에 들어가 권력층 인물이 되기도 했다. 이 가운데 호적이 가장 대표적인 인물이라 할 수 있다. 국민당의 '청당' 이후에 진행된 '당화黨化교육'과 극권주의極權主義 행태는 그의 일부 관념과 상치되었고, 이로 인해 그는 대학원 위원이라는 직위를 사직하고 사법원장에게 편지를 보내 항의하는 동시에, 이 편지를 통신사에 전달하여 공개하기도 했다. 아울러 『신월』 잡지에 인권을 논하는 일련의 글을 발표함으로써 '당치黨治'에 정면으로 도전했다. 하지만 이처럼 궤도를 이탈하는 행동에 대해 호적은 자신에게는 선의의 기대와 선의의 비판이 있을 뿐이고, 비판의 목적도 자기 자신을 개선하기 위한 것이라고 밝혔다. 또한 그는 장개석의 비서실 주임인 진포뢰陳布雷에게 편지를 보내 초보적이나마 공통된 인식을 찾기 위해서는 서로를 잘 알아야 한다고 말하기도 했다. 그는 당국에 대해 이러한 충성을 보였음에도 불구하고 정부의 징계를 면치 못했다. 국민당 중앙에서는 교육부의 장몽린蔣夢麟에게 호적에 대한 경고령을 내리는 동시에 『반당주의자 호적을 비판함』이란 제목의 책자를 출판하도록 지시하고 국민당 당원들을 동원해 호적을 대대적으로 비판하게 했다. 1930년 2월, 중앙선전부는 밀령을 내려 『신월』 잡지를 발매 금지 처분하고 호적 등이 쓴 『인권논집』을 판금조치시켰으며 각종 매체에 호적을 징치하는 각종 의론과 소식을 게재하게 했다.

호적 등의 인권운동에 대해 노신은 직접적인 평가를 보류했다. 그는 '인권사건' 문제에 있어서 절대로 압제자들에게 임의로 이용당할 수 있는 일을 해서는 안 된다는 점을 잘 알고 있었다. 하지만 주인을 위해 좋은 방법을 생각해내는 노예의 도덕은 반드시 폭로해야만 했다. 이를 위해 그는 「신월사 비평가들의 임무」라는 제목의 글을 발표하여 이들 회자수와 노복들의 눈물을 뿌려 치안을 유지하려는 졸렬한 행태를 가차 없이 비판했다. "예컨대 살인은 용납될 수 없는 일이다. 그렇다고 살인범을 죽여 없애는 것을 똑같은 살인이라고 탓할 사람이 어디 있겠는가? 사람을 때리는 것도 비난받아 마땅한 일이지만 관원 나리가 범인의 엉덩이를 마구 때릴 때 노복이 나서서 매질을 거드는 것이 어떻게 죄가 되겠는가? 신월사의 비평가들도 불만이 많아 남을 조롱하거나 비방했지만 이러한 조롱과 비방의 죄에 초연할 수 있는 사람만이 이러한 이치를 알 것이라 생각한다." 노신이 지적하고자 했던 것은 신월파 비평가들에게 초연한 태도가 있었던 것은 실제로는 초연할 수 있는 지위를 갖고 있었기 때문이라는 사실이었다.

이 시기에 노신은 호적에 대한 화살을 거두고 비판의 초점을 양실추에게 향하고 있었다. 이는 대단히 의미 있는 일인데, 『신월』의 울타리 안에서 문학예술 활동에 종사하는 사람은 양실추 하나밖에 없었기 때문이다. 양실추는 '호정부주의好政府主義'의 선전가를 자처하면서 스스로 용기를 내 프로문학운동에 반대하는 임무를 자임했다. 때문에 좌익 문학이 겹겹의 압박 속에서 어렵사리 생장해나가고 있는 시기에 양실추에 대한 공격은 불가피했던 것이다.

1929년 9월, 『신월』에 「문학은 계급성을 지니는가?」, 「노신 선생의 의역을 논함」이란 제목으로 양실추의 논문 두 편이 발표되었다. 인간에 대한 문학의 전면적이고 완정한 실현과 예술의 상대적 독립성, 그리고 번역문의 창달을 강조했다는 점에서 양실추의 글에서 취할 바가 전혀 없다고 말할 수는 없을 것이다. 하지만 문제는, 이러한 논문들의 취지가 한창 흥성하고 있는 좌익 문예활동을 부정하는 데 있다는 것이다. 첫번째 논문에서는 프롤레타리아의 문학이론과 주장을 왜곡하면서 무산계급 문학활동을 부정했고, 두번째 논문에서는 번역의 기술적 문제뿐만 아니라 그 결과물이 난삽하고 이해하기 어렵다고 하면서 무산계급 문학이론과 그 번역활동의 실천을 완전히 말살하려 했다.

이에 대해 노신은 「'의역'과 문학의 계급성」이란 제목으로 장문의 글을 발표하여 이 두 가지 문제를 하나로 연결하여 반박했다. 그가 이 글에서 문학의 계급성을 강조한 것은 사실 압박에 대항하는 투쟁의 필요성을 강조한 것이었다. 이 글에서 노신은 이렇게 역설했다.

문학도 사람을 쓰지 않고는 '성性'을 표현할 길이 없고, 일단 사람을, 그것도 계급사회에서의 사람을 쓰면 절대로 그의 계급적 속성을 버릴 수 없게 된다. 이는 '속박'이라고 뒤집어씌울 필요도 없는 필연의 소치이다. 물론 희로애락은 인지상정이다. 그러나 가난한 사람들은 결코 교역소에서의 손해로 인해 고민하는 일은 없을 것이고 석유대왕은 북경의 거리에서 다 타지 않은 연탄재를 줍는 노파의 고통을 알 리 없을 것이다. 재해지구의 이재민들은 부잣집 나리들처럼 난초를 심고 키우지 않을 것이고 가부(賈府, 청대의 장회소설 「홍루몽」에 나오는 귀족 가문―옮긴이)의 하인인 초대焦大도 임대옥林黛玉을 사랑하는 일은 없을 것이다.

양실추의 갖가지 냉소와 "다수는 영원히 우매하다"는 등의 귀족주의적 언설은 노신으로부터 특별한 미움을 샀다. 이에 대한 노신의 반박은 이론의 측면에 그치는 것이 아니라 일관된 평민의식의 돌출된 표현이었다. 이와 동시에 그는 문학은 계급성만 지니는 것도 아니고 인성을 말살하지도 않는다고 지적했다. 그가 창작한 소설 속 인물의 계보에서 극도로 희화화된 아Q조차도 그의 성격과 모든 행위가 '계급성'이라는 말로 완전히 설명될 수 있는 것이 아니기 때문이다.

이어서 노신은 「호정부주의」와 「상갓집 자본가의 집 지키는 개」라는 제목으로 두 편의 글을 연달아 발표하여 양실추를 직접적으로 공격했다. 노신은 양실추 같은 인물은 정부와 상류사회에 봉사하는 부류로서 '주구'이기 때문에 온순하고, 온순하기 때문에 우아한 것이라고 지적했다.

창조파에서 양실추에 이르는 인물들은 좌에서 우로 완전히 상반된 방향에서 프롤레타리아 문학운동에 대한 왜곡을 진행했다. 양실추는 문학이 보편적인 인성만을 갖춰야 한다고 주장하면서 계급성을 부정한 데 반해 혁명문학가들은 문학의 계급성만을 인정하면서 보편적이고

● 양실추(梁實秋, 1903~1987). 본적은 절강 항현(杭縣)이나 북경에서 태어났다. 청화대학을 졸업하고 미국 유학 후 귀국하여 동남대학(東南大學)에서 교편을 잡았다. 1928년에 서지마(徐志摩), 섭공초(葉公超) 등과 함께 월간 『신월』을 창간했고, 1934년에는 북경대학 외문과 연구교수 겸 외문과 주임을 역임했으며 1938년에 국민참정회 참정원에 피선된 바 있다. 1949년 6월에 대만으로 이주하여 교육 및 저술에 종사했다. 저서 『아사소품(雅舍小品)』 등.

공통된 인성을 부정했다. 양자는 모두 의지로써 문학을 했던 것이다. 노신은 또 「우리는 비평가를 필요로 한다」라는 제목의 글에서 성방오와 전행촌에 대해 언급하는 한편, 진서형과 양실추를 비판했다. 전자에 대한 비판의 강도가 훨씬 컸다. 그는 혁명적이라는 꼬리표가 붙은 수많은 작품들은 '새 부대에 담은 오래된 술'이자 '붉은 종

이로 싼 상한 고기'라서 무익한 데 그치는 것이 아니라 매우 유해하다고 지적했다.

7월에는 사회과학연구회에서 강연이 있었다. 주제는 '상해문학 일별—瞥'로서, 이 강연을 통해 혁명문학가들에 대해 보다 직접적이고, 여지를 남기지 않는 강경한 비판이 이루어졌다. 사실 그가 비판했던 사람들은 이때 이미 그의 맹우가 되어 있었기 때문에 혁명 대오 내부에서의 단결을 고려하지 않을 수 없었고, 따라서 역사의 낡은 장부에 얽매일 수도 없었다. 노신은 항상 사상과 사상 비판 자체를 중시해왔다. 강연 내용은 상해 문단 전체의 재자가인에서 깡패나 불량배로의 변천사였기 때문에 '한번 훑어보는' 것만으로도 지난 60년의 풍경을 한눈에 볼 수 있었다. 그리고 어떻게 변천해왔든지 간에 그 골격 안에는 여전히 구태의연한 것들이 그대로 남아 있었다. 이 가운데 창조사는 재자에다 깡패가 더해진 전형으로서 비판이 불가피했다. 사실 '재자 기질'과 '깡패 기질'은 저열한 국민 기질을 개괄하는 두 가지 유형으로서 현실에서 도피하고 모든 것을 타도하려는 태도로 돌출되어 표현되었던 것이다. 노신은 예를 들어가면서 "그들은 일반인들로 하여금 혁명을 대단히 두려운 것으로 여기게 하고 극좌 경향의 흉악한 면모를 보임으로써 일단 혁명이 도래하면 비혁명적인 것은 모두 죽는 것처럼 느끼게 하여 사람들에게 혁명에 대한 공포감만 갖게 했

50세 생일 때의 노신

다. 사실 혁명은 사람을 죽이는 것이 아니라 사람을 살리는 것이다. 이처럼 혁명을 대단하게 느끼게 하면서 자신은 이를 통쾌하게 여기는 듯한 태도를 보이는 것이야말로 재자와 깡패가 합쳐진 기질의 병독에 감염된 것이라 할 수 있다"라고 지적했다. 아울러 그는 "일부 혁명문학가들 내부에 쉽게 발병할 수 있는 병독이 감춰져 있다. 혁명과 문학이 지속되는 것은 마치 혁명과 문학이라는 두 척의 배가 나란히 붙어 있고 작가들은 이 두 척의 배 모두에 발을 딛고 있어야 하는 것과 같다. 환경이 비교적 좋을 때면 작가들은 혁명의 배에 무게중심을 두고 자신이 혁명가임을 분명히 하다가 혁명이 탄압을 받게 되면 문학의 배에 무게중심을 둠으로써 자신은 문학가에 지나지 않았다고 태도가 돌변하는 것이다"라고 질책했다. 그는 일정한 이론이나 주장도 없고 변화에 아무런 단서가 없이 쉽게 변하는 사람들은 모두 깡패라 할 수 있다고 단언했다. 강연에서 언급한 성방오, 곽말약, 섭영봉葉靈鳳, 장자평張資平 같은 인물들은 당연히 믿을 수 없는 부류였다. 이들에 대해 노신은 "이처럼 쉽게 몸을 뒤집는 프티부르주아들은 혁명문학가 행세를 하면서 혁명문학 작품을 창작하고 있는 동안에도 너무나 쉽게 혁명을 왜곡하고 왜곡된 글을 쓸 것이기 때문에 오히려 혁명에 유해하다. 따라서 이들의 변절은 조금도 이상한 일이 아니다"라고 말했다.

노신의 긴 강연에 대응하기 위해 곽말약은 「창조 10년」이라는 글을 발표했다. 서론만 1만 자에 달하는 장문이었다. 또한 그는 노신의 「나와 '어사'의 시작과 끝」이란 글을 겨냥하여 「눈 속의 못」이란 글을 쓰기도 했다. 그는 창조사에 대한 노신의 비판을 문인들이 서로를 경시하던 구습을 재현한 것이라고 일축하면서 노신을 산등성이의 오소리일 뿐이라고 폄하함으로써 노신에 대한 창조사의 비판을 인정 지지했다. 곽말약의 글이 발표되자 이를 경박하고 무료하다고 비난하는 사람도 있었고 '서로의 웅재를 겨루는 위대한 결산'이라고 추켜세우는 사람도 있었다. 또한 글을 써서 노신의 잘못을 지적한 것은 정당했다고 평가하면서 「상해문예의 일별」을 노신의 프티부르주아 기질이 고정불변임을 증명하는 증거라고 주장하는 사람도 있었다. 문학사상 논쟁이 마침내 미래의 종파주의에 대한 투쟁으로 발전한 것이다. 이때는 이미 복선은 사라져버렸고 단지 시국이 달라졌는데도 권력의 독점이 나타나지 않고 있었다.

좌련에 가입한 이후로도 노신은 여전히 자신의 '참호전'을 계속하면서 사회비판과 문화비판을 진행했고, 동시에 청년들을 양성하면서 신문학 건설을 계속해나갔다. 이 무렵 그는 현대 목각木刻을 제창하여 세계 판화전시회를 개최하고 『예원조화藝苑朝華』라는 이름으로 정기적으로 화집을 출판하기 시작하여 이미 제1집 5종을 출간했다. 이 가운데 3종은 목각집으로서 『근대목각선집』 두 권과 『신아화선新俄畵選』 한 권이 그것이었다. 또한 그는 중국 최초로 목각강습회를 조직하여 청년 예술가들의 번역을 도와주거나 직접 강해하기도 했다. 새롭고 젊고 이름 없는 작가들의 작품에 대해 그는 항상 열정적인 소개와 평가를 게을리 하지 않았다. 관방의 압력이 점차 가중되고 있는 상황에서 보다 넓은 발언 공간을 확보하기 위해 그는 번역과 출판 업무에 적극적으로 매달렸다. 이 가운데는 『수금竪琴』과 『하루의 일一天的工作』 등 두 권의 단편소설집 외에 번역한 두 편의 장편소설이 포함되어 있었다. 하나는 소련 '동반작가' 계열의 작가인 야코블레프의 『10월』이고 또 하나는 혁명작가 파데예프의 『훼멸』이었다. 또한 그는 총 10권으로 짜여진 '현대문학총서'를 편집하기도 했지만 네 권밖에 출판하지 못했고, 『훼멸』을 포함한 나머지 여섯 권은 '출생이 허락되지 않은 영아'가 되고 말았다. 그 결과 그는 '삼미서옥三昧書屋'의 명의로 『훼멸』과 세라피모비치의 『철류鐵流』를 자비로 출판하기도 했다. 이를 '그물 뚫기'라고 표현했다. 그물을 뚫는 것은 아주 힘든 일이었지만 그 안에는 보복과 승리의 결의도 담겨 있었다. 그는 『철류』를 위해 쓴 광고 문구에서 "이처럼 바윗덩이와도 같은 중압하에서 우리는 구부러지고 꺾일 수밖에 없다. 하지만 이 책은 독자들의 눈앞에 신선하면서도 강철 같은 새

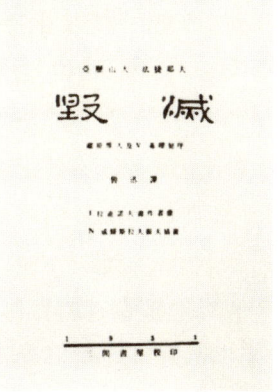

- 위_『근대목각선집』,『신러시아 화선(畫選)』.
- 아래_노신이 번역한 소련 작가 야코블레프의 소설『10월』과 파데예프의 소설『훼멸(毁滅)』.

꽃을 피워줄 것이다"라고 선전했다. 이때 그의 감정과 의지도 틀림없이 신선하고 강철처럼 굳셌을 것이다.

1931년 1월 7일, 중국공산당 제6차 사중전회四中全會가 상해에서 개최되었다. 제3인터내셔널 대표인 미프(Pavel A. Mif)가 대회를 조종하는 가운데 당의 실권은 국제노선의 충실한 집행자인 왕명王明의 수중으로 떨어졌다. 이위삼李偉森과 하맹웅何孟雄 등은 사중전회의 개최에 큰 불만을 품고 일부 동지들을 선동하여 1월 17일에 동방호텔에 모여 반대의 뜻을 밝혔다. 그러나 회의가 채 끝나기도 전에 국민당 특무들의 습격을 받아 현장에 있던 30여 명이 전원 체포되었다.

이들 가운데는 유석과 은부, 호야빈, 풍갱, 이위삼 등도 포함되어 있었다. 이들은 모두 좌련 작가들이었다. 다음날 정오, 위금지魏金枝가 유석 등이 체포되었다는 소식을 노신에게 전했다. 노신은 놀라움과 비통함을 감추지 못했다. 바로 이 순간, 그는 유석이 자신과 북신서국이 체결한 계약서를 몸에 지니고 있다는 사실을 기억해 냈다. 이는 관방에 자신을 공격할 빌미를 제공하는 것이나 다름없었다. 그는 관방이 자신을 그냥 놔둘 리 없다고 판단했다. 이리저리 생각에 생각을 거듭하다가 사흘째 되던 날, 그는 우치야마를 찾아가 이사 문제를 상의했다. 다음날 저녁, 우치야마는 점원에게 황포차를 몇

● 이위삼(李偉三, 1903~1931). 일명 '이구실(李求實)'로 좌련의 지도 업무를 맡으면서 다수의 외국 사회과학 저작과 문학작품을 번역했다.

● 은부(殷夫, 1903~1931). 본명은 서백정(徐柏庭)이고 필명은 백망(白莽)으로서 시인이다. 1928년에 태양사에 참여했고 1930년 좌련 활동에 참여했다.

● 풍갱(馮鏗, 1907~1931). 광동 조주(潮州) 출신으로 1930년에 좌련에 가입했고 같은 해에 대표 자격으로 소비에트 대표대회에 참석했으며 전국 소비에트 중앙준비회의를 준비했다. 작품 「마지막 출구(最後的出路)」 등.

대 고용하여 직접 노신 일가를 화원장花園莊까지 바래다 주었다.

이와 때를 같이하여 온갖 유언비어가 난무하기 시작했다. 상해의 『사회일보』와 천진의 『익세보益世報』, 『대공보大公報』, 심양의 『성경시보盛京時報』 등이 일제히 노신이 체포되었거나 혹은 사망했다는 소식을 전하기 시작한 것이다. 심지어 그가 '공산당의 중요 당원'이었고 '상해주둔 홍군(紅軍, 중국인민해방군의 전신—옮긴이) 지도자'였다고 보도하기도 했다. 이러한 유언비어의 효과는 거의 살인적이었고, 그 결과 전보와 편지를 통해 노신을 찾는 사람들이 갈수록 늘어만 갔다. 멀리 북평에 있던 노신의 모친은 이런 소식으로 인해 근심에 시달리다가 급기야 병이 나고 말았다.

어쩔 수 없이 노신은 편지를 써서 이런 유언비어를 잠재워야 했다. 대신 편지에서는 이름과 문투를 바꾸고 은어나 암호를 사용하기로 했다. 이처럼 유폐에 가까울 정도로 부자유한 처지가 그를 몹시 처량하고 서글프게 만들었다. 그는 이때의 심경을 당시 일본에 있던 이병중李秉中에게 이렇게 토로했다.

저는 상해에 온 후 극도로 근신하며 거의 세상을 외면하고 입을 굳게 닫고 있습니다. 그러나 이전에는 붓대를 놀리며 혁신에 뜻을 두고 있었지요. 그래서 그 근원이 채 사라지지 않다 보니 여전히 좌익작가연맹의 일원으로 활동하고 있습니다. 그러나 상해 문단의 풋내기들은 기회가 있을 때마다 저를 모함함으로써 자신들의 안위를 얻으려 하고 있습니다. 그들이 유언비어를 날조해 저에 대한 중상을 일삼아온 지는 이미 오래입니다. 그들의 비열함이 불쌍하여 코웃음밖에 나오지 않습니다. 지난달 중순에 이곳에서는 청년 수십 명이 체포되었는데, 그 중에는 저의 학생도 하나 포함되어 있습니다. (스스로 성이 노씨라고 말하는 사람도 하나 있었다더군요.) 그래서인지 헛소문을 퍼뜨리기 좋아하는 사람들이 제가 체포되었다는 소문을 퍼뜨린 겁니다. ……기실 제가 창문 밑에 숨어 아무런 행동도 하지 않고 있다는 사실을 그들도 모르진 않을 겁니다. 하지만 상해 사람들은 종종 남의 재난을 즐기는 심리를 갖고 있습니다. 남이 잘못되는 것을 즐기며 이야깃거리로 삼는 것이지요. ……문인들이 붓을 놀리면서 조금만 힘을 주어도 제게는 엄청난 피해가 미칩니다. 늙으신 어머님의 눈물이 입으로 흘러들어가고 가까운 친구들은 놀란 가슴을 쓸어내리고 있습니다. 지난 열흘 동안 거의 매일 이런 사정을 바로잡는 편지를 쓰느라 정신이 없으니 정말 슬픈 일이 아닐 수 없습니다. 이제는 다행히 아무 일 없게 되어 마음을 놓을 수 있을 것 같습니다만 세번째로 이런 사실을 전하니 현명하신 어머님께서도 의심을 갖게 되셨다고 합니다. 천 명의 사람들이 손가락질을 하면 병이 없어도 죽는다는 말이 있습니다. 이런 세상에 살다 보니 정말 내일 일이 어떻게 될지 짐작할 수가 없군요. 동쪽으로 부상(扶桑, 일본을 지칭함—옮긴이)을 바라보니 감격과 슬픔이 한데 뒤엉키는 것 같습니다.

이 기간 동안 그는 끊임없이 유석 등의 정황을 탐문하면서 사건이 호전되기를 초조하게 기다리고 있었다. 날씨가 갈수록 추워지자 그는 유석 등이 감옥 안에서 이불이나 제대로 덮고 있는지, 편지에서 요청한 양철 밥그릇은 제대로 전달받았는지 걱정이 되어 한순간도 마음을 편하게 가질 수 없었다. 그러던 어느 날, 마침내 믿을 만한 소식통으로부터 비보 한 통이 날아들었다. 유석과 나머지 23명이 2월 7일과 8일 새벽에 이미 용화龍華 경찰사령부에서 총살당했다는 것이었다. 게다가 유석의 몸에는 무려 열 발의 탄알이 박혀 있었다고 했다!

일본 경화당京華堂 주인 고바라 에이지로小原榮次郎가 아끼던 고가의 난을 팔아 귀국하게 되자 그는 칠언율시 한 수를 써서 현대적 유랑자로서의 비통한 심정을 토로했다.

산초나무 불타고 계수나무 꺾이며 가인은 늙어
다만 그윽한 곳 바위에 소심란으로 퍼지네
어찌 이방인에게 꽃향기 전하는 걸 아까워하랴

고향은 취중의 가시덤불 같은데
椒焚桂折佳人老 獨托幽岩展素心
豈惜芳馨遺遠者 故鄉如醉有荊榛

어느 처량한 달밤, 잡동사니가 가득 쌓인 방에서 아내와 아들이 가볍게 코를 고는 소리를 들으며 노신은 자신도 모르게 다시 한 번 자신도 아주 좋은 친구 하나를 잃었고 중국도 아주 훌륭한 청년 하나를 잃었다는 서글픔에 깊이 빠져 비분 속에서 칠언율시 한 수를 지었다.

긴 밤에 익숙해져 봄을 보내니
처자를 건사하다 귀밑머리 세었네
꿈결에 어머니 우는 모습 어렴풋한데
성 꼭대기 왕의 깃발 무상도 해라
친구들이 새 귀신 되는 꼴을 차마 볼 수 없어
분노한 심정으로 칼 숲을 향해 짧은 시구를 더듬네
읊을 뿐 주위를 둘러봐도 실을 곳 없으니,
물 같은 달빛만이 검은 비단옷을 비추네
慣於長夜過春時 挈婦將雛鬢有絲
夢裏依稀慈母淚 城頭變幻大王旗
忍看朋輩成新鬼 怒向刀叢覓小詩
吟罷低眉無寫處 月光如水照緇衣

慣于長夜過春時 挈婦將雛鬢有絲
夢裏依稀慈母淚 城頭變幻大王旗
忍看朋輩成新鬼 怒向刀邊覓小詩
吟罷低眉無寫處 月光如水照緇衣

辛未春作錄呈
李秉兄教正

魯迅

● 유석(柔石) 등이 테러를 당했다는 소식을 듣고 노신은 비분에 젖어 문우들을 애도하는 시편을 남겼다.

2년이 지나도록 그는 이때의 회한을 씻지 못하고 그 유명한 「망각의 기념을 위하여爲了忘却的紀念」라는 글을 썼다. 이 글의 말미는 이렇게 마무리되고 있다,

> 젊은이가 늙은이를 기념하는 글을 쓰는 것이 아닌, 지난 30년 동안 나는 오히려 수많은 젊은이들이 피를 흘리는 것을 직접 목격해왔다. 그 피가 쌓이고 쌓여 숨도 못 쉬도록 나를 묻어버렸다. 그래서 나는 이런 몇 마디 글밖에 쓸 수가 없다. 땅 속에다 자그마한 구멍을 하나 뚫어놓고 간신히 남은 숨을 부지해가는 셈이니, 이게 도대체 어떻게 된 세상이란 말인가? 하지만 나는 알고 있다. 굳이 내가 아니더라도, 장차 그 누군가가 반드시 그들을 생각하고 그들에 대한 이야기를 할 때가 오리라는 것을…….

바로 이 '미래' 때문에 노신은 압박 속에서도 굴복하지 못하고 다시 떨쳐 일어나 저항할 수 있었다. 2월 말, 다시 옛 집으로 돌아온 노신은 곧장 야마가미가 번역한 「아Q정전」의 교열작업에 착수했다.

엄격히 말하자면 이 책은 노신이라는 한 개인에게 속한 작품이 아니라 정치적 색채가 농후한 일종의 기념 문집이었다. 이 책은 10월 5일, 일본 도쿄에서 출판되었다. 책 앞쪽에는 이위삼 등의 사진과 이들을 애도하는 헌사가 삽입되었고, 본문으로는 「아Q정전」 외에 유석,

호야빈, 풍갱 등의 작품 및 간단한 전기가 함께 번역되어 들어가 있었다. 또한 일본의 혁명가 오쓰미 오자키尾崎秀實가 이 책을 위해 특별히 「중국 좌익문예전선의 현황에 관하여」라는 제목으로 장편의 서문을 쓰기도 했다. 그의 의지는 분명했고, 그의 생명과 목소리는 영원히 죽지 않을 것이었다.

노신은 또 「암흑 중국의 문예계 현황」이라는 글을 한 편 써서 중국을 방문한 미국 기자 아그네스 스메들리에게 건네면서 이를 영어로 변역하여 국외에 발표해줄 것을 당부했다. 물론 문투는 대단히 격렬했고 내용은 조금도 숨김없이 좌익 작가들의 죽음을 폭로하면서 경비사령부와 당국을 비난하는 동시에 '살육법'과 '정탐술'만 아는 모 정부위원과 정탐대장에 대해 언급하는 것이었다. 스메들리는 글을 받고 나서 노신에게 이 글이 발표되면 곧장 살해되고 말 것이라고 경고했다.

스메들리는 당시의 상황을 회고하면서 노신이 아주 천천히 심각한 표정으로 말을 받았다고 술회했다.

"이 말은 반드시 하고 넘어가야 합니다. 중국이 이렇게 큰데, 언젠가는 누군가 이 말을 하고 말 겁니다!"

스메들리는 중국을 떠나기 직전에 노신과 공동으로 〈중국의 당권정당인 국민당에 의해 학살된 수많은 중국 작가들을 기념하기 위한 호소 및 선언〉이란 제목의 성명서를 발표하여 서양 지식계층을 향해 중국 당국의 예

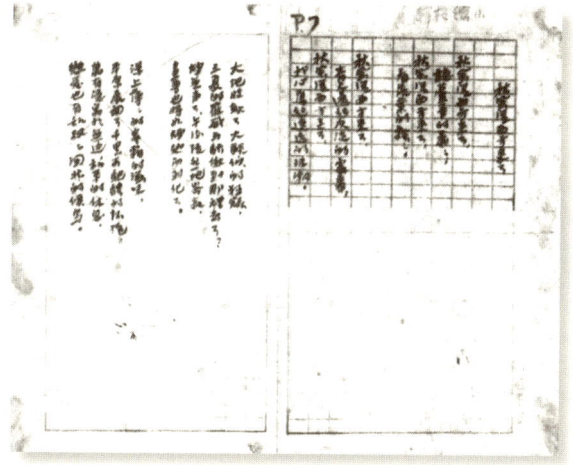

● 노신이 소장했던 은부의 시작 육필원고 「아이탑(孩兒塔)」.
●● 노신이 소장했던 유석의 시작 육필원고 「가을바람은 서쪽에서 온다 (秋風從西方來了)」.

● 1931년 4월 20일 『전초』(전사자 기념 특집호)가 편정되던 날 노신은 특별히 풍설봉의 가족을 초대하여 자신의 가족과 함께 기념사진을 찍었다.

술가 학살 사실을 공개했다. 이 성명서와 노신의 글은 미국의 『신군중New People』 잡지에 발표되어 국제 문화계 인사들이 대거 국민당 당국에 항의하는 사태를 초래했다.

유석 등이 희생되자 풍설봉이 풍내초를 대신해서 좌련 당단黨團 서기로 임명되었다. 그가 당단 서기의 직분을 맡아 가장 먼저 한 일은 노신과 상의하여 전사자들을 기념하는 간행물 『전초前哨』를 발행한 것이었다. 노신은 그의 이러한 구상을 적극적으로 지지했고, '전초'라는 명칭도 직접 지어주었으며, 제사도 친필로 직접 써주었다. 또한 그는 이 간행물을 위해 전혀 애도문 같지 않은 애도문 「중국 프롤레타리아 혁명문학과 선구자의 피」를 쓰기도 했다. 말은 애도문 같지 않다고 했지만, 그는 이 한 편의 글에 가슴속 깊은 곳에 감춰져 있던 슬픔을 폭발시켜 분노를 불태웠다. 이 일이 있기 전까지만 해도 그는 혁명문학의 존재를 부정했지만 이 순간에는 조금도 주저하지 않고 '혁명문학'이란 단어를 사용했다. 중국의 항쟁문학은 이미 선명하게 열사들의 선혈로 물들어 있었기 때문이다. 그는 자신이 이용당하고 있다는 심정으로 좌련에 가입했기 때문에 줄곧 조직과의 일정한 거리를 유지했었지만 이제는 조금도 망설이지 않고 자신이 그토록 싫어했던 '우리'라는 단어를 써가면서 자신이 좌련의 일원임을 공개적으로 천명한 것이다.

'전사자 기념 특집호'의 편집 작업이 끝나던 날, 노신은 특별히 가족들을 데리고 풍설봉 일가와 함께 기념사진을 촬영했다. 아마도 이는 죽은 자들과 산 자들 모두에게 뭔가 기념할 만한 것을 남기기 위한 일종의 의식이었을 것이다.

구망救亡과 계몽

1931년 9월 18일, 관동關東에 주둔하고 있던 일본 군대는 갑자기 심양瀋陽을 습격한 데 이어 길림吉林과 흑룡강黑龍江을 침략했다. 국민당 정부가 무저항 정책을 취하는 바람에 일본군은 불과 석 달 만에 신속하게 중국 동북 지역 전체를 점령했다. 국난이 닥친 것이다. 이에 따라 나라 전체가 한편에서는 투항과 후퇴로 소용돌이쳤고 다른 한편에서는 구망운동이 고조되었다.

이때부터 노신은 다수의 시사평론을 발표하여 일본 제국주의의 침략정책을 폭로하는 동시에 국민당 정부의 투항정책과 전제정책을 비판하기 시작했다. 이 시사평론들 가운데 「위자유서僞自由書」가 가장 집중적이고 직접적인 글이었다. 전쟁이 막 시작되어 장개석이 민족의 지도자를 자처하며 "외세를 물리쳐 국내정세를 안정시키고, 나라를 통일시킴으로써 후환을 없애야 한다"라고 떠들어대는 가운데 이민족에게 먹힐 위기에 처한 중국인들이 전에 없던 용기와 패기로 저항에 나서고 있을

● 노신이 표지를 디자인한 『위자유서』.

때, 노신은 모든 사람들을 향해 중국은 원래 노예국가였으며 중국인은 모두 노예집단이었음을 잊지 말아야 한다고 외쳤다. 그는 민족이 생존할 수 있는 관건은 광대한 노예집단이 인간으로서의 기본권리를 확보하게 하는 데 있다고 생각했다. 때문에 그는 '민족'의 기치를 높이 내걸고 정부의 입장에 서서 거대한 직권과 권력을 발휘하여 현대 노예제도를 옹호하고 있는 '민족주의문학'에 대항하면서, 이러한 사람들은 흘러 다니는 시신의 무리로서 사실은 정치깡패와 다를 바 없다고 지적했다. 민족 모순이 점차 상승하여 사회의 주요 모순으로 자리잡아가고 있는 상황에서 국내 여론은 날이 갈수록 통일전선과 국방을 보위하는 선전으로 기울고 있을 때, 노신은 의연하게 자신의 독창적인 계급론에서 출발하여 이론에서 실천에 이르기까지 모든 것이 혼돈과 미해결의 상태에 처해 있는 민족문제를 극명하게 드러냄으로써 새로운 민족혁명 전쟁 속에서의 자신의 위치를 분명하게 설정하고, 이전과 마찬가지로 노예상태로부터의 철저한 해방을 위해 투쟁했다.

노신의 사상적 깊이는 항일전쟁의 장애가 통치계급으로부터 유발되는 것이고 국민당 자체가 바로 항전의 장애물임을 지적한 데 있다. 그는 항상 권력자의 전제정치 수단과 국민의 우매함을 함께 표현하고 권력자의 정치심리와 국민당의 문화심리를 결합하여 보다 철저하게 분석하고 묘사함으로써 통치자들이 모습을 감출 곳이 없게 만드는 동시에, 국민들로 하여금 자신들의 책임을 의식하게 만들었다. 한쪽은 구망救亡이었고 다른 한쪽은 계몽啓蒙이었다. 구망이 계몽을 압도하는 것이 아니라 구망 속에서 계몽하고, 계몽으로써 구망하는 것이었다. 특정한 구망의 시기에 계몽의 주요 임무는 중국의 정치 연극을 주도하는 연출자들의 기만성을 타도하고 막후에서 벌어지는 더러운 연극을 무대 앞으로 끌어내는 것이었다. 『이심집二心集』의 후반부와 『남강북조집南腔北調集』, 『준풍월담准風月談』 등은 모두 이처럼 짧지만 아주 정련되어 있으며 필력이 강하고 응집된 글들을 담고 있다. 그 가운데 「선전과 연극宣傳與做戲」, 「경험」, 「속담諺語」, 「모래沙」, 「우성偶成」, 「만여漫與」, 「세고삼미世故三昧」, 「요언세가謠言世家」, 「불火」, 「도귀심전搗鬼心傳」, 「현대사」, 「'사람을 잘못 죽였다'에 대한 이의」, 「이축예술二丑藝術」, 「중국과 독일의 분서이동론華德焚書異同論」, 「귀머거리에서 벙어리로由聾而啞」, 「동의와 해석」 등은 하나같이 훌륭한 작품들로 『열풍』에 수록된 글들에 비해 훨씬 알차고 깊이가 있으며 예리한 통찰력을 갖추고 있었다.

　백색테러하에서 노신의 처지는 갈수록 어렵기만 했

다. 상해사변 이후 거의 한 달이 다 되도록 그에게는 제대로 거처할 곳도 없었고 글을 쓸 만한 환경도 허락되지 않았다. 그가 편지에서도 말했던 것처럼 '시국은 위태롭고 사람은 비천하여 누구든지 어디서든지 죽을 수 있는' 상황이었다. 중국인으로서, 그것도 지식인으로서 내우외환이 첩첩이 겹쳐진 사회에 살면서 무슨 일을 할 수 있었겠는가? 결국 그는 차라리 입을 열고 글을 씀으로써 금고의 침묵을 깨버리는 것이 낫겠다는 결론을 내렸다.

1932년 1월, 『중학생』 잡지사는 노신에게 신년호에 게재할 원고로 중학생들이 앞으로 노력해야 할 방향과 방법에 대한 글을 써달라고 요청했다. 이에 대한 노신의 대답은 아주 분명했다.

편집자 선생.

저도 선생께 한 가지 여쭙겠습니다만, 지금 우리에게 언론의 자유가 있습니까? 여러 선생들께서 아니라고 하신다면 내가 아무 소리도 내지 않는 것을 이상하게 여기지도 않으시겠지요. 만일 선생께서 '눈앞에 중학생 하나가 서 있다'는 명분을 들어 한마디 하지 않으면 절대 안 된다고 하신다면, 저는 이렇게 말하겠습니다. "가장 먼저 언론의 자유를 쟁취하기 위해 노력하라."

1932년에는 좌익 비평가들과 '자유인(自由人, 1930년대에 일부 작가들이 문학의 완전한 자유와 문학의 독립적 규율을 주장하면서 어떤 이데올로기의 개입도 거부했던 문학사조로, 호추원 등이 대표적 인물이다-옮긴이)' 및 '제3종인(第3種人, 자유인을 계승하여 부르주아와 프롤레타리아 사이에 존재하는 제3종의 계층을 표방한 일종의 자유주의 문학사조로, 계급을 초월한 문학이론을 제시했다. 소문이 대표적 인물로서 양자 모두 좌익 문학운동에 극력 반대하면서 논전을 주도했다-옮긴이)' 사이에 새로운 논전이 전개되었다. 논전의 핵심은 여전히 문학예술과 정치의 관계 문제였다.

일찍이 1931년 말에 호추원胡秋原은 자신이 주간을 맡고 있는 『문화평론』 창간호에 창간사로 「진리의 노」와 「아구阿狗문예론」을 발표하여 한편으론 봉건의식과 남경정부의 문화정책을 비판하면서 다른 한편으로는 좌익문화운동을 비판했다. 그는 '프로문학'과 '민족주의문학'을 전부 '아구문예'라 칭했다. 좌익 비평가들의 반격을 받게 된 그는 나중에 「문화운동 문제」, 「누가 호랑이의 앞잡이가 되는가?」, 「문예를 침략하지 말라」 등의 글을 발표하여 자신의 '자유인' 관점을 견지하면서 예술에 대한 정치의 개입을 반대함으로써 관점의 모순과 이론상의 혼란을 드러냈다. 얼마 후에는 두형杜衡이 '소문蘇汶'이라는 필명으로 이 논전에 개입하게 되었다. 그는 기본적으로 호추원의 입장을 지지하면서 '제3종인'의 관점을 제시했다. 이때부터 자유인에 대한 논쟁은 '제3종인'에 대한 논쟁으로 옮겨가기 시작했고 논전의 중심도 『현대』 잡지로 전이되었다.

노신이 이 논전에 개입한 것은 비교적 늦은 시기로서 소문이 문을 박차고 나와 처음으로「'제3종인'을 논함」이란 글을 발표했을 때이다. 좌련의 일원인 소문은 뜻밖에도 첫번째 화살을 '좌익 문단'에게로 겨눴다. 이처럼 거의 배반에 가까운 입장과 지극히 엄숙하지 못한 태도는 노신으로 하여금 극도의 반감을 갖게 했다. 하지만 그는 논적에 대해 악독한 풍자의 필치를 사용해본 적이 없었고 주양 등과 같이 문제를 계급의 본질로 단순화시키는 수법을 사용해본 적도 없었다. 그는 사실에 대한 웅변과 선명한 비유로 소문이 언급한 두 가지 문제, 즉 '제3종인'의 존재 여부와 대중문예의 가치 문제에 대한 변론을 펼쳤다.

전제정치 체제의 현대 중국에서는 노예가 되지 않는다면 노재奴才가 되는 수밖에 다른 길이 없었다. 어찌 됐건 간에 '자유'와 '중립'을 표방하더라도 결국에는 분화를 피할 수 없었기 때문에 노신이 보기에는 '제3종인'의 존재 여부를 변증하는 것이 그다지 중요하지 않았고 전체적인 의미는 여전히 정치적 실천에 있었다. '전횡을 일삼는 좌익문단'이라는 소문의 질책에 대해 노신은 좌익작가들에게는 인중을 인도할 책임이 있지만 '일당 독재' 치하에서는 그들의 지휘도를 초월하는 권력은 없다고 전제하면서, 이른바 '제3종인', 즉 '작가 군체'가 좌익문단의 위협 때문에 붓을 놓아야 할 지경이라고 말하는 것은 자기를 속이고 남도 속이는 거짓말에 불과하다고 말했다. 노신은 좌익문단이 형성된 이래로 이론가들도 착오를 범한 바가 있고 작가들 중에도 좌경 사상만 제시할 뿐 작품을 쓰지 않는 사람도 있으며 좌익에서 우익으로 전향하는 사람도 있고 심지어 민족주의 문학의 졸개나 서점 주인, 적당敵黨의 정탐꾼으로 변절하는 사람도 있지만 좌익문학은 여전히 모든 문제들을 극복하면서 고유의 방향으로 끊임없이 진군하고 있다고 생각했다.

대중문예에 있어서 연환화(連環畵, 연속된 그림으로 하나의 이미지를 구성하는 일종의 민간예술―옮긴이)와 창본唱本을 언급한 것에 대해 노신은 전혀 전망이 없는 일이라 생각지 않았다. 그는 좌익은 톨스토이도 필요로 하고 플로베르도 필요로 하지만 미래에 속한 것을 창조하는 데 톨스토이와 플로베르에 주력할 필요는 없다고 말했다. 그는 줄곧 민간문예를 경시하면서도 스스로 고귀한 척하는 귀족화 관점을 싫어하면서 형식이 모든 것을 결정하는 것은 아니라고 역설했다.

'자유인'과 '제3종인' 이론과의 논전에 대해 좌익 비평가들은 당의 이론과 정책 입장에서 출발해야 했기 때문에 이미 당내 지도자들의 지시가 커다란 격려와 제약의 기능을 하게 되었다. 이해할 수 없는 것은 아주 늦게야 출전한 노신이 같은 진영의 모든 사람들이 입을 다물고 잠잠해진 뒤에도 의외로 논전을 계속 끌고 나갔다는 점이다. 그는 유심히 관찰한 결과 두 가지 현상을 발견해냈다. 하나는, 겉으로 보기에는 초탈한 듯한 이론의 제창자들이 이미 권력에 몸을 팔고 있거나 다른 주구 문인들과 같은 대오를 이루고 있다는 사실이었고, 또 하나는 더욱 두려운 현상으로 이 변질된 '제3종인'들이 자신과 함께 동지로 엮여 있고 심지어 악의적으로 자신을 장난감으로 삼고 있다는 사실이었다. 이런 감정의 변화에 따라 특히 1934년 이후부터는 노신도 '제3종인'들에 대해 점차 엄격한 태도를 취하기 시작했다.

1932년 11월 9일 밤, 주건인이 집으로 찾아와 노신에게 "모친 위독, 급히 귀가 바람"이라는 내용의 전보를 건넸다. 다음날 아침, 쏟아지는 비를 무릅쓰고 기차역에 가서 차표를 구한 노신은 그날 저녁 우치야마 사장에게 작별을 고하고 그 다음날 아침 일찍 서둘러 북경으로 향했다.

북경에 도착한 그는 곧장 허광평에게 편지를 써서 모친이 위독하다는 소식을 전했다. 그 사이 허광평도 쉴 새 없이 편지를 써서 소설을 쓰거나 여행을 하라고 권고하면서 여성 특유의 따스함을 보여주었다. 지난날의 친구'가 보내주는 이처럼 따스한 애정에 그는 권력의 각축장이 되어버린 상해에서는 전혀 맛볼 수 없는 푸근함을 가슴 깊이 느끼고 있었다. 하지만 허선미許羨美는 이미 가버리고 허수상도 없는 상황에서 허광평과도 편지로만 얘기를 주고받을 수밖에 없는 처지라 내심 적막하기 그지없었다. 3년 전과 비교해볼 때, 기쁨과 희열은 많이 사라지고 중년 이후의 서늘함만 더해진 것 같았다.

북경에 머무는 동안 그는 아무것도 쓰지 않았다. 유일한 성과가 있다면 몇 차례의 연설뿐이었다. 그는 북경대학과 보인대학輔仁大學, 여자문리학원, 사범대학, 중국대학 등 다섯 군데 대학에서 도합 다섯 차례의 강연을 했고, 강연의 대상은 전부 청년 학생들이었다. 강연은 너무 많은 학생들이 몰려 문과 창문이 부서질 정도로 대성황이었고, 수많은 학생들이 큰 감동을 체험했다. 이것이 바로 그 유명한 '북경오강北京五講'이다.

강연 내용은 여전히 문학과 지식인의 문제였고, 정치 문제는 겉보기에는 순수한 문화 문제로 보이는 주제들 사이에 은밀하게 표현되었다. 그는 중국문학을 관료문학으로 규정하는 것은 잘못된 견해가 아니라고 지적하면서 중국문학에 나타난 매우 특수한 분류법, 즉 낭묘문학廊廟文學과 산림문학山林文學이라는 두 가지 유형에 대해 언급했다. 그는 낭묘문학은 방망문학(幇忙文學, 권력자들에 아부하는 어용문학. '幇'은 '돕는다'는 뜻이고 '忙'은 '바쁘다'는

● 1932년 11월 27일, 북경사범대학 운동장에서 강연하는 노신.

의미임—옮긴이)이지만 방망하는 동시에 방한幫閑해야 하기 때문에 방망문학은 실제로는 방한문학(幫閑文學, '한가함을 돕는다'는 뜻으로 소일거리 문학을 의미함—옮긴이)인 셈이라고 설명했다. 반면에 산림문학은 방幫할 망忙도 없고 방幫할 한閑도 없지만 몸은 산림에 있고 마음은 위궐魏闕에 있으니 결국엔 같은 놈이 되고 만다는 것이 그의 통찰이었다. 그는 "나라가 망해가고 있을 때에도 황제에게 아무런 일이 없으면 신하들은 여자와 술을 밝히면서 육조시대의 남조南朝와 같은 시국을 이루게 된다. 개국 시기에는 이들도 조령을 만들고 칙령을 반포하며 각종 선언과 전보, 그리고 거창한 문건들을 만들어내곤 한다. 지금의 문화인들은 여자와 술을 논하고 있으니 어찌 이것이 길조일 수 있겠는가!"라고 한탄했다. 여기서 노신은 뭔가 의미심장한 암시를 던지고 있다.

몇 년에 걸친 혁명문학의 변천을 회고하면서 노신은 전제정권의 통치하에서 이른바 '혁명문학'이 어떻게 '준명문학遵命文學'으로 변질되는지를 지적했다. 여기서 말하는 준명문학이란 그가 자신의 『외침』 시기의 창작을 통칭했던 것과는 전혀 다른 의미로서 관방의 보호를 받는 문학을 지칭하는 것이었다. 그는 특별히 연구해볼 가치가 있는 몇 가지 특수한 인물 유형을 지목했다. 첫째는 섭영봉처럼 담이 작으면서도 혁명을 하겠다고 나서는 부류이고, 둘째는 장자평張資平처럼 마르크스주의를 크게 외치면서 추구하는 바가 너무나 높고 이해하기 어려워 실제로는 아무도 도달할 수 없는 그런 유형이다. 이러한 혁명문학은 사실 준명문학에 지나지 않는다. 세 번째 유형은 '예술을 위한 예술' 일파로서 변천하는 시대 속에서 구도덕, 구법률, 구제도를 조금도 돌아보지 않는 사람들이다. 이들은 겉으로는 매우 순수한 것 같지만 실제로는 역시 준명문학의 틀을 벗어나지 못한다. 노신은 "현재의 작품들은 프롤레타리아를 대표할 수 없고 그들의 사상과 문필로는 문학이 이루어지기 어렵다"라고 말했다. 중국에는 프롤레타리아 문학이 없는 것인가? 어떤 것들이 프롤레타리아 문학인가? 어떻게 프롤레타리아 문학의 가치를 평가할 수 있을 것인가? 노신은 이러한 문제들에 대한 사고를 멈추지 않았다. 확실한 것은 '5·4'의 문학혁명, 즉 양복쟁이 선생들의 '구둣발'이 승리를 거둔 이후 하층 백성들의 '짚신 발'이 문단에 진입하려 했으나 문단의 패권을 장악하고 있는 '구둣발'들에 의해 거부되었다는 점이다. 이는 너무나 자명한 사실이었다.

지식인과 관련하여 노신은 이를 신구 두 가지 유형으로 구분했다. 그가 말하는 신지식인에는 사회의 상층부를 떠돌아다니는 사람들은 포함되지 않았다. 신지식인은 현실에 기초하여 실제 투쟁에서 자기의 예술을 찾고, 겉으로는 아주 이기적인 것 같지만 그의 활동은 대중과 밀접하게 연결되어 있어 그들의 존재 자체가 자기 개인에게 그치지 않는 그런 사람들이다. 그는 이른바 자유주의와 개인주의가 존재하려면 적어도 개성과 자유의 발전이 받아들여질 수 있는 공간이 있어야 하지만, 대대로 전제정치가 이어져온 중국 땅에서는 개성과 자유를 위한 눈곱만큼의 틈도 허락되지 않았다고 지적했다. 때문에 자유와 독립을 쟁취하기 위해서는 권력자들을 똑바로 보아야 하고, 권력자들의 주의를 피하면서 사치스럽게 '자유인'이나 '제3종인', 그리고 '예술을 위한 예술' 따위를 논하는 것은 유치하고 천박한 행위가 아니라면 한마디로 말해서 사기일 것이라고 단언했다.

새로 흥기하는 미래파 예술에 대한 그의 평가는 매우 독특했다. 그는, 글에는 원래 이해할 수 있는 글과 이해할 수 없는 글 두 가지가 있다고 말했다. 그러나 유럽에서는 이해할 수 있든 이해할 수 없든 크게 문제 삼지 않는다. 미래파처럼 이해하기 어려운 문학도 잘 이해되지 않음에도 불구하고 목숨을 걸고 쓴다. 그러나 중국에서는 이런 사례를 찾아보기 어렵다. 항상 흉내만 내는 것이다. 새로운 주의가 나타나면 이를 그대로 모방하는 데 그치기 때문이다. 노신은 그래도 한 가지 희망이 있다고 말했다. 작가의 안목이 넓어지지 않을 수 없고 그것도 너무 크게 넓어지지 않을 수 없다는 것이다. 예컨대 문학이 고통과 가난, 나는 그 여인을 사랑하는데 그 여인은 나를 사랑하지 않는다는 둥의 신세타령을 늘어놓는다 해도 이는 타당한 일로서 아무런 혼란도 일어나지 않는다. 중국 사회를 언급하고 압박과 피압박을 묘사하기만 하면 되는 것이다. 좀더 범위를 넓혀서 파리와 런던에 대해 언급하고 더 나아가 달나라에 관해 언급한다 하더라도 별 위험이 없을 것이다. 그는 신변의 문제에만 관심을 가질 것이 아니라 지구 이외의 문제나 사회의 실질적인 문제에 대해 관심을 가져야 한다고 경고하듯 말했다.

마지막 강연의 제목은 '문예와 무력'이었다. 그는 자유와 반항을 외치는 모든 문학에 대해 통치계급은 무력 진압을 시도할 것이지만 여전히 효과가 없을 것이고 결국에는 마취정책을 취하게 될 것이라고 지적했다. 그리하여 일부 염치없는 문인들을 매수하고 이들의 글로써 자신들을 장식하려 할 것이다. 그러나 불행하게도 문학은 개인의 것이 아니라 사회의 것이라 이런 행위는 민중의 불만을 당해낼 수 없게 된다. 결국 마취를 시켜도 효용이 없고 악성순환만 계속되어 또다시 무력에 호소하는 수밖에 없게 되는 것이다. 그는 또 언론과 문학은 상고시대부터 지금에 이르기까지 줄곧 시대와 국가를 막론하고 통치계급에 굴복해왔다고 지적하면서, 따라서 언론자유의 쟁취와 신문화 건설을 위해 노력하는 것은 문화인들이 당면하고 있는 가장 실질적인 과제라고 역설했다.

북경과 상해, 남경 그리고 각 지방의 신문과 간행물들이 일제히 노신이 북경으로 돌아온 사실을 보도하면서 또다시 적지 않은 유언비어가 떠돌기 시작했다. 신문들은 그가 별로 유쾌하지 못한 탄압을 받았기 때문에 갑자기 북방을 여행하게 된 것이라 말하기도 했고, 그가 특수한 사명을 띠고 북경에 온 것이라 보도하기도 했으며, 다시 권토중래하여 교수가 되기 위해 북경에 왔다고 보도하는 신문도 있었다. 그러나 이처럼 날조된 소문들이 전사인 노신에게는 아무런 손상도 입히지 못했다. 그가 관심을 갖는 유일한 대상은 현실 사회에서의 투쟁이었기 때문이다.

1932년 1월, 일본 침략자들은 산해관山海關을 공격한 데 이어 열하熱河까지 쳐들어왔다. 열하에 주둔하고 있던 국민당의 20만 군대는 제대로 한번 싸워보지도 않고 스스로 무너져 관내의 거대한 영토가 줄줄이 적의 수중에 떨어지는 사태를 야기하고 말았다.

민족적 위기는 계급모순을 완화시키지 못했을 뿐만 아니라 오히려 통치자들에게 강제적 통제의 기회만 제공했다. 국민당 정부는 군대를 출동시켜 중앙 소비에트 지구에 대한 토벌을 계속하는 동시에 수배와 체포, 구금과 고문, 혹형과 학살을 통해 공산당원과 진보적 인사들에 대한 탄압의 고삐를 늦추지 않았다. 그들은 당치黨治와 내전內戰에 반대하는 지식계의 운동을 철저히 진압하고 당화교육, 즉 노예화교육을 강화하면서 '훈정訓正'이라는 명분 아래 하나의 주의, 하나의 정당, 하나의 영도자를 대대적으로 선전하기 시작했다. 거대한 독재자에게 있어서 민족주의는 전제주의의 유사품 또는 대체품에 지나지 않았던 것이다.

거의 반년에 이르는 배양과 준비작업을 거쳐 12월에 정치범들을 보호하고 구명운동을 벌이며 공민의 권리를 보호하는 것을 취지로 한 중국민권보장동맹이 상해에서 정식으로 창립을 선포했다.

손문의 미망인인 송경령宋慶齡은 국내에서의 특수한 지위와 천재적인 조직능력 및 활동능력, 그리고 이미 형성된 국제적 명망에 힘입어 민권동맹 집행위원회의 주석으로 추대되었고, 채원배가 부주석의 직무를 맡게 되었다. 채원배의 요청으로 이 동맹에 가입한 노신은 집행위원으로 선임되었다.

좌련과 비교해볼 때, 민권동맹은 정치적 색채가 훨씬 강한 조직이었지만 민권을 쟁취하되 일당일파一黨一派의 세력에 집착하지는 않았다. 민권동맹이 보장하는 것은 정부에 의해 정죄당한 사람들의 인권이자 사회 전체가 발전하는 데 필요한 사상과 정치의 자유였다. 이는 동시에 이 동맹과 전제정부가 서로 대립하는 상태임을 규정하는 것에 다름 아니었다. 이런 중대한 의미 때문에 노신은 좌련에 가입한 데 이어서 민권동맹에도 가입하게 된 것이다.

민권동맹은 창립과 동시에 적극적인 활동을 전개하기 시작했다. 특히 우란牛蘭 부인에 대한 구명운동을 벌이는 동시에 진독수와 팽술지彭述之, 황평군黃平君 등 정치범들에 대한 구명운동을 전개했으며, 나등현羅登賢과 여문화余文化, 요승지廖承志, 나장용羅章龍, 진갱陳賡 등 여러 공산당원들을 구해내고 허덕형許德珩 등 교수와 학생들을 구해냈다. 아울러 국민당 강소성 주석인 고축동顧祝同에게 항의 메시지를 보내 남경 감옥의 상황을 조사하게 했다. 또한 국민들의 자구책 강구를 지원하고 각지의 민권투쟁을 옹호 또는 지지했으며, 독일 히틀러 일당의 전제정치가 빚어낸 반인륜적 폭행을 비난하는 등 사회 전반에 걸쳐 광범위한 영향력을 행사했다.

노신은 처음부터 끝까지 민권동맹의 모든 투쟁에 참여했다. 좌련의 회의를 포함하여 평상적인 집회에는 참가하지 않았지만 민권동맹의 개회통지를 받기만 하면 언제나 제일 먼저 달려가곤 했다. 일반 업무, 특히 대인관계에 관한 업무에 대해서는 별로 개입하지 않았지만 민권동맹의 분회가 그에게 맡기는 모든 업무를 완벽하게 처리해냈다. 정부 측의 압력으로 인해 총연맹과 분회에 속한 10여 개의 집행위원회 가운데 일부는 전향하고 일부는 사라졌으며, 또 일부는 분연히 대응하기도 했지만 5월로 접어들어 독일영사관에 항의서한을 전달할 때에는 핵심 분자들의 수가 이미 너덧 명을 넘지 않았다. 물론 노신은 이 너덧 명 가운데 하나였다.

5월 14일, 국민당 특무요원들이 정령丁玲과 반재년潘梓年을 체포했다. 얼마 후에는 응수인應修人이 정령의 집을 찾아가 연락업무를 수행하는 과정에서 국민당 특무와 맞닥뜨려 3층 창문을 통해 도망치다가 희생당하는 일이 발생했다.

이에 민권동맹은 수십 명의 문화계 인사들과 연계하여 국민당 정부 행정원장인 왕정위汪精衛와 사법부장 나문간羅文干 등에게 정령과 반재년을 석방하라는 내용의 공동으로 서명된 전보를 발송했다. 민권동맹은 또 '정반丁潘보장위원회'을 조직하여 모금 및 구명운동을 펼쳤다. 문화계에서는 '문화계 정반 구명회'를 조직하여 「정령과 반재년의 구명을 위한 문화계의 선언」을 발표하고 불법 체포를 막후에서 조종한 책임자를 처벌할 것을 요구했다. 좌련은 「국민당 백색테러 반대선언」을 발표하고 폭로 작업을 가속화했다. 프랑스 작가 쿠티리에P. Vaillant Couturier나 프랑스 시인 바르뷔스Henri Barbusse 같은 국제적인 저명인사들도 연이어 성명을 발표했다.

정령의 실종은 노신에게 특별한 비통함을 안겨주었지만 그는 이 일과 관련된 어떤 선언에도 서명을 하지 않았다. 그는 학살자들이 이러한 항의에 전혀 눈길을 돌리지 않을 것이라는 사실을 누구보다도 잘 알고 있었다. 전제 정체政體에 대해서는 어떠한 선언도 소용이 없었다. 그는 애당초 정부에 대해 어떤 것도 구걸하고 싶지 않았다.

이리하여 노신에게 남은 가장 필요한 것은 일을 두 배로 늘리는 것이었다. 그가 가장 먼저 생각한 것은 정령의 책을 출판하여 그녀의 작품이 널리 유포되게 하는 것이었다. 정령이 실종된 지 사흘째 되던 날, 그는 정백기鄭伯奇를 찾아가 양우良友 회사에서 정령의 소설 『어머니母親』를 출판해줄 것을 제안했다. 아울러 최대한 빨리 출판하되 책이 출판된 다음에는 또 대대적으로 광고를 해줄 것을 요청했다. 그는 직접 정령 모친의 자세한 주소를 찾아내 양우의 주간인 조가벽趙家璧에게 전해주면서 정령의 원고료를 몇 번으로 나누어 지급하되 본가가 침탈당하는 일이 없게 해달라고 당부했다.

정령이 실종된 데 이어서 또다시 상해를 발칵 뒤집어놓을 놀라운 사건이 발생했다. 중국민권보장동맹의 총간사인 양전楊銓이 총살당한 것이었다!

노신과 양전이 처음 접촉한 것은 민권동맹이 창립된 이후의 일이었다. 매번 회의를 열 때마다 양전은 항상 먼저 쪽지를 써서 사람들에게 차를 몰고 가서 노신을 회의장으로 모셔오게 했고, 회의가 끝나면 직접 집까지 바

1933년 2월 17일, 버나드 쇼, 채원배와 함께 상해 손문의 고거에서 찍은 사진.

래다주곤 했다. 영국 극작가 버나드 쇼Bernard G. Show를 접대할 무렵에는 두 사람의 접촉이 다소 줄어들긴 했지만 함께 사진을 찍는 등 친밀한 관계는 그대로 유지되고 있었다. 이 열혈남아에 대해 노신은 상당한 이해를 확보하고 있었다. 그는 언젠가 사람들에게 양전이 원래 국민당 쪽 인사이면서 공산당을 동정했던 것은 민족을 위한 행동이었을 뿐이었다고 말한 바 있다. 양전이 피해를 당한 일을 얘기하면서 그는 자동차가 부서지고 사람이 심하게 부상당해 죽었는데도 아이는 상처 하나 입지 않은 것으로 보아 양전이 죽기 직전까지 정신을 똑바로 차리고 먼저 자신의 아이를 보호했던 것이라고 설명했다. 그는 양전이 죽기 직전까지 보여주었던 침착한 태도와 올바른 인성의 발로에 대해 찬탄을 금치 못하며 깊은 애도의 뜻을 표했다.

양전의 장례가 있던 날, 노신은 친구들의 만류에도 불구하고 허수상과 함께 만국빈의관萬國殯儀館을 찾아갔다. 집을 나서면서 그는 열쇠도 챙기지 않았다. 그는 모든 마음의 준비를 끝낸 상태였다. 장례를 마치고 돌아온 그는 저녁에 칠언율시를 한 수 지어 양전을 애도했다.

호기로운 정 어찌 옛날 같으랴만
꽃 피고 지는 건 꽃의 마음에 달렸네
강남의 빗속에서 눈물 흘릴 줄이야

또다시 민족을 위해 용사들을 곡하네
豈有豪情似舊時 花開花落兩由之
何期淚灑江南雨 又爲斯民哭健兒

일 주일이 지나 그는 또다시 고시 두 수를 지어 자신의 슬픔을 달랬다.

밤기운이 바위처럼 건물을 누르는데
버들잎 다듬는 봄바람은 늦가을을 부르네
옥 거문고엔 먼지 엉켜 맑은 소리 끊기니
고구 밝히던 여인 애달프게 사라졌네
如磐夜氣擁重樓 剪柳春風導九秋
湘瑟凝塵淸怨絶 可憐無女耀高丘

정령의 실종과 양전의 죽음이 두 개의 커다란 바위처럼 마음을 무겁게 누르면서 아주 오랫동안 마음에서 지워지지 않았다.

이 기간 동안 사방에서 유언비어가 난무하며 도처에서 양전을 죽인 데 이어 송경령과 채원배, 노신 등을 살해하려 한다는 소문이 들려왔다. 심지어 어떤 신문에는 '살생부'가 게재되면서 명단 밑에는 이들을 체포하여 처단할 임무를 맡은 특무의 비밀번호가 병기되기도 했다. 노신과 양전의 이름 밑에 붙은 특무의 번호는 동일했다.

이에 대해 노신은 편지에서 유머러스하게 "소문에 따르면 영광스럽게도 나도 '화이트 리스트(살생부를 의미함―옮긴이)'에 이름이 들어 있다고 하네. 양전에 이어서 죽어야 할 사람이 더 있었던 게 분명하군!" 하고 말했다. 그는 적어도 이 명단의 절반 이상이 '문망(文氓, 문인의 신분으로 국민당에 봉사하는 자들을 등에로 비유한 말―옮긴이)'들에게서 나온 것이라 단정했다. 정령이 실종되고 얼마 지나지 않아 대엿새 동안 계속 누군가 우치야마 서점의 분점으로 전화를 걸어 노신의 연락처를 물어왔다. 그는 이 또한 문인들의 소행이라 확신했다. 하지만 이런 상황에 대한 두려움이 없을 수는 없었다. 때문에 당시의 편지에서 "돌아다니기가 어렵다", "공개적으로 길을 나다닐 수 없다"라는 구절이 자주 등장하고 있는 것이다.

이처럼 '중국식 파시즘'이 횡행하고 있는 상황에서 겨우 예닐곱 명의 문인들만이 '살생부'에 올랐다고 천하가 소란에 빠지지는 않았다. 그저 닭이 홰를 치고 개가 도망치는 것에 지나지 않는 격이었다. 이에 대해 노신은 삶에 대한 원망도 없고 죽음에 대한 두려움도 없다면서 완강한 태도를 견지했다. 그는 우치야마에게 쓴 편지에서 "나는 살아 있는 한, 끝까지 붓을 들어 그들의 권총에 대항할 것입니다"라고 밝혔다.

양전이 죽자 중국민권보장동맹의 활동은 중지됐고 거의 반년에 가까운 투쟁과 몸부림 끝에 소리 소문도 없이 해산되고 말았다.

 1933년은 특별히 험준한 한 해였다.
 이 시기부터 노신의 글에서는 '문망文网'이란 단어가 자주 나타났다. 사실 '문망'에는 작품의 삭제와 훼멸에서 작가들의 지명수배 등에 이르는 관방의 다양한 간섭 수단뿐만 아니라, 같은 분야에서 활동하는 문인들이 파놓은 함정도 포함되어 있었다. 노신 자신도 상해탄의 문인들로부터 '부잣집의 사냥개', '무뢰한', '새끼 등에', '얼굴 가린 영웅' 같은 온갖 위협과 비방의 공격에 휩싸였었다.
 북경에서 돌아오자 작은 신문에 노신이 책을 한 권 출판하려 한다는 소식이 실렸다. 책 제목은 『북평 오강과 상해 삼허(三嘘, 세 가지 탄식—옮긴이)』였다. 이른바 '삼허'의 대상은 양실추와 양촌인楊邨人, 장약곡張若谷 등이었다. 삼허란 말은 노신이 식당이나 집안에서 다른 사람들의 글을 논하면서 "이런 글들은 한마디로 일허一嘘에 불과하니 반박할 가치가 없다"라고 말한 데서 유래한 것이다. 이때쯤 양실추와의 논전은 이미 끝난 상태였고 장약곡은 실제로 '허'할 자격조차 없는 인물이었다. 세 사람 가운데 양촌인에 대해서만 한 번쯤 '허'할 필요가 있었다.
 양촌인은 1925년 중국공산당에 가입했고 태양사의

일원으로서 나중에는 좌련에도 가입한 인물이다. 1933년 1월, 그는 공개적으로 '정당 생활을 청산한다'는 고백서를 발표한 데 이어 2월에는 『현대』 잡지에 「프티부르주아 혁명문학의 기치를 내걸다」라는 제목의 글을 발표하여 '정당 생활의 참호' 밖에 자유롭게 서서 프티부르주아 혁명문학의 기치를 높이 내걸고 동지들에게 대오를 정돈하여 자기의 진영으로 합세할 것을 호소했다. 이는 '자유인'의 기치를 내걺으로써 혁명을 배반하고서도 혁명의 이름으로 자신을 표방한 것에 다름 아니었다. 일찍이 1930년에 그는 '문단주졸文壇走卒'이란 필명으로 노신이 "현재 국민당 정부 교육부 대학원의 상을 받았다"고 헛소문을 퍼뜨리거나, 대대적으로 탕병회(湯餠會, 아들을 낳은 지 사흘 만에 벌이는 축하잔치―옮긴이)를 열고 해영의 돌을 경축하는 와중에 문득 욱달부가 아들을 잃은 기억이 되살아나 갑자기 마음에 상처를 입었다는 둥 근거 없는 망언을 늘어놓은 바 있었다. 노신이 대학원의 돈을 받은 건 사실이지만 이는 결코 상금이 아니었고 그나마 나중에 교육부에 회수당해버렸다. 따라서 탕병회 따위는 있을 수도 없는 일이었다. 이에 대해 노신은 줄곧 침묵을 지키다가 양촌인이 자백한 다음에야 글을 써서 이런 사실을 폭로했다.

그러나 남을 괴롭히기 좋아하는 양촌인의 근성은 이걸로 그치지 않았다. 그는 「노신에게 보내는 공개서한」

을 발표하여 노신이 스스로 제갈량을 자처하면서 프롤레타리아 대중을 쓸모없는 사람들로 취급하고 있다고 말했다. 아울러 노신이 자신을 향해 차가운 화살을 보내고 있지만 자신은 실제로 노신의 태도에 어떻게 대처해야 좋을지 몰라 두려움에 떨면서 최대한의 성실함을 보이고 있다고 주장했다.

결국 노신도 「양촌인 선생의 공개서한에 대한 공개답신」을 발표하여 이에 대응하지 않을 수 없었다. 그는 답신을 발표해야 하는 이유가 양촌인이 자기 한 사람을 공격하고 해치는 데 그치는 것이 아니라 혁명과 사회 전체에 해악을 미치기 때문이라면서 개인에 대한 피해는 그 다음 문제라고 밝혔다.

이 서한에서 그는 양촌인을 '혁명 전장戰場의 장사꾼'이라 칭하여 '간상奸商'과 구별했다. 또한 『위자유서僞自由書』 후기에서도 양촌인 같은 장사치들에 대해 이렇게 말했다.

혁명문학가라 하는 사람들은 혁명의 이름을 빌려 자신들의 문학을 파는 사람들이다. 다시 말해서 혁명의 함성이 높아질 때는 사자의 털 속에 숨은 벌레처럼 몸을 숨기고 혁명의 수혜자가 되었다가 혁명이 수난을 당하게 되면 갖가지 이유를 대고 혁명의 전선에서 빠져나와 침묵하는 사람들인 것이다. 이들이 침묵만 하면 다행이지만 심지어 반혁명자들의 발바리가 되기도 한다. 양촌인은 침묵을 좋아하지 않기 때문에 결국 발바리가 될 수밖에 없었다.

노신은 또 버나드 쇼를 접대했던 일로 인해 문학사 동인들로부터 한 차례 집중적인 공격을 받기도 했다.

● 정진탁(鄭振鐸, 1898~1958). 필명이 서체(西諦)로 복건 장동(長東) 출신 작가이자 문학사가이다. 『소설월보』의 편집 과정에서 노신과 알게 되어 1933년에 노신과 『북평전보(北平箋譜)』를 합편했다. 평생 저술에 전념하여 『정진탁문집』, 『삽도본 중국문학사』, 『중국속문학사』 등의 저작을 남겼다.

『문학』잡지는 정진탁鄭振鐸이 북경에서 상해로 내려와 창간한 것으로 노신도 편집위원들의 연회에 참석한 적이 있었다. 이치대로 하자면 두 사람은 비교적 우호적인 사이여야 했다. 그러나 이 잡지 제2호에서 주간 부동화傅東化가 '오실伍實'이란 필명으로 「중국에서의 휴스」란 글을 발표하여 무단으로 허구의 사실을 유포하면서 노신을 조롱하는 일이 발생했다. 이 글에서는 부동화는 이렇게 주장했다.

랭스턴 휴스Langston Hughes가 7월 초에 러시아를 거쳐 중국에 왔는데 얼마 전에 중국을 찾았던 버나드 쇼와 비교할 때 그 성세가 큰 차이를 나타냈다. 버나드 쇼가 상해를 방문했을 때와는 달리 휴스가 왔을 때는 부두에 환영

나온 여류 인사들도 없었고 일간 신문에 그의 이름조차 거론되지 않았다. 이런 현상에 담긴 이치는 아주 간단하다. 버나드 쇼는 명사인 만큼 중국의 명사들이 그를 영접하는 것이 당연하고, 따라서 노신과 매란방梅蘭芳 박사도 천재일우의 기회를 맞아 그와 자리를 함께하게 됐던 것이다. 그럼 휴스는 어떠한가? 그는 우리 명사들의 안중에는 그다지 명사가 아니었고 게다가 피부까지 검지 않았던가!

이러한 주장이 사실이라면 노신은 권세와 명리를 좇는 소인배에 불과하게 된다. 분노가 극에 달한 노신은 당장 '문학사'에 항의서한을 보내면서 이를 공개적으로 발표할 것을 요구했다. 편지는 아주 간단하면서도 요점이 분명했다.

> 오실 선생이 필명을 쓴 것을 보니 그 역시 명사임에 틀림없는 것 같습니다. 휴스를 접대하는 자리에도 명사가 아닌 사람이 마음대로 참석할 수 있었던 것은 아닙니다. 하지만 오실 선생이 상류계층에 속하는 이른바 문단의 오소리들과 다르다면 인신공격을 할 때는 반드시 적당한 책임을 져야 한다고 생각합니다. 오실 선생 자신을 드러낼 수 있는 성명을 밝힘으로써 내게 진실한 입과 얼굴을 보여주시기 바랍니다.

사실 노신은 휴스를 만났지만 굳이 해명할 필요를 느끼지 않았다. 상대방이 날조한 사실에 대해서만 분명하게 시비를 가리면 그만이었던 것이다. 노신은 동인이자 친구로서 등뒤에서는 조롱과 비난을 퍼붓다가 얼굴을 마주 대하면 대단히 정중하고 예의 바른 모습을 보이는 사람들과는 만나고 싶지 않았다. 나중에 문학사의 일에 대해 언급하면서 그는 "적과 대놓고 싸울지언정 뒤에 숨어 동인들을 향해 냉소를 보내진 않겠다"고 말했다.

『문학』 제3기에는 노신과 오실의 편지가 동시에 게재되었고 부동화의 실명도 공개했다. 부동화도 이 잡지에 실린 편지를 통해 자신의 행동에 대해 해명하면서 노신을 모욕하거나 조롱할 뜻은 없었다면서 그의 양해를 구했다. 편집위원회의 답신에서도 오실의 글에 대해 해명하면서 사과하고 노신의 양해를 바란다는 뜻을 밝혔다.

1933년이 거의 끝나갈 무렵, 상해 문단에 또다시 사람들의 이목을 집중시키는 논쟁이 발생했다. 『장자莊子』와 『문선文選』의 문제를 놓고 노신과 시칩존施蟄存 사이에 전개된 논전이었다.

9월 29일, 『대만보大晩報』의 부간 「햇불火炬」에 시칩존이 '청년들에게 추천하고 싶은 책'이란 제목으로 두 페이지에 달하는 도서목록을 작성하여 게재하였다. 이 가운데 『장자』와 『문선』이 청소년의 문학수양을 위한 기본도서로 지정되었고, 『논어』와 『맹자』, 『안씨가훈安氏家訓』 등이 청소년들의 도덕수양을 위한 기본도서로 지정되어 있었다.

『대만보』는 여전히 노신에 대해 가장 극렬한 공격을 일삼던 신문이었다. 이번에 발표된 도서목록은 10년 전 노신이 『경보부간京報副刊』에 썼던 '청년필독서'의 견해와 상반된 경향을 나타내고 있었다. 중국의 상황과 정세가 이리저리 계속 번복되고 있다는 증거였다. 노신은 전자(篆字, 진시황 때 이사李斯가 만들었다고 전해지는 한문 서체－옮긴이)를 배우고 구식 서간체를 사용하는 등 청년들 사이에 퍼질 무수한 복고 현상을 연상하지 않을 수 없었다. 신식 학교에서 공부하고 있는 중국의 신청년들은 팔고문의 해독에 조금도 감염되지 않은 상태인데 어떻게 다시 이런 상황으로 내몰릴 수 있단 말인가? 노신은 문득 광서 말년에 이른바 '신당'이 생겨나면서 30~40대의 중년 남자들이 학교에 들어가 외국어를 배우고 서양 책을 읽는 등 대단히 진취적인 모습을 보였던 일들이 생각나 깊은 감개에 젖었다.

노신은 '풍지여豊之餘'라는 필명으로 「재삼 옛것을 생각함重三感舊」이라는 제목의 글을 발표하면서 '1933년에 광서제 조정의 말기를 회고함'이라는 부제를 달아 전후 상황을 대조함으로써 역사의 후퇴 현상을 돌출시켜 표현했다. 내용도 그랬지만 글을 쓴 취지는 신식 청년들의 몸속에 옛날 학자들의 구태의연한 사상과 글이 매복할 수 있음을 실증하려는 것이었다. 노신은 이 글에서 아직도 잔존하고 있는 일부 수구세력의 유풍을 비판하려 한 것이지 시칩존을 공격하려는 것이 아니었다. 물론 시칩존은 자신을 공격하는 것으로 받아들였다. 그리하여 그는 대대적인 변론에 나섰고 끈질기게 노신을 물고 늘어졌다. 노신도 참지 않고 글로써 반격에 나서 그를 '양장洋場의 치졸한 악당'이라 칭한 데 이어 다양한 필명을 사용하여 「반추反芻」, 「귀후歸厚」, 「찾아보기 어려운 멍청함難得糊塗」,「고서에서 활자를 찾아 모으다古書中尋活字滙」 등의 글을 발표했고, 이것으로써 논전은 일단락을 맺게 되었다.

쌍방의 논전에서 가장 중요한 핵심문제는 5·4전통을 어떻게 평가할 것인가 하는 문제였다.

노신은 사상혁명과 문학혁명이라는 두 가지 관점에서 통일된 고찰을 시도했다. 그는 줄곧 사상혁명을 중시하면서 언어를 사상의 담지체로 간주해왔다. 그러나 바로 이런 이유 때문에 유반농劉半農에 대한 비판에서 시칩존에 대한 비판을 거쳐 계속 '백화白話를 위해 투쟁한다'는 화제로 돌아왔고, 사상 도덕의 분야에 있어서는 수천 년을 이어온 공자의 도리와 『안씨가훈』에 담긴 안씨의 처세법이 지금처럼 시대가 급속히 변화하고 생사가 쉴 새 없이 뒤바뀌는 대 격변의 시대에 적용될 수 있는가 하는 의문을 제기했다. 노신은 다시 벌떡 일어나 '5·4'의 전통을 지키는 저격수가 되어야 했던 것이다.

논전 과정에서 노신은 모든 힘을 시칩존을 공격하는데 집중하지 않았다. 그는 흔히 사용하던 이른바 '춘추필법'을 사용하여 '제3종인'을 언급하기도 하고 호적처럼 '관인官印을 내려놓고 성불成佛하는 척하다가' 결국에는 '다시 염주를 내려놓고 관료가 된' 사람들을 비판하기도 했다. 또한 요언문학謠言文學과 이축예술(二丑藝術, 통치자의 꼭두각시가 된 사이비 예술—옮긴이) 등을 언급하기도 했지만 풍자가 너무 날카로워 결국 글이 발표되지는 못했다.

그럼에도 불구하고 그는 이번 논전에서 너무 큰 힘을 허비했다고 생각했다. 원래는 필묵을 너무 과도하게 사용하지 말았어야 했다는 것이다. 그는 요극姚克에게 보내는 편지에서 "나와 시칩존의 붓을 통한 송사는 정말 지루하기 그지없었네. 이러한 논전은 5·4운동 시기에 이미 창궐했었는데 또다시 이런 구태가 재현되니 퇴보라 아니할 수 없네"라고 한탄했다. 1935년까지 시칩존은 「언급하지 않을 수 없는 '장자'와 '안씨가훈'」이란 글을 써서 복고주의를 변호하는 한편, 「볼테르」, 「잡문의 문예적 가치」 등을 써서 암암리에 노신을 공격했다. 이에 대해 노신은 정면으로 반격하지 않았다. 노신은 시칩존의 이런 행동이 그저 재미를 위한 것이라고 생각하고 있다가 나중에 그가 '검사관'이 되어 '제3종인' 등과 함께 소련에 반대하는 논조의 글을 발표하기 시작하자 그제야 경멸 섞인 어조로 그의 이름을 거론하기 시작했다. 사적인 통신문에서 시칩존을 '비겁한 발바리'로 표현한 것으로 보아 그에 대한 노신의 분노가 어느 정도였는지 짐작할 수 있을 것이다.

이즈음 문단은 갈수록 복잡해지면서 검열이 심해지고 작가들 사이의 이간질이 극심해졌으며 요언과 음모가 횡행하는 등 갖가지 사건들이 끊임없이 발생하는 가운데 노신에게는 가장 먼저 『중앙일보』의 공격이 있었고, 이어서 『시사일보』와 『대만보』, 『대미만보大美晩報』 등의 연합공격이 잇달았다. 뿐만 아니라 『사공신문社公新聞』과 『미언微言』 등도 노신에 대한 공격에 동참했다. 노신을 향해 수많은 화살이 겨눠졌다. 1933년 말, 노신은 어쩌면 검열제도가 출현할지도 모른다는 예언을 했다. 과연 이듬해 2월, 국민당 중앙당부는 명령을 내려 100종의 문예 및 사회과학 서적에 대해 판매 및 열독을 금지시켰고, 76종에 달하는 정기간행물의 발행을 중단시켰다. 이어서 3월에는 특별시 당부에도 금서목록을 공포하라는 밀령을 내렸다. 물론 노신의 저작 및 번역물은 전부 금서목록에 포함되었다. 또한 5월에는 국민당 중앙선전위원회 도서잡지 심사위원회가 설치되었다. 이 위원회는 문화를 암살하는 전문기관으로서 수많은 문학작품들이

● 부동화(傳東華, 1893~1971). 필명은 '오실(伍實)'로 절강 금화(金華) 출신이다. 오랫동안 번역과 편집, 교육 등의 업무에 종사했고 항일전쟁 시기에는 적의 기관에 위장 잠입해 일한 바 있으며 항전 승리 후에는 상해에 은거하면서 저술활동에 전념했다. 상해시 정협 특별초빙위원, 중화서국 편신위원 등을 지냈다. 저서 『두 청년의 비극』, 『유럽의 문예부흥』, 『한자지식 강의』 등.

● 시칩존(施蟄存, 1905~   ). 절강 항주(杭州) 출신 작가로 1922년에 작품을 발표하기 시작하여 장기간 편집 업무에 종사했다. 다수의 산문과 소설집, 그리고 문학평론을 남겼다.

● 요말사(廖沫沙, 1907~1990). 호남 장사(長沙) 출신 작가로 중국공산당 당원이며 일찍이 좌익 문화 업무에 참여한 바 있다. 『항전일보』 편집위원, 『구망일보(救亡日報)』 편집부 주임, 『신화일보(新華日報)』 편집부 주임, 홍콩 『화상보(華商報)』 부총편집장, 중국공산당 홍콩공위 위원 등을 역임했고 1949년 이후에는 중공 북경시위원회 위원, 선전부 부부장, 교육부 부장, 통전부 부장 등을 지냈다. 저서 『분음집(分陰集)』, 『삼가촌예기(三家村禮記)』(공저), 『요말사문집』 등.

이 기관에 의해 삭제되거나 금지되고 몰수되었다. 아울러 어떠한 성명서 발표도 허락되지 않았다. 상해양우도서공사上海良友圖書公司과 신주국광사神州國光社, 예술영화공사藝術電影公司 등의 문화기관들을 공개적으로 짓밟았던 폭력행위와 비교해볼 때, 이는 일종의 드러나지 않는 죽음임에 틀림이 없었다. 1934년 말, 노신은 또다시 국민당 당국이 새로운 형태의 그물을 칠 것이라는 예감을 갖게 되었다. 그리고 이러한 사태 변화의 속도와 냉혹함은 그의 예상을 훨씬 능가했다.

정말 상상하기 힘든 일이 벌어지고 있었다.

이전에 노신의 친구였던 임어당이 『논어』에 이어 반월간지 『인간세人間世』를 창간하면서 유머 소품을 제창했다. 유머와 풍자에 대해 양자 사이의 분명한 차이를 지적한 바 있었던 노신은, 사실을 문학의 제재로 삼을 것을 역설하면서 현실 투쟁에 개입하는 작가의 열정을 강조했다. 국민당 상해시 당부의 산하에 있는 미풍微風 문예사는 '문단의 두 요괴 노신과 임어당'을 엄하게 제재하려는 당정 기관의 의도를 알아차리고서 두 사람의 작품을 한데 묶어 거론했지만 좌련 내부에서는 『인간세』를 비판하는 동시에 소품문에 대해서도 일률적으로 말살하려는 태도를 취했다. 심지어 특별히 회의를 열어 공개적으로 잡감문에 반대하고 '위대한 작품'을 쓸 것을 제창하기도 했다. 이는 노신이 한 번도 생각해보지 못한 일이었다.

가장 먼저 요말사廖沫沙가 '임묵林默'이라는 필명으로 공격을 시작했다. 노신이 '공한公汗'이라는 필명으로 「부당한 대우倒提」를 발표했을 때 노신을 향해 남몰래 화살을 날린 사람도 바로 그였다. 「부당한 대우」는 외국 사람들이 오리나 닭을 거꾸로 드는 것을 일화로 들면서 이를 통해 중국인들이 가진 불만을 토로하는 내용의 글이었다. 서양 사람들은 동물은 우대하면서 중국인을 학대하고 중국인들을 조계지의 오리나 닭보다도 못한 존재로 여긴다는 것이다. 노신은 이에 대해 이의를 제기하면서, 서양 사람들은 중국인들을 오리나 닭보다 우대하기를 바라지만 설령 거꾸로 들지 않고 똑바로 든다 하더라도 그것이 중국인들의 운명을 제자리로 돌려놓는 데 무슨 도움이 되느냐고 질의를 던졌다. 노신은 이 글에서 중국 국민들의 노예 근성을 폭로하고 아울러 전통적인 은사恩賜 관념을 비판하려 했던 것이다. 그는 어찌 됐건 중국인들도 인간인 이상 오리나 닭과는 달라야 한다고 전제하면서, "인간은 조직할 수 있고 반항할 수 있다. 노예가 될 수도 있고 주인이 될 수도 있다. 하지만 중국인들은 노력을 하지 않는다. 영원히 천역賤役에 매달리는 존재로 전락할 수도 있고 자유해방을 통해 서로의 평등을 쟁취할 수도 있다. 우리의 운명은 꼭 주방으로 끌려들어가 훌륭한 음식이 되어야만 하는 것은 아니다"라고 말했다.

노신의 의도는 너무도 분명했지만 임묵은 이를 제대로 이해하지 못하고 엉뚱한 주장을 늘어놓았다. "첫째, 서양 사람들은 중국인을 닭이나 오리 밑에 둔 적이 없다. 스스로 닭이나 오리만도 못하다고 탄식하는 사람들은 서양 사람들을 오해하고 있는 것이다. 둘째, 서양 사람들로부터 이러한 우대를 받았다면 더는 불평을 토로하지 말아야 한다. 셋째, 서양인들이 중국인들을 존중하는 것처럼 보일지 모르지만 학대가 적지 않고 게다가 이는 더욱 발전하는 추세이다. 넷째, '고전'을 통해 이러한 불평을 증명한다 해도 서양인들에게 기대할 것이 없다." 결국 이 글에서는 노신의 「부당한 대우」가 서양인들을 변호하고 있기 때문에 작자는 '매판'임이 분명하다고 결론을 맺었다.

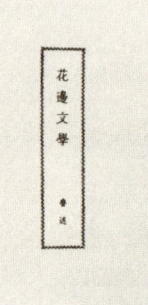

● 『화변문학(花邊文學)』에는 노신이 1934년 1월부터 11월까지 쓴 잡문 61편이 수록되어 있다. 이 문집은 당시 임묵(林默)이 준 악의적인 시호로 명명되었다. 또한 특별히 임묵의 글을 「도제(倒提)」 뒤에 첨부하기도 했다.

「'화변문학花邊文學'을 논함」이란 제목의 임묵의 글은 노신을 가장 극렬하게 공격하던 『대만보』에 발표되었다. 이 글에서는 모든 잡감문에 대해 부정적인 태도를 보이면서 "이는 팔고문을 따르는 것을 능사로 삼고 있고 아프거나 가렵지는 않지만 그 안에 독침이 감춰져 있어 유언비어를 산포하고 있다"라고 지적했다. 그는 이런 글을 '화변체' 또는 '화변문학'의 걸작이라 칭하면서 이는 '험준한 산길로 들어선 이후의 소품문의 변종'인데 화변문학 작가의 입과 붓이 어떻게 과거를 교란시키는가라는 질의를 던지는 한편, '화변체' 문학은 얼마 가지 못해 사람들로부터 외면당하게 될 것이고 형식에 있어서나 내용에 있어서나 조만간 사람들에게 제대로 전해지지 않게 되는 날이 올 것이라고 예언했다.

노신은 잡문집 『화변문학』을 내면서 임묵이 선물한 악의적인 이름으로 책을 명명하는 동시에, 아울러 임묵의 글을 「부당한 대우」 바로 뒤에 실었다. 서문에서 그는 이 글을 공문직公文直이 자신을 '한간漢奸'이라고 몰아세웠던 편지와 함께 거론하면서 둘 다 '몰래 숨어서 하는 비겁한 공격'이라고 지적했다. 그는 공개적인 주살과 비밀리에 이루어지는 암살에 대처하여 '노예의 글'을 쓰지 않으면 안 되는 비통한 울분을 토로하는 동시에, 등 뒤에서 날아오는 '동인'들의 공격에 대해 이를 회피할 수밖에 없는 고충을 드러내고자 했던 것이다.

임묵이 '화변문학'을 전면적으로 부정했던 이유 가운데 하나는 그것이 건설적인 '대중언어' 문학과 상치되기 때문이었다. 노신은 조취인曹聚仁에게 편지를 보내 '대중언어를 이용하여 백화白話를 공격하는' 구재狗才 논자들을 질책했다. 나중에 밝힌 그의 해석에 따르면, '구재'란 적을 위해 비단을 짜면서 겉으로는 급진적인 척하는 인물들로서 임묵은 당연히 여기에 포함되었다. 그는 조취인에게 "상해에는 이러한 '혁명' 청년들이 있는데 이들은 혁명을 드러냄으로써 어느 한쪽으로부터 즐거움을 찾는다. 이는 결코 나의 신경과민이 아니라 물고기가 물을 마시면서 그것이 차가운지 따듯한지를 스스로 아는 것과 같다. 화살이 날아오면 나는 그 화살의 의미를 분명히 안다"라고 말했다.

노신이 조취인에게 보낸 대중언어에 관한 편지는 원래 개인적인 서신이었음에도 불구하고 뜻하지 않게 『사회월보社會月報』에 발표되었다. 더 뜻밖인 것은 이로 인해 '소백紹伯'이라는 이름으로 「조화調和」라는 제목의 글이 씌어지도록 유도하게 되었다는 사실이다.

이 글에서는 최근 몇 년 동안 청년들이 사상계의 지도자들을 따라 엄청난 노력을 경주했고, 일부는 생명을 대가로 치르기도 했다고 지적하면서, 생명을 희생하여 진리가 천하를 밝게 할 수 있다면 이런 죽음은 충분히 가치 있는 죽음이 될 수 있다고 말했다. 아울러 이에 대해 비판을 가해 물을 흐리거나 이들의 견해를 불분명하게 만들어선 안 된다고 경고했다.

『사회월보』 같은 기에는 또 다른 두 편의 글이 게재되었는데, 하나는 대중언어 문제에 관한 노신의 답신이고 다른 하나는 양촌인의 「적구귀래기赤區歸來記」였다. 「조화」에서는 노신과 양촌인의 글을 함께 언급하면서 노신이 양촌인을 대신해서 나팔을 불고 북을 치기 시작했다고 전제하면서 이렇게 설명하고 있다. "이는 아마도 중국 민족이 조화에 능하다는 점을 표현하려 한 것 같지만 조화를 너무 강조하다 보니 사람들로 하여금 사상투쟁에 있어서 점차 원칙이 없어지고 있지는 않은가 하는 의심을 갖게 하기에 충분하다."

「조화」 역시 『대만보』에 발표되었다. 소백은 다름 아닌 전한田漢이며 노신의 청년 '전우' 가운데 하나였다. 전사에게 조화를 강요하는 것은 그의 모든 전투의지를 박탈하는 것과 같았다. 이러한 공격적 행위는 노신으로 하여금 북평에서 돌아온 이후의 아주 불쾌한 일 한 가지를 떠올리게 했다. 그것은 주양이 주간으로 있던 『문학월보』에 운생芸生이란 필명으로 「한간의 진술서漢奸的供狀」란 글이 발표되었던 일인데, 이 글은 소련 시인 베드네이마트로츠키를 모방하여 호추원을 맹비난한 글로서 야비하고 지독한 욕설과 함께 '수박을 쪼개버리겠다'는 등의 협박에 가까운 언사를 사용했다. 수박을 쪼갠다는 말은 두개골을 칼로 잘라버리겠다는 말의 은유적 표현에 다름 아니었다. 중앙문화공작위원회 서기인 풍설봉은 이 글을 읽고 적절치 못하다는 판단을 내리고 당장 주양을 찾아가 대판 말다툼을 벌였고, 종국에는 하는 수

● 왼쪽 _ 주양(周揚, 1908~1989). 필명은 '주기응(周起應)'으로 호남 익양(益陽) 출신이다. 일본 유학을 마치고 귀국하여 상해에서 좌련에 참가하면서 당단 서기, 중공상해국 문위 서기 및 문화총동맹 서기, 좌련 기관지인 『문학월보』 주편 등을 역임했으며, 1937년에는 연안으로 가서 노신예술문학원(魯藝) 원장, 연안대학교 교장 등을 지냈다.
1949년 이후 중공 중앙선전부 부부장, 문화부 부부장 및 당조서기, 중국문련 부주석과 주석, 당조서기 등을 지냈다. 연안에 있는 동안 『마르크스주의와 문예』를 편역했고 처음으로 모택동이 문학예술을 논한 『강화(講話)』를 마르크스, 엥겔스, 레닌, 스탈린의 주장과 연결시켰다. 1949년 이후에는 여러 차례에 걸쳐 문예계의 정치운동을 지도하면서 모택동 문예사상의 철저한 집행자가 되었다. 1980년대 초에는 시대의 흐름을 받아들여 대대적으로 인도주의를 고취했다가 이데올로기 영역에서의 또 다른 권위자인 호교목(胡喬木)으로부터 비판을 받았다. 저서 『주양 문집』.
● ● 오른쪽 _ 전한(田漢, 1896~1968). 호남 장사 출신의 극작가로 1914년에 일본에 유학했고 곽말약, 욱달부 등과 함께 창조사를 설립했으며 나중에는 구양여천 등과 남국극사(南國劇社) 등의 연극단체를 설립했다. 1930년대 초에는 중국자유운동대동맹에 가입하는 동시에 '극련(劇聯)' 당단 서기, 중국공산당 상해중앙국 문화공작위원회 위원 등을 역임했다. 1935년 2월에 체포되어 8월에 보석으로 풀려났다. 항일전쟁 시기에는 곽말약이 주재하는 군위 정치부 제3청에 참여하여 제6처(예술처) 처장을 맡으면서 영화와 연극 업무를 관장했다. 1949년 이후에는 중국희극가협회 주석, 중국문련 부주석 등을 지냈다. 극본과 문학 작품 백여 편을 남겼다. 문화대혁명 기간에 비참하게 세상을 떠났다.
노신이 사망한 후 전한은 『아Q정전』을 극본으로 각색하고 노신을 기념하는 글 여러 편을 발표했다.

없이 노신을 찾아가 좌련을 대표하여 이 일에 대해 발언해줄 것을 부탁했다. 노신은 차라리 개인 명의로 발표하는 것이 좋겠다고 판단하고는 주양에게 보내는 공개서한 형식의 글을 써서 똑같이 『문학월보』에 발표했다. 『문학월보』가 폐간되자 새로 창간된 『현대문화』 제2기에 또 다른 글이 발표되었다. 이 글 제목은 「노신 선생의 '욕설과 협박은 전투가 아니다'에 대한 유감」으로서 수갑首甲, 방맹方萌, 곽화약郭化若, 구동평丘東平 등 가명과 실명이 뒤섞인 서명이 첨부되어 있어 곽말약의 소행이 아닌가 하는 의심을 불러일으켰다. 글의 내용은 주로 운생과 편집자를 공개적으로 변호하는 것이었고, 동시에 노신을 '양의 머리를 내걸고 개고기를 파는 혁명의 장사꾼', '지극히 농후한 우경주의의 색채를 띠고 있다', '좌경 폐쇄주의와 차이가 없다' 등으로 매도하면서 반드시 숙청되어야 할 대상으로 지목하고 있었다. 아울러 노신의 비평은 '공허하게 평화를 외치는 것'으로서 기독교도들이 전쟁을 반대하는 것과 마찬가지이며 트로츠키의 '평화혁명론'이나 '백기를 든 혁명론'의 오류와 같은 성질의 주장이라고 폄하했다.

또한 이 글에서는 혁명가들을 사람들을 놀라게 하는 괴물로 묘사해선 안 된다는 노신의 견해는 어불성설이라고 반박하면서, 이처럼 지나친 염려는 결국 사람들을 동요와 타협의 길로 이끌게 될 것이라고 지적하고 혁명의 적은 펜을 들어 생사를 결정하는 사람들이 아니라는 주장은 지극히 위험한 우경 문화운동 내부의 평화주의자들의 견해라고 일축했다. 이 글에서는 또 노신이 했던 말을 빌려 노신을 공격하면서 "그가 보이지 않게 적에게 웃음을 보이며 세 번이나 절을 했다"라고 비난하기도 했다. 이 글에서 특히 눈에 거슬리는 대목은 "우리 당이 일시적인 분노를 이기지 못해 비난과 욕설을 퍼부은 것은 아무런 문제도 되지 않는다"라고 한 부분이었다. 우리 당이라니! 그게 무슨 당이란 말인가? 노신은 이런 주장에 대해 대단히 애매모호한 자기변호라고 일축했다. '조화'라는 말은 그로 하여금 '당'의 존재, 즉 영웅의 입과 얼굴을 지니고서도 이리저리 사람들을 피하는 무리들을 연상케 했다.

임묵의 글에 대해 취했던 태도와 마찬가지로 그는 즉각적으로 반응을 보이지 않다가 연말이 되어서야 주간 『희戱』 편집자에게 답하는 편지에서 소백의 글에 대해 언급했다.

만일 내가 전한 선생의 판결에 흔들렸다면 앞으로 아무것도 쓰지 못할 것이다. 하지만 난 그럴 필요가 없다고 생각한다. 그저 이런 자리에서 성명을 하나 발표하면 될 것 같다. 내게는 남들이 나의 편지를 간행물에 발표하는 것을 금지할 만한 아무런 권력도 없고 또 앞으로 누가 어떤 글을 쓰게 되리라는 것을 예견할 수도 없기 때문에 같은 간행물의 어느 작가에게도 조화 여부의 의견을 가질 수 없다는 것을 밝히면 되는 것이다. 하지만 같은 진영에 있는 사람이 등뒤에서 나를 향해 칼을 겨눈다면 그에 대한 나의 증오와 차별은 적에 대한 증오를 훨씬 넘어서게 될 것이다.

이처럼 엄숙한 경고에 대해 좌련 내부에서는 그래선 안 된다고 생각하는 사람들이 나타났다. 예컨대 하연은 이 글을 읽고 나서 가가대소하면서 "이 늙은이가 또다시 소란을 피우는구먼!" 하고 비아냥거렸다.

이런 사실을 알게 된 노신은 나중에 문집을 편찬하면서 부기에서 "내가 주간 『희』의 편집자들을 향해 '소란을 피운 것'은 편집자 가운데 한 사람이 바로 전한 동지이고 전한 동지가 바로 소백 선생이기 때문이다"라고 밝혔다.

편지글을 통해 노신은 여러 차례 소백과 임묵의 이름을 함께 거명했다. 그는 양제운楊霽雲에게 보낸 편지에서 "발바리들 따위는 두려워할 것 없네. 가장 두려운 것은 입으로는 바른 말을 하지만 마음은 잘못되어 있는 이른바 '전우'들일세. 이들에 대해서는 아무리 방비하려 해도 방비할 수 없기 때문이지. 예컨대 소백 같은 인물들이 대체 무슨 생각을 갖고 있는지 아직도 확실히 알 수가 없네. 이들의 후면 공격에 대비하기 위해 나는 '옆으로 서는' 수밖에 없을 것 같네. 적을 정면으로 바라보지 못하고 항상 앞과 뒤를 동시에 경계하다 보니 정말 힘이 드네"라고 말했고, 이어서 "이들 때문에 엄청난 기력을 허비하고 있다는 것이 때로는 정말 화가 날 때가 있네. 이러한 기력을 중요한 일에 제대로 쓸 수 있다면 커다란 성과를 거둘 수 있을 텐데 말일세!"라고 한탄했다. 주양이 좌련을 장악하게 되자 노신은 정식으로 '옆으로 누워' 싸움에 임하는 단계로 진입했다. 이 시기 동안 그는 나이와 질병, 백색테러, '노예 총감독'의 채찍과 '전우'들이 남몰래 쏘아대는 화살 등에 시달리면서 좌련이 막 설립되었을 때와 같은 건강하고 왕성한 패기를 보이지 못하고 비분에 휩싸여 세월을 보냈다.

게다가 『역문譯文』 사건이 터지면서 노신은 커다란 마음의 상처를 입게 되었다. 사실 이 사건도 '동인'들로 인해 야기된 것이었다. 이 '동인'들 가운데 가장 먼저 문제가 된 인물이 모순이었다. 일찍이 역문사를 설립하여 주간 『역문』을 출판하기로 결정되었을 때부터 있었고, 이어서 여열문黎烈文이 나타났으며 나중에는 문학사의 젊은 편집자인 황원黃源이 가세하게 되었다. 이 간행물은 생활서점에서 출판하기로 되어 있었고, 출판 조건은 우선 3기까지만 시험적으로 운영해보되 편집비와 원고료는 일체 지급하지 않고 판매 부수가 수천 부를 넘을 경

- 왼쪽 _ 황원(黃源, 1906~　). 절강 해염 출신으로 일찍이 일본에 유학했으며 1933년부터 『문학』, 『역문』, 『역문총서』 등의 주편을 맡다가 1938년에 신사군(新四軍)에 참가하고 같은 해에 중국공산당에 입당했다. 화동문화부 부부장, 화동 문협 주석, 당조서기, 중앙절강성위원회 문교부 부부장 및 문화국장 등을 역임했다. 1957년에 우파로 몰려 비판을 당했다가 복권된 후 절강성 문련 명예주석, 성작가협회 명예주석, 중국작가협회 명예부주석 등을 지냈다. 저서 『시콜로프의 생애와 작품』, 『고리키의 대표작』, 『일본현대단편소설역총』 등.
- 중앙 _ 소군(蕭軍, 1907~1988). 필명이 전군(田軍)으로 요녕(遼寧) 금현(錦縣) 출신의 작가이다. 노신이 사망한 후에 이리저리 떠돌다가 연안으로 가서 중화전국문예통일항적협회 연안분회 이사, 노신연구원 주임간사, 『문예월보』 편집위원, 동북대학 노신예술학교 교장 등을 역임했다. 『문화보』의 주편을 맡으면서 주양이 주재하던 『생활보』로부터 비판을 받은데다 반소(反蘇)의 누명을 쓰게 된 이후로 문단에서 종적을 감췄다. 1949년 이후에는 문물 연구에 종사하다가 40년 후에 복권되어 자신을 '출토된 인물'이라 자조하기도 했다. 저서 『8월의 향촌』, 『오월춘추사화』 등.
- 오른쪽 _ 소홍(蕭紅, 1911~1942). 본명은 장내영(張乃瑩)이고 필명이 초음(悄吟)으로 흑룡강 호란하(呼蘭河) 출신의 작가이다. 9·18사변 이후 소군과 함께 동북에서 청도(靑島)로 도망했다가 1934년 10월에 상해로 가서 노신을 만나게 되었다. 1936년에 일본으로 갔다가 항일전쟁이 발발한 후에 귀국했다. 이듬해에 소군과 함께 산서 임분(臨汾)으로 가서 민족혁명대학에서 교편을 잡다가 나중에 헤어졌다. 1941년에 홍콩으로 갔다가 이듬해에 병사했다. 저서 『생사의 장』, 『호란하전(呼蘭河傳)』, 『마백락(馬白樂)』 등. 일본에서 귀국한 후에 매년 노신을 기념하는 글을 발표했는데 그 가운데 유명한 것이 『노신 선생을 추억함』이다.

우 다시 계약을 맺어 산정하게 되어 있었다. 제3기까지는 노신이 직접 편정작업을 맡았고 제4기부터는 노신의 부탁으로 황원이 편집업무를 맡게 되었다. 또한 『역문』을 기초로 '역문총서'를 기획 출판하기로 하여 황원이 생활서점과 접촉했으나 서점 내부의 인사 문제로 인해 계속 지연되고 열매를 맺지 못했다. 이에 황원은 다시 오랑서吳朗西와 파금巴金이 주재하고 있는 문화생활출판사와 접촉하여 이 문제를 의논하게 되었다.

이 무렵 어느 날 밤, 모순과 정진탁이 노신의 집으로 찾아와서는 생활서점에서 저녁을 초대했다고 전했다. 노신이 이를 받아들여 세 사람은 함께 신아공사新亞公司로 갔다. 이날 저녁 식사에 동석한 사람은 추도분鄒韜奮과 필운정畢雲程, 호유지胡愈之, 부동화 등도 포함하여 모두 일곱 명이었다. 식사 중에 생활서점 사장인 필운정은 갑자기 『역문』 편집장 자리에 황원 대신 다른 사람을 앉히겠다고 하면서 노신에게 승낙을 구했다. 『역문』은 개인의 재산이 아니고 황원 역시 그가 개인적으로 부리는 하인이 아닌데다 편집장을 교체하는 문제도 역문사 내부의 일인데 어째서 서점 측에서 먼저 나서서 이런 의사를 표명하는 것인가? 그리고 모순도 『역문』에 관여하는 동인의 한 사람인데 어째서 아무런 태도 표명도 하지 않고 있는 것인가? 노신은 이것이 완전히 사전에 계획된 일로서, 황원에 대해 궐석재판을 하려는 것임을 직감했다. 저녁을 먹자는 것이 아니라 '흘강차(吃講茶, 옛날 중국의 건달들 사이에 분쟁이 발생했을 때 쌍방이 찻집에 모여 중재자가 동석한 가운데 시비를 가리고 화해하던 관습—옮긴이)를 마시자는 것이었다. 노신은 음식을 전혀 입에 대지 않은 채 젓가락을 내려놓고 그 자리에서 나와버렸다. 자리를 뜨면서 그는 모순에게 다음날 여열문과 함께 자신의 집으로 찾아와 달라고 당부했다.

● 호유지(胡愈之, 1896~1986). 정치활동가이자 신문 출판인으로 절강 상우(上虞) 출신이다. 1920년에 정진탁, 심안빙(모순) 등과 함께 공동으로 문학연구회의 조직을 발기했고, 1931년에는 추도분과 공동으로『생활주간』과『동방잡지』의 주편을 맡았다. 또한 『서행만기(西行漫記)』와『노신전집』의 출판을 주재했고 1949년 이후에는『광명일보』의 총편집장 등을 지냈다.

약속대로 다음날 모순과 여열문이 찾아오자 노신은 두 사람이 자리에 앉기 무섭게 주머니에서 이미 서명된『역문』계약서를 탁자 위에 꺼내놓으며 말했다. "어제 저녁에 있었던 일은 심(沈, 모순의 본명이 심안빙임—옮긴이) 선생께서 여 선생에게 이미 전달했겠지요?" 모순이 그렇다고 대답하자 노신은 다시 말을 이었다. "여기서 더는 얘기하진 않겠소.『역문』의 두번째 해 계약서는 내가 이미 서명했는데 어제 그 사람들이 번복한 것이오." 그는 탁자 위에 놓인 계약서를 가리키면서 한마디 덧붙였다. "이것으로 이 계약은 없던 일이 되는

제3부 예술의 길, 혁명의 길 345

거요." 그는 계약서를 집어들고는 박박 찢어버린 다음 생활서점이 『역문』을 계속 출판하되 황원과 직접 계약하고 황원에게 직접 서명하게 할 것을 제안했다. 두 사람이 이에 동의하자 노신은 모순에게 이런 사실을 생활서점에 전하라고 당부했다.

황원으로 하여금 직접 계약하게 하려는 노신의 제안은 생활서점의 계획에 큰 혼란을 가져다주었고, 추도분이 생활서점에서 이 일을 담당하도록 소개한 호유지는 그 자리에서 황원을 질책하면서 신아공사에서 보인 노신의 태도는 지극히 관료주의적이었다고 비난했다. 그러고는 마지막으로 노신으로 하여금 이미 내린 명령을 철회하게 하고 황원이 직접 이러한 결정을 전달하게 해야 한다고 말했다. 며칠 후 황원은 노신으로부터 편지 한 통을 받고서야 이 일에 정진탁이 개입되어 있었다는 사실을 알게 되었다. 하지만 아무 소용이 없었다. 『역문』 사건은 이것으로 끝이 나고 말았던 것이다.

이 사건은 '작은 인물'들을 보호하기 위한 노신의 투쟁이자 개인의 존엄을 지키기 위한 투쟁이었으며 또한 자본을 앞세운 패권 세력에 대한 반항이자 번역사업을 극력 개척하기 위한 투쟁이었다. 이 사건의 본질과 이를 전후로 하여 노신이 취한 태도에 관해서는 1935년 10월 4일자 소군蕭軍에게 보낸 편지에서 자세한 정황을 알 수 있다.

    『역문』이 정간된 데 대해 자네는 몹시 격분한 것 같네. 하지만 난 그렇지 않네. 평생 이런 일을 수없이 겪어왔기 때문에 이미 마비가 돼버렸기 때문일세. 게다가 이건 아주 작은 일에 불과하네. 하지만 계속 싸워나가야 하지 않겠나? 물론일세. 계속 싸워나가야 하네. 상대가 누구이든지 간에 말일세. (중략) 내가 이전에 사람들에게 우롱당한 것은 아주 당연한 일일세. 그게 처음 있는 일도 아닐세. 하지만 그들의 원래 모습이 드러나기 전에도, 그들이 하려는 일이 중국에 유익한 일인 것처럼 보이기만 한다면 나는 힘껏 도울 생각이네. 이것이 내가 줄곧 견지해온 일하는 태도일세. 처음 속임을 당한다 해도 또다시 당할 가능성은 얼마든지 있네. 그래도 나는 할 걸세. 내가 한번 도둑질을 당했다 해서 세상 전체를 도둑으로 의심할 수는 없는 일이 아니겠나. 물론 확실한 근거를 확보하는 것은 별개의 일이겠지.

    그날 저녁 그들은 회의를 하고 나서 나를 찾아왔네. 황 선생에 관한 문제였지. 이때 나는 비로소 자본가와 그 동조자들의 본질을 확인할 수 있었네. 그들의 전횡과 비겁하고 쩨쩨한 기질은 나의 예상을 크게 넘어섰지. 비록 수많은 사람들이 내가 의심이 많고 냉혹하다고 생각하고 있지만 나를 밀어주는 사람들은 정말 너무나 좋은 쪽으로만 흐르고 있다는 생각이 드네. 하지만 그들의 표현은 생각만큼 좋지 않네. (중략)

우린 모두 잘 지내고 있네. 일은 너무 적게 하고 있는 편이네. 때문에 때때로 푸념이 나오기도 한다네. 생활서점 사건은 아무것도 아닐세. 그들 일은 입에 올릴 만한 가치도 없네. 우리는 우리 일만 잘하면 되는 거지.

나중에 노신이 백방으로 노력한 덕분에 『역문』은 다시 부활할 수 있었다. 그가 번역한 러시아 작가 고골리의 『죽은 영혼』은 원래 『세계문고』에 연재될 예정이었고 독자들에 대해 책임을 지기 위해서라도 생활서점에 대한 불만으로 연재를 중단하고 싶지는 않았다. 『역문』이 복간되자 그는 『죽은 영혼』 제2부의 원고를 『역문』에 발표하였다. 아울러 정진탁에게 편지를 보내 이미 연재된 부분은 다시 모아 출판하지 않을 것이고, 일부 출판 예고에서도 자신의 이름을 삭제해야 한다고 말했다. 이는 자신과 그들과의 관계가 완전히 결렬되었음을 선언하는 것에 다름 아니었다.

고압적인 정치 상황과 발바리 및 동인들의 협공 속에서 노신은 옆으로 누워 도처에서 날아오는 공개적·비공개적 갖가지 공격에 맞서 힘든 싸움을 하고 있었다. 그는 '노예사'라는 이름으로 소홍蕭紅의 「생사의 장生死場」과 소군의 「8월의 고향」, 섭자葉紫의 「풍수豊收」 등이 포함된 『노예총서』를 출판하는 동시에 창작에 있어서는 문화비판에 주력했고 나중에는 점차 문사文史에 치중하여 권력과 지식, 정치와 문화, 지식계급 자체의 문제 등 그 배후에 깔려 있는 갖가지 문제에 천착하면서 조상들의 묘를 파내는 일에 집중했다. 『화변문학』에 이어서 출판된 『차개정잡문且介亭雜文』, 『차개정잡문2집』 등에 이러한 글들이 집중적으로 수록되어 있다.

● 노신이 번역한 러시아 작가 고골리의 소설 『죽은 영혼』.

그 가운데 일본의 월간 『개조改造』에 발표된 「중국의 두세 가지 일에 관하여」는 다분히 공격적인 성질을 띠고 있었다. 여기서 말하는 이른바 두세 가지 일이란 중국의 불과 왕도, 감옥을 지칭한다. '불'에 관한 대목에서 그는 신화의 전고典故와 현실 속의 문서사건을 연결시켜 불의 신에게 제사를 올리는 민간의 습속을 묘사하면서 어떠한 권력의 압박으로도 인심을 완전히 정복할 수 없음을 밝히는 동시에, 권력자들 또한 그를 찬양하고 감사의 노래를 부르는 이들이 있어 왕도정치를 펼칠 수 있는 것이 아님을 분명히 하고 있다.

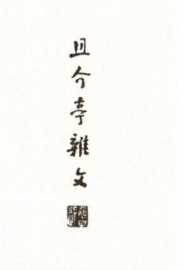
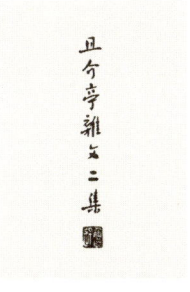
● 노신이 표지를 디자인한 『차개정잡문(且介亭雜文)』과 『차개정잡문2집』.

중국의 왕도에서 언뜻 보기에는 패도에 대립되는 것처럼 보이는 것들도 사실은 패도와 형제간이라 왕도의 앞뒤에는 반드시 패도가 수반된다. 백성들이 이를 구가하는 것은 패도가 경감되거나 더 심화되지 않기를 바라기 때문이다. (중략) 옛날에는 진정한 왕도가 있었다고 말한다면 이는 허튼소리이고 아직도 왕도가 남아 있다고 한다면 이는 새로운 약일 것이다.

국민당 정부의 문화전제주의의 오랜 뿌리를 잘라버리기 위해 노신은 명·청 시기의 필기소설과 야사, 금서, 공문서 등을 사들여 읽으면서 「격막隔膜」, 「'소학대전'을 사면서買'小學大全'記」, 「병후잡감病後雜感」, 「병후잡감지여病後雜感之餘」 등의 글을 써서 명·청 시기의 문자옥을 통해 당시의 현실을 폭로했다.

「격막」과 「'소학대전'을 사면서」에서는 노재奴才 문인들에 대해 설명하면서 이들이 충성을 다하고서도 재앙을 당해 비참한 최후를 맞아야 했던 것은 주인과 종 사이의 엄격한 구분을 이해하지 못했기 때문이라고 지적했다. 종에게는 순종과 봉행奉行만이 허락되고 의론은 허용되지 않기 때문에 주인인 통치자에 대해서는 애당초 평론이 불가능할 뿐만 아니라 맹목적인 가공성덕歌功盛德도 허락되지 않는다는 것이다. 이것이 바로 '생각이 그 지위를 벗어날 수 없다'는 이치이다. 또한 이 글에서는 청대의 건륭 황제 같은 '영주英主'들의 통치심리에 대해서도 상세히 분석하고 있다. "청대에는 주자朱子를 숭상하긴 했지만 숭상에 그쳤을 뿐, 그를 본받으려 하지 않았다. 그를 본받으려면 강학이 있어야 하고 강학을 위해서는 학설이 있어야 하며 그 결과 문도門徒가 형성되게 되는데, 문도가 형성되면 문도들 사이에 분쟁이 생겨 태평성세에 누가 되기 때문이다. 게다가 이들 '명유名儒'들을 관료로 앉히게 되면 스스로 '명신'을 자처하면서 자만에 빠지게 된다. 건륭은 청 조정에 '명신'이 생기는 것을 바라지 않았고 대신 자신이 영주, 즉 명군이 되었기 때문에 그가 통치하던 시대에는 간신이 없었다. 특별히 간사한 신하도 없고 특별히 뛰어난 산하도 없이 모든 신하들이 고만고만했고 이른바 착한 종과 악한 종의 구별이 없었던 것이다."

통치자들은 문예정책 또는 문화통제에 있어서 소극적으로는 참수와 금서 등의 수법으로 세상 사람들과의 단절을 꾀했다. 문자옥을 일으켜 사가들로 하여금 역사를 기록하지 못하게 하고, 특히 가까운 시대의 역사에 대해서는 입언立言을 완전히 금했다. 한편 적극적으로는 사고전서四庫全書를 흠정했고, 문제가 되는 역사 저작물들에 대해서는 수정과 감정鑑定을 가하기도 했다. 이런 식으로 통치자의 사상을 하나의 조류 또는 세력으로 만듦으로써 지식인들로 하여금 의식적으로 이러한 조류에

● 1934년 8월, 우치야마의 집에서 찍은 사진. 왼쪽 첫번째가 우치야마이고 세번째가 노신이다.

영합하게 했던 것이다.

「병후잡감」과 「병후잡감지여」에서는 연이어 문자옥과 문자옥 이외의 통치자의 학정 사례를 설명하고 있다. 유사 이래 중국인들은 이족뿐만 아니라 동족에 의해서도 다양한 형태의 학살과 노역, 약탈과 처형에 시달려야 했고 인간으로서 견뎌내기 힘든 고통 속에 처해지기도 했지만 항상 몸으로 감내하곤 했다. 지독한 고문이라도 당할 때에는 인간 세상이 아닌 다른 세상에 살고 있는 듯한 느낌이 들기도 했을 것이다. 그러나 중국의 문인들은 피눈물 속에서 한적함을 찾는 데에만 능했다. "그들은 승평을 노래했을 뿐만 아니라 어둠마저도 미화하고 장식했다." 노신은 글에서 통치자들의 흉포함과 문인들의 순종적인 기예를 대조적으로 묘사함으로써 도처에서 갖가지 그럴듯한 명목으로 중국의 현실을 회피하는 재자才子들에 대한 경멸과 분노를 쏟아냈다.

이런 글들이 검사관들의 눈을 피할 수 없는 것은 너무도 당연한 일이었다. 월간 『문학』에 보내진 「병후잡감」의 원고는 5분지 4가 삭제되어 앞부분 한 단락만 남게 되었다. 노신은 이를 보고 "머리 하나만 남았다"고 희화화하여 말했다. 그는 삭제되고 남은 부분을 그대로 발표해줄 것을 요구했다. 군중들에게 '잘린 목'을 보여주려는 의도에서였다. 글이 발표되자 '노신은 병든 모습을 좋아한다'는 일부 작가들의 비평이 뒤따랐다. 「병후잡감지여」는 여러 차례 삭제를 반복한데다 제목도 「병후여담病後餘談」으로 바뀌었고 특히 '분노의 해소에 관하여'라는 부제를 붙이는 조건으로 발표가 허락되었다. 하는 수 없이 노신은 나중에 문집을 출판할 때 삭제된 부분을 완벽하게 보완하면서 삭제되었던 부분에 따로 방점을 붙여 중국 문자옥의 역사에서 가장 가치 있는 실례를 보존하려 했다.

글을 쓴다는 것이 이런 지경에 이르렀다면 무엇 때문에 글을 쓰려 하는가? 하지만 세상 어디에도 피할 수 있는 곳이 없었다. 야마모토 하쓰에山本初枝가 그를 일본으로 초청하고, 소삼이 소련에서 제1차 전소全蘇작가 대표대회에 참가 의사를 물었다고 전해왔지만 그는 모두 거절했다. 그는 야마모토 하쓰에에게 공손한 문투로 편지를 보내 거절의 이유를 설명했다. "일본은 풍경이 아름다워 자주 그리워지곤 합니다. 하지만 일본행은 아무래도 어려울 것 같습니다. 가고 싶어도 선뜻 나서기가 어렵군요. 게다가 지금으로서는 중국을 떠날 수가 없습니다. 암살이라는 방법으로 얼마든지 사람들을 놀라게 할 수 있기 때문에 암살자들이 발호하고 있습니다. 그들은 이미 제가 청도靑島로 도피했다는 유언비어를 퍼뜨리고 있기 때문에 지금은 더더욱 상해에 남아 있지 않으면 안 됩니다. 게다가 저는 글을 써서 그들을 질책해야 하고 이를 출판하여 마지막에 누가 멸망하는지를 보아야 합니다." 소삼에게도 "오래전부터 대회에 참가하고 싶었지만 지금의 상황으로는 집을 떠나기도 어려울 듯하네. 일단 집을 떠나면 다시 돌아오기도 어려울 것 같네. 게다가 참관기를 써서 발표한다 해도 모든 상황을 나 한 사람밖에 알 수 없을 걸세. 사회 전체에 전달할 방법이 없다면 굳이 소련에 갈 의미가 없지 않겠나? 지금으로서는 그대로 이곳에 남아 글을 쓰는 것이 보다 바람직한 일일 것 같네"라고 설명했다.

그는 상해를 떠날 수 없었다.

그는 중국을 떠날 수 없었다.

그는 자신의 위험한 처지를 잘 알고 있었지만 그럼에도 불구하고 '족쇄를 찬 진군'을 계속할 생각이었다.

좌련 해산 전후

중국공산당이 이끄는 홍군은 국민당 정부 군대의 포위 속에서 실패와 분투를 반복하다가 장장 2만 5천 리에 달하는 대장정大長征을 거쳐 1935년 10월, 마침내 섬북陝北에 도착했다. 제3인터내셔널과 스탈린은 극동 및 전체 국제정세에 대한 검증을 거쳐 제국주의자들이 반소反蘇 투쟁을 전개하고 있다고 판단하고 일본이 붙인 전쟁의 화염을 제압하여 중국에서의 전쟁을 종식시켜야 한다는 결론을 내리게 되었다. 스탈린은 중국공산당은 아직 반침략전쟁을 지도할 정도로 강대해지지 못했고 장개석만이 중국의 항일전쟁을 이끌 수 있다고 판단했다. 그리하여 소련은 엄청난 규모의 군사원조를 국민당에 집중 원조해주었고, 공산당에 대해서는 긴급한 의약품과 의료시설, 그리고 약간의 정치선전물만을 제공하면서 소련의 지시를 거역하지 말 것을 당부했다. 7월과 8월 두 달 사이에 제3인터내셔널은 제7차 대표회의를 소집했다. 제3인터내셔널에 주재하고 있던 중국공산당

대표단은 중국공산당의 명의로「항일구국을 위해 전국 동포에게 고하는 글」, 즉 〈8·1선언〉을 발표했고 중국공산당 대표 왕명王明은「반통일전선을 논함」이라는 제하의 보고를 발표했다. 이 보고의 기본 정신은 모스크바 측의 정책 입장을 반영하고 있었다.

동북의 네 성省이 일본군의 손으로 넘어간 후 화북華北의 다섯 성에서는 연이어 자치운동이 일어났다. 12월 9일, 북평의 학생들은 거리로 몰려나와 큰 소리로 구호를 외치며 청원을 위해 신화문新華門을 향해 달려갔다. 국민당 당국은 청원에 나선 학생들을 접견할 것을 거부했을 뿐만 아니라, 군경을 동원하여 이들을 해산시키는 과정에서 30여 명이 넘는 학생들이 체포되었고 100명이 넘는 학생들이 부상을 당했다. 이것이 바로 그 유명한 '12·9운동'이다. 이 운동은 국민당 정부의 반인민, 반민주적 실상을 폭로하는 동시에 민중의 힘에 의지하여 민족혁명 전쟁을 수행해야 한다는 필요성을 강하게 부각시키는 계기가 되었다.

12월이 되자 중국공산당 중앙정치국은 섬북 와요보瓦窯堡에서 회의를 개최했다. 회의가 끝난 후 모택동毛澤東은 당의 활동요원들을 다시 모아놓고「일본 제국주의에 반대하는 책략을 논함」이라는 제하의 보고문을 발표하면서 항일 민족통일전선의 영도권이 반드시 중국공산당에게 귀속되어야 한다고 주장했다. 영도권 문제에 있어서 모택동이 당의 이익에서 출발하여 장개석에 대해 전개한 폭로와 질책은 국민당 정부에 대한 노신의 적대적 태도와 일치하는 것이었다. 이는 결론의 일치인 셈이었다. 노신은 공산당의 진정한 입장을 충분히 이해하지 못하고 있었다. 상해에서는 국민당 통제하에 한정된 몇몇 신문에 의지하여 정보를 얻고 있었기에 공산당과 홍군에 대한 보다 자세한 소식은 얻지 못했기 때문이다. 좌련의 당 조직과 중국공산당은 실질적으로는 거의 단절 상태에 놓여 있던데다 주양 같은 인물들이 당을 대표하는 것처럼 보였기 때문에 그는 수시로 격분하면서 고독과 비애에 휩싸였다.

노신은 일찍이 허수상에게 써 보낸 칠언율시에서 당시의 감정을 이렇게 묘사했다.

> 천하가 가을 추위로 엄숙하기만 한데
> 감히 봄날의 따스함을 붓끝에 싣네
> 속세의 먼지 바다 아득하여 온갖 감흥이 깊이 가라앉고
> 쇠 바람 소슬한 가운데 수많은 관리들이 달리네
> 늙어서 큰 연못으로 돌아가니 향초와 부들 다 지고
> 꿈은 사라져 허공에 뜬 구름 바라보며 시린 이를 달래네
> 적막하고 고요한 가운데 들닭 소리 무서운데
> 자리에서 일어나 별을 보려 하니 난간이 가로막고 있네
> 曾驚秋肅臨天下 敢遣春溫上筆端

塵海蒼茫沈百感 金風蕭瑟走千官
老歸大澤菰蒲盡 夢墜空雲齒髮寒
竦聽荒鷄偏関寂 起看星斗正闌干

같은 날, 그는 또 친구를 위해 두 장의 글씨를 썼다. 하나는 당대 전기錢起의 「상령고슬湘靈鼓瑟」이고 다른 하나는 명대 항성모項聖謨의 '울부짖는 바람 속에 큰 나무 하나 하늘 위로 우뚝 솟았네風號大樹中天立'라는 제화시題畵詩로 이 시는 그가 이전에도 여러 번 썼던 것이다. 며칠 후에도 몇 폭의 글씨를 써서 사람들에게 나눠주었는데, 이러한 행위는 주로 자신의 적막한 마음을 달래기 위한 것이었다. 또한 그는 남송 시인 정소남鄭所南의 시 「금전여소錦錢余笑」를 써서 전섭田涉에게 주었다. 시의 전문은 이랬다.

나면서부터 고통스런 노래를 좋아했고
하늘과 더불어 의기를 다퉜네
스스로 이백 두보라 자칭하며
달리는 말 아래서 바람을 피했네
그러나 이제는 몸이 늙어
콧물 수습할 힘조차 없네
글이 되지 않을 뿐만 아니라
틀린 글자도 너무나 많다

生來好苦吟 與天爭意氣
自謂李杜生 當趨下風避
而今吾老矣 無力收鼻涕
非惟不成文 抑且錯寫字

 호방한 성정이 네온불빛처럼 다가왔다가 순식간에 몸을 돌려 멀어져갔다. 유머 속에 무력감을 실감하면서 인간 세상의 쓴맛을 추스르는 애달픔이 배어 있는 것이다.

 제3인터내셔널 제7차 대표대회가 끝난 후 국제혁명작가연맹의 좌련 대표 소삼蕭三은 고국으로 편지를 써서 이 조직에서 좌련을 제명한다는 소식을 전했다.
 이 편지는 노신을 통해 좌련에 전달되었다. 노신은 이 편지가 소삼 개인의 뜻을 담고 있는 것이 아님을 분명히 알고 있었다. 이 편지에서는 '신월파'와 '제3종인'에 대한 비판으로 시작하여 최근 몇 년 동안 문화사상계에서 대두되었던 논쟁과 함께 통일전선의 문제를 언급하고 있었다. 하지만 노신이 보기에는 혼란스럽고 불분명하며 잘못된 부분이 적지 않았다. 좌련이 안고 있는 폐쇄주의의 심각성에 대해서는 그가 누구보다도 더 잘 알고 있었다. 그는 이전에도 누군가에게 "그들은 실제로 나까지 문밖에 세워둔 채 못 들어오게 하고 있다"라고 말한 적이 있었다. 사실은 문밖에 세워두기만 한 것이 아니라 채찍을 휘둘러 쫓아버리기까지 했던 것이다. 1935년부터 1936년까지 '채찍'이라는 비유가 그의 편지에 얼마나 자주 등장했는지 모른다. 그는 편지에서 주양을 '원수元帥', '노동자의 우두머리', '노예 총관', '지휘자' 등으로 비유하면서 자신은 아무 일도 하지 않으면서 남들에게만 일을 시킨다고 비난했고, 심지어 '나태하다', '글도 쓰지 않는다'는 등의 표현을 써가며 심하게 질책했다. 젊은 친구인 소군이 좌련에 가입하려 했을 때에도 이에 대한 그의 의견은 매우 분명했다. "지금은 가입할 필요가 없다"는 것이었다. 좌련의 핵심에 대해 그는 이미 완전히 실망한 상태였고, 이성적인 면뿐만 아니라 감정적인 면에 있어서도 이런 상황을 받아들이기 어려웠다.

처음 좌련이 설립되었을 당시 그가 기꺼이 그들에게 이용당하려 했던 것은 첫째, 성원들이 전부 문학청년들이기 때문이었고, 둘째는 당국에 대항하기 위해서였다. 당시의 태도를 얘기하자면 아직은 그다지 적극적이지도 않았고 결연한 편도 아니었다. 하지만 유석 등이 희생된 후부터는 감정 깊은 곳에서 자신을 좌련의 운명과 한데 연결시키기 시작했다. 이런 것들을 잊어버리기 위해 유석 등이 그 대가로 피와 생명을 지불한 단체를 완전히 포기하고 심지어 살인자들과 '통일전선'을 형성하는 것이 그로서는 받아들이기 어려운 일이었다. 또한 외부나

상부에서 해산을 지시하는 것도 그는 받아들일 수 없었다. 자발적으로 조직된 단체인 만큼 설립과 해체는 똑같이 그 내부의 일이었다. 좌련의 운명과 관련된 큰 일들은 누구의 명령이든지 간에 모두 맹원 자신들의 선택을 대신할 수 없었다. 따라서 편지를 좌련의 당 조직에 전달한 후 그는 맹원들 사이에 집단적인 토론과 상의가 이루어지기를 기대했다. 그러나 그가 꿈에도 생각지 못한 일이 있었다. 사실 좌련을 해산시키려는 계획은 오래전부터 준비되어 서서히 진행되고 있었던 것이다.

일찍이 10월 상순에 새로운 중앙문화공작위원회(문위) 조직이 완료되었고 좌련 당단 서기인 주양이 서기로 추대되어 있었다. 소삼의 편지를 받기 전에 주양을 우두머리로 하는 '문위' 위원들은 이미 파리에서 출판된 『구국보救國報』와 제3인터내셔널 기관지인 『국제통신』에서 〈8·1선언〉과 지미트로프가 국제공산당대회에서 행했던 보고를 읽고는 항일연합전선을 건립하기 위해 적극적인 움직임을 보이고 있었다. 소삼의 편지는 원래의 계획을 서둘러 마무리 짓도록 독촉하는 기능밖에 하지 못했다. 12월에 주양은 자신의 집에서 제1차 '문위' 확대회의를 개최하여 문위에 소속된 각 연맹을 해산시키기로 결정했다. 물론 좌련도 이에 포함되었고 중국문예가협회의 결성을 위한 의제도 상정되어 있었다. 이 회의에서는 중국문화총동맹(문총)을 해산하고 새로운 당단을 설립하여 통일적인 지도를 펼쳐나가기로 결정했다.

하지만 좌련을 해산하려면 반드시 노신의 동의가 있어야 했다. 그들은 이 늙은이(노신을 가리킴―옮긴이)가 다루기 쉽지 않다는 것을 알고 있던 터라 연구와 고심을 거듭한 끝에 하연을 시켜 먼저 모순을 찾아가 이러한 사정을 설명하면서 모순으로 하여금 소삼의 편지에 대한 노신의 의중을 살피게 한 다음, 그 결과에 따라 다음 행보를 취하기로 결정했다.

모순이 주양과 하연 등의 견해를 전달하자 노신의 대답은 아주 간단했다. 문예가 항일통일전선을 위한 단체를 결성하는 데 동의하고 '토요일파禮拜六派'도 항일에 찬성한다면 이 단체에 참가할 수 있겠지만, 이 단체의 핵심은 반드시 좌련이어야 한다는 것이었다. 좌련이 해산된다면 문예가들을 제대로 통솔할 수 없을 것이고, 그렇게 되면 남들에 의해 통솔되는 결과를 초래할 것이라는 게 노신의 우려였다. 통일전선의 문제에 있어서 노신은 주체가 존재해야 하는 것이 가장 핵심문제라고 생각했다.

사흘 후 모순은 약속대로 이런 정황을 주양과 하연에게 알렸다. 하연은 조직에 핵심이 없을 수는 없다면서 모두가 이 조직 안에 있으니 핵심인물인 셈이 아니냐고 변명했다. 모순은 이러한 의견을 노신에게 전달하는 것이 좋겠다고 건의했다. 다음날 모순이 노신의 집을 찾아

● 하연(夏衍, 1900~1995). 본명은 심단선(沈端先)으로 절강 항주 출신이다. 중국국민당에 가입하여 주일본 총지부 상무위원, 조직부 부장 등을 역임하다가 나중에는 노동자운동과 번역사업에 종사했다. 1929년에 좌련 준비 업무에 참여하고 좌련지위 위원, 상해문위 위원, 홍콩에서 『화상보(華商報)』와 『신화일보』의 총편집장을 맡았다. 1949년 이후에는 상해시 문화국 국장, 중공 상해시위 선전부장, 상해시 문련 주석, 문화부 부부장, 중국문련 부주석, 중국영화가협회 주석 등을 역임했다. 저서로 극본 『상해의 처마 밑』, 『파시스세균』, 『새금화(賽金花)』, 영화 시나리오 『풍운여아』, 르포문학 『포신공(包身工)』 등.

노신의 글에서 '사조한자(四條漢子)'라 표현한 인물은 바로 주양, 전한, 하연, 양한생이다.

● 서무용(徐懋庸, 1910~1977). 절강 상우(上虞) 출신 작가이자 번역가, 1933년에 좌련에 가입하여 선전부장과 서기를 역임했다. 1938년에 연안으로 가서 중국공산당에 가입했다. 1949년 이후에는 중남(中南) 군정위원회 위원, 무한대학(武漢大學) 부교장, 중남군정위원회 문화부 부부장, 교육부 부부장, 중공 중남당교 정치경제학 교연실 주임 등을 역임했다. 1957년에 우파로 몰려 정치적 공격을 당했으나 복권되어 나중에 중국과학원 철학연구소에서 일했다.

저작으로 여러 권의 문집과 『톨스토이전』, 『레닌서신집』 등 20여 종의 역서가 있다. 특히 『서무용 회고록』에는 노신과의 교왕에 관한 자세한 기록이 남아 있는데, 주양이 여러 차례 노신과 만나도록 주선해놓고 나중에는 이에 대해 책임을 지지 않은 것은 물론이요, 이런 사실을 부인하며 오히려 자신을 비판하여 불리한 입장에 처하게 했다고 기술하고 있다.

가 자신이 온 이유를 설명하자, 노신은 자세한 의중을 드러내지 않고 빙긋이 웃으며 "나는 이미 오래전부터 이 사람들을 믿지 않았소!"라고만 말했다.

주양은 서무용徐懋庸에게 조직의 명의로 다시 한 번 노신을 찾아가 얘기를 나눠보라고 지시했다. 노신은 과연 노신이었다. 그에게는 우회적인 설득이 먹히지 않았다. 서무용과 모순 둘 다 임무를 제대로 완수할 수 없었다. 노신은 좌련의 해산을 원치 않는다는 한 가지 원칙을 분명히 했던 것이다. 좌련 상무위원회에서 서무용은 노신의 의중에 관해 보고하면서 자신도 노신의 견해에 찬성한다고 밝혔다. 회의를 주재한 사람은 상해 '임위臨委'의 호교목胡喬木이었다. 그의 지도하에 토론을 거쳐 만장일치로 좌련 해산을 통과시켰다. 회의가 끝나자 호교목은 서무용에게 계속 노신을 회유하는 일을 맡겼다. 서무용이 회의의 결의내용과 호교목의 견해를 노신에게 전달하자 노신은 좌련은 어디까지나 모두의 것인 만큼 모두가 해산에 찬성했다면 자신으로서도 이견이 없다고 말하면서 좌련 해산과 관련하여 선언문을 채택할 것을 제안했다. 선언문을 공개 발표하지 않으면 사회에서는 이를 정부의 압력에 굴복하여 자발적으로 해산하는 것으로 여겨질 수 있다는 것이 노신의 생각이었다. 이에 대해 주양은 처음에는 토론해볼 만한 일이라고 얘기하더니 며칠이 지나자 서무용과 토론해본 결과 '문총'에 속한 좌련의 문화조직이 한둘이 아닌데 모두 해산한다고 해서 제각기 선언문을 발표한다면 너무 소란스럽고 안 좋은 영향을 미치게 될 것이라고 말을 바꾸었다. 결국 좌련을 비롯하여 모든 연맹들이 제각기 선언문을 발표할 것이 아니라 '문총'이 총괄적인 선언문을 발표하기로 결정했다. 이 일로 인해 서무용은 세번째로 노신을 찾아갔고, 노신도 그렇게 하는 것이 좋겠다고 대답했다. 그러나 며칠이 지나자 주양은 또 '문총'에서도 선언문을 발표하지 않기로 했다고 말했다. 이리하여 서무용이 네번째로 노신을 찾아가 이런 사실을 전하자 이유 같지 않은 이유를 다 듣고 난 노신은 안색이 일변하면서 입을 굳게 다문 채 아무 말도 하지 않았다.

한때 정열적으로 활발한 활동을 벌이던 좌련은 이렇게 중국 문단에서 소리 없이 사라지고 말았다!

1936년 4월, 서무용은 일본 '개조사' 사장 야마모토 사네히코山本實彦가 중국을 방문하여 노신에게 좌련의 정황에 대해 물었던 기사를 『개조改造』 잡지에서 읽게 되었다. 당시 야마모토의 질문에 노신은 "나도 좌련의 일원이었는데 이 단체가 이미 사라져버렸다는 것을 지금껏 모르고 있었소"라고 대답했다. 이어서 『광명光明』 잡지에도 노신이 하가괴何家槐에게 보낸 편지의 내용이 공개되었다. 이 편지에서도 노신은 "나는 일찍이 어느 단체에 가입한 적이 있는데 지금은 그 단체가 아직 남아 있는지조차 모르고 있네……"라고 말했다. 서무용은 노신이 좌련의 해체 사실을 모른다고 말한 데에는 특별한 의미가 담겨 있다고 생각하고 노신에게 편지를 보냈다. 그리고 아주 빨리 노신의 답장을 읽을 수 있었다.

    좌련이 해산하게 되었다는 얘기는 나도 들었지만 그 뒤로는 아무런 통지도 없더군요. 마치 이를 비밀로 하는 것 같았습니다. 이렇게 하는 것이 꼭 필요한 일인지도 모르지요. 하지만 이것이 동인들이 결정한 것입니까 아니면 다른 사람들의 의견이 개입된 것입니까? 전자라면 해산에 해당하겠지만 후자라면 해산이 아니라 궤산潰散이라 해야 할 것입니다. 이는 결코 사소한 일이 아닌데, 저는 아무런 소문도 듣지 못했습니다. (중략)
  '시비是非'와 '유언비어', '일반적 전설' 등에 대해서 저는 따지거나 해석하고 싶은 마음이 없습니다. 더욱이 '문화文禍'는 막으려 해도 막을 수 없고 씻어버리려 해도 씻을 수도 없습니다. 설사 '말다툼'이 된다 해도 정확히 알 수 없는 일입니다. 그런데 이른바 '그 사람들'이 대체 어떤 사람들을 말하는지는 저 자신도 잘 모르겠습니다. (중략)
  저는 이것이 저의 마지막 편지가 되기를 희망합니다. 지나간 공사는 이것으로 모두 끝입니다.

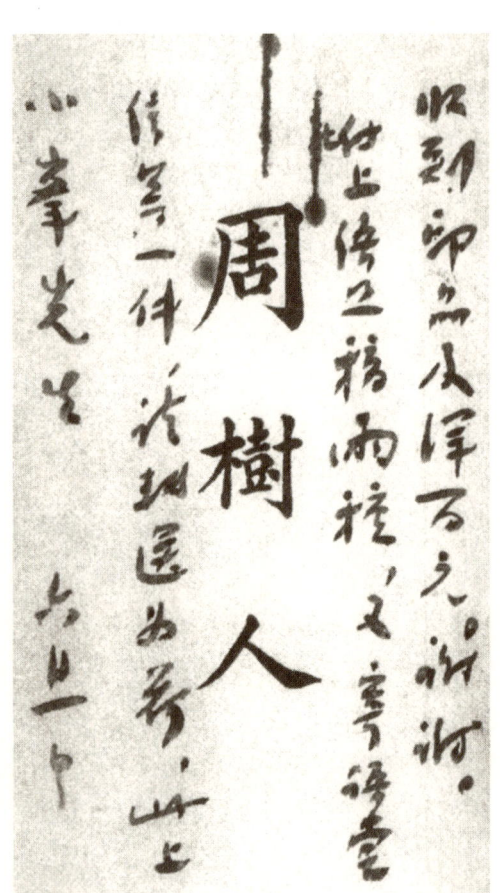

●노신이 상해 시기에 사용했던 명함.

이는 절교의 편지임에 틀림이 없었다. 하지만 노신이 거부했던 것은 서무용 한 사람에 그치는 것이 아니었다. 양제운에게 보낸 편지에서 그는 편지를 보낸 대상은 그 한 사람이지만 이는 한 무리를 대표하여 그가 받게 된 편지라고 밝혔다.

좌련의 해산에 뒤이어 처음에 '작가협회'로 불렸다가 나중에 '문예가협회'로 개칭된 새로운 조직이 적극적으로 준비를 서두르게 되었다.

이를 위해 앞에 나서서 각방으로 연락을 취한 사람은 정진탁과 부동화였다. 이들은 모두 좌련 상무위원회에서 일하면서 모든 일을 주양과 연락을 취해 보고하던 인물들이었다. 정진탁과 부동화는 호소력을 극대화하기 위해 모순을 발기인 가운데 하나로 끌어들였다. 문단에서의 자신의 특수한 지위를 제대로 인식하고 있던 모순은 좌련 내부에서 두 파가 분명하게 대립하고 있는 상황에서 처음에는 중립을 지키기 위해 최선을 다하다가 나중에는 주양이 이끄는 파의 세력이 점차 커지자 그에게로 몸을 기울였다.

『역문』 사건 이후만 해도 모순과 노신 사이의 관계는 다소 격절되어 있긴 했지만 심한 갈등으로 발전되지는 않은 상태였다. 노신에게 보내는 편지에서 모순은 전국의 구망 정세에 관해 언급하면서 "보아 하니 머지않아 진정한 봄이 올 것 같습니다"라고 말했다. 하지만 노신은 회신에서 '봄이 왔다'고 느끼기에는 아직 이르다고 단정하면서 작가협회는 틀림없이 유산되고 말 것이라는 견해를 밝혔다. 그는 모순이 이 협회의 핵심인물이 되리라고는 생각지 못하고 정진탁의 진영과 관련된 일이라고만 생각했다. 그러다가 4월 26일에야 조정화曹靖華에게 보낸 편지에서 모순이 이이 정진탁과 같은 진영으로 합류하여 지휘권을 장악하고 있음을 내비쳤다. 열흘 후 그는 편지에서 다시 한 번 이 협회의 정황에 대해 언급하면서 이렇게 말했다. "그 사이 연저가(蓮姐家, 여기서 蓮은 좌련의 聯과 동음으로 좌련을 상징하는 말임—옮긴이)는 이미 해체되어 부(부동화) 씨와 정(정진탁) 씨가 주재하는 대가족이 되었네. 이를 구실로 『문학』을 지지하려고 하는데 모고(毛姑, 毛는 茅와 동음으로 모순을 가리킴—옮긴이)도 이들 가운데 끼어 있지. 옛 사람들 가운데 적지 않은 사람들이 나의 의도가 파괴에 있다고 공격하고 있네. 하지만 그들의 형편도 그리 좋지는 않은 것 같네." 여기서 말하는 '연저가'는 좌련이고 '옛 사람들'은 좌련의 동인들에 다름 아니다. 그리고 '모고'는 모순을 가리킨다.

같은 편지에서 노신은 또 이렇게 쓰고 있다.

'작가'와 '역문', '문총' 등은 '문학'과 서로 화합하지 못했고 지금도 서로 협력이 불가능한 상황이네. 때문에 부동화와 정진탁은 이들을 미워하여 반동파의 졸개들로

하여금 통일을 파괴했다는 죄명을 씌우게 한 것이지. 하지만 이처럼 통일을 자기들 것으로 만드는 무리들을 위해 누가 감히 나설 수 있겠나? 보아 하니 머지않아 새로운 단체가 나타날 것 같네. 나는 이것이 매우 바람직한 일로서 독자들에게 비교의 기회를 주면 상황은 곧 변할 것이라 생각하네.

노신이 새로운 단체의 조직에 흥미를 갖게 된 것은 이를 통해 부동화와 정진탁을 앞에 내세워 '대가족'을 주재하면서 천하를 통일하려는 주양 등의 계획을 타파하기 위해서였다. 중국 문단 전체의 상황이 우려할 만한 상태로 변해가고 있었다. 일찍이 노신과 쟁론을 벌였던 창조사의 무리들도 원래 대립하고 있던 문학연구회와 합류하기 시작했다. 이는 자금력에서뿐만 아니라 실력에 있어서도 얼마든지 문단을 좌지우지할 수 있는 힘이었다. 여러 해 동안 사라지지 않고 있던 사상의 갈등이 좌련이라는 공동체를 통해 어느 정도 희석되긴 했지만 형세의 극변으로 인해 보다 확대되는 추세를 보이고 있었다.

주양은 사람들을 보내 여러 차례 노신을 설득하면서 그의 협회 가입을 종용했지만 노신은 이를 모두 거절했다. 2월부터 5월까지 그는 여러 차례의 통신문에서 자신의 결연한 태도를 밝힌 바 있다.

4개월 동안의 배양기간을 거쳐 '대가족'이 주재하는 가운데 '중국문예가협회'가 6월 7일에 정식으로 설립되었다. 창립대회에 참석한 사람은 60~70명에 달했지만 청년 작가들은 많지 않았다. 회의에서는 주석단을 통해 모순이 기초한 선언문과 대회 장정을 채택했다. 조직은 방대하고 기구도 적지 않아 거의 아문화衙門化의 경향을 보이고 있었다. 모순에게는 상무이사로서 협회 전체의 업무를 통솔할 수 있는 자격이 주어졌다. 주양 등이 창간한 『문학계』가 이 협회의 기관지가 되면서 서무용이 모든 업무를 담당하게 되었다. 우스운 것은 이 대회에서 이 단체를 거부한 노신에게 보내는 공개 위문 서한을 만장일치로 통과시켰다는 점이다.

노신이 준비 작업에 참여한 바 있는 다른 단체는 시종 설립되지 못하고 있었고, 단지 문예가협회가 정식으로 설립된 지 일주일이 지나 「중국 문예공작자 선언」이라는 선언문만 발표되었다.

「중국 문예공작자 선언」은 파금과 여열문이 초안을 작성하고 노신이 일부 문자를 수정한 것이었다. 이 선언이 「중국 문예가협회 선언」과 다른 점은 대회에서의 낭독이라는 방법을 택하지 않고 개별적인 회람을 통해 선언의 목적과 취지를 설명하고 개인적인 협상에 따라 서명을 요구하는 방식을 채택했다는 것이다. 「중국 문예가협회 선언」은 민족 전체가 일치단결하여 구국에 나선다는 거대한 목표를 강조하면서 '국방'의 정신을 관철하려 했던 데 비해 「중국 문예공작자 선언」은 '민족의 자유를 쟁취한다'는 대 전제하에 '각자의 고유한 입장'을 유지하면서 '원래 갖고 있던 견정한 신앙'에 기초하여 '과거의 노선'을 따르며 문학예술에 종사한 이래로 맨 처음에 시작된 작업을 가속화한다는 것이었다. 이는 투쟁의 지속성과 다양성을 강조하는 동시에 민족의 통일을 구성하는 자유를 강조한 것이라 할 수 있다. 이러한 개체의 자유가 통일전선의 확립으로 인해 말살되어서는 안 되는 것이었다.

한 문학청년에게 보내는 편지에서 노신은 "「문예공작자 선언」은 의견을 발표하는 것에 불과하며 아무런 조직이나 단체도 갖고 있지 않네. 선언이 발표되는 것으로 모든 것이 끝나는 것이고 앞으로는 작가들의 실천만이 있을 뿐이네"라고 말했다. 그는 개인의 실천을 중시했던 것이다. 반면에 문예가협회는 문학 예술가들의 개인적 실천을 이탈하여 '억지로 이루어진 전선'이었다. 때문에 노신은 조정화에게 이 조직에 대해 설명하면서 "작가협회가 이미 문예가협회로 이름을 바꾸었지만 그 가운데 열성분자들은 그다지 많지 않네. 대부분이 오만방자하거나 조직을 이용하여 자신의 개인적 이익을 도모하거나 남을 해치려는 자들이지. 내가 보기에 이 조직은 얼마 못 가서 와해되거나 변화하고 말 걸세"라고 단호하게 말했던 것이다.

실제로 얼마 지나지 않아 이 협회는 병도 없이 끙끙 앓다가 조용히 사라지고 말았다.

1936년 4월 하순, 섬북陝北에 있던 풍설봉이 상해로 돌아왔다.

풍설봉이 상해에 온 것은 문학예술계를 포함하여 상해 각계에 공산당의 항일민족통일전선 정책을 선전하고 상해 지하 당 조직의 상황을 확인하며, 이와 관련된 정보를 중앙에 보고하기 위해서였다. 그는 상해에 도착한 바로 다음날 노신의 집으로 찾아갔다. 그는 그 자리에서 노신으로부터 뜻밖의 말을 듣게 되었다. "자네들이 어느 쪽에서 공격해오든지 간에 먼저 나를 죽이는 일은 없겠지?"

풍설봉은 노신의 처지를 조금도 이해하지 못하고 있었고 이러한 감개 어린 발언의 근원이 어디에 있는지도 알지 못했다. 노신은 아주 차분한 태도로 말했고 어떤 대답도 요구하는 것 같지 않았다. 심지어 사람들로 하여금 그가 혼자서 자신의 푸념을 감상하고 있는 것이 아닌가 하는 의심마저 들게 했다.

"최근 들어 확실히 사는 맛이 없는 것 같네. 어딘가에 가서 좀 쉬고 싶어. 아무 일도 하지 않고 말이야……."

"나는 국가의 대계를 망친 사람이 되고 말았네……."

"성질도 확실히 갈수록 나빠지고 있어. 난 정말 갈수록 더 사람들을 무시하고 있는 것 같아……."

이런 푸념을 늘어놓고 난 뒤에야 노신은 비로소 풍설봉에게 생활서점과 『역문』, 모순과의 관계 등을 포함하여 문예계의 일부 상황에 관한 소식을 털어놓으면서 주양과 하연, 전한 등에 대한 불만과 증오심을 조금도 남기지 않고 속 시원히 토로했다. 그를 가장 분개하게 한 일은 '국방문학'의 구호에 찬성하지 않고 '문예가협회'의 발기인으로 서명할 것을 거부했던 일로 인해 갖가지 공격에 시달리게 된 것이었다.

원래의 계획에 따라 풍설봉은 모순을 만나보고 나서야 상해의 문예계와 관련하여 모순의 기본적 경향이 주양과 근접되어 있는 데 반해 호풍胡風과는 완전히 대립되어 있음을 이해하게 되었다. 호풍에 대해 모순은 마음속의 불만을 조금도 감추지 않았는데, 이는 그가 전혀 예상하지 못한 일이었다. 그가 가장 먼저 만난 당원은 주문周文이었고, 그 다음으로 만난 당원이 왕학문王學文이었다. 약 20일이 지나 풍설봉은 왕학문과 약속하여 주양을 함께 만나려 했으나 주양은 이를 거절했다. 주양은 그가 섬북에서 왔다는 말을 믿지 않았고 그에게 증명서를 꺼내보라고 요구하면서 그가 노신의 이름을 도용하고 있다고 말하기까지 했다. 사실 풍설봉이 주양에게 거절당한 진정한 이유는 그가 상해에 도착하자마자 먼저 주양과 '문위' 사람들을 찾아가지 않고 호풍을 먼저 찾아간데다, 그들과는 상의도 하지 않고 호풍과 먼저 상의하여 '민족혁명전쟁의 대중문학'이라는 구호를 제창함으로써 '국방문학'의 구호에 대립했기 때문이었다.

그보다 앞서 1934년 10월에 주양은 '기쇼'라는 필명으로 『대만보』 부간에 소련의 '국방문학'을 소개하면서 중국에서의 '국방문학' 창작의 시급함을 강조한 바 있었다. 일 년 뒤 주립파周立波는 한 걸음 더 나아가 직접 글을 모아 '국방문학'의 내용을 확실히 제시했고 하가괴 등도 '국방문학'에 관한 글을 발표하면서 악비(岳飛, 송대의 애국 장군이자 시인으로 금金과의 화친을 거부하고 주전론을 펴다가 진회秦檜 등의 모함에 의해 처형되었음-옮긴이)와 문천상(文天祥, 남송의 문학가로서 역시 민족영웅임-옮긴이) 등 고대의 문신무장文臣武將 들을 열거함으로써 '민족영웅'들의 부활을 고취했다. 중국에서 '국방문학'이 일종의 구호로서 대대적으로 제창되었던 것은 전부 주양의 조작에 의한 것이었다. 1936년 2월, 주양은 문위 내부에서 호교목, 하연, 장한부章漢夫 등의 동의를 얻어 조직 전체에 이러한 구호의 정신을 관철시킬 방법을 모색했다. 그런 다음 각종 통로와 매체를 동원하여 광범위한 선전작업에 착수했다. 그리하여 상해와 북평, 광주뿐만 아니라 일본 도쿄에서 활동하는 좌련 맹원들과 문화계 인사들 가운데에서도 이러한 구호에 찬성하는 내용의 글을 쓰는 사

● 1936년 3월 큰 병을 처음 치료했을 당시의 노신.

● 1939년 호풍(胡風, 1902~1983)이 중경 북배에서 부인 매지(梅志) 및 아이들과 찍은 사진. 호풍의 본명은 장광인(張光人)으로 호북 잠춘 출신이다. 1928년에 일본에 가서 유학하면서 일본공산당, 좌련 동경지부, 일본반전동맹 등에 가입하여 활동하다가 1933년에 추방되어 귀국한 후 상해에서 좌련에 가입하고 선전부 상무서기를 역임했다. 잡지 『7월』 창간인 가운데 하나로 『희망』 잡지의 주편도 겸했다. 1949년에 정치협상회의에 가입하여 전국 제1기 정협상무위원, 인대 대표를 지냈다. 1955년에는 '반혁명집단'이라는 죄명으로 체포되었다가 1980년에 정식으로 복권되었으나 복역 기간 동안 심신이 극도로 피폐해져 사망했다. 저서 『민족형식의 문제를 논함』, 『현실주의의 길을 논함』, 『호풍평론집』 등.

람들이 대거 등장하면서 일시에 '국방문학' 열기를 조성했다.

호풍은 「인민대중은 문학에 무엇을 요구하는가」라는 제목의 글에서 새로운 구호를 제시했다. 이 글에서는 '민족혁명전쟁의 대중문학'이라는 구호의 현실적 생활기초와 이것이 문학에 반영된 새로운 미학적 기초를 천명하면서 고통스럽게 노동하는 대중의 이익과 민족이익이 일치한다는 점을 강조하고 통일된 주제를 갖는 문학과 인민대중 생활의 혈연적 관계를 역설했다.

이 글은 발표와 동시에 곧장 서무용과 주양 등으로부터 반격을 받았다. 풍설봉은 사태가 확대되어 통일전선 업무에 불필요한 지장을 초래할 것을 우려하여 호풍에게 어떠한 해명도 하지 말 것을 당부했다. 그러나 문단은 너무나 빨리 두 파로 분열되었고 두 가지 구호를 놓고 치열한 논쟁이 전개되었다. 각종 간행물에 '민족혁명전쟁의 대중문학 특집'과 '국방문학 특집'이 출현하기도 했다.

바로 이 무렵, 노신은 병으로 쓰러졌다.

그리고 바로 이 무렵에 그는 '진중산陳仲山'이란 이름으로 서명된 트로츠키파의 서신과 함께 동봉된 간행물을 받게 되었다. 하지만 그는 회신할 힘조차 없어 풍설봉에게 모든 일을 알아서 처리해달라고 부탁했다. 풍설봉은 노신의 명의로 「지금 우리의 문학운동」이란 제목의 글을 발표하여 두 가지 구호에 대한 견해를 밝혔다. 이 글이 발표되자 찬성하는 글은 많지 않은 반면 '국방문학'을 선양하면서 '민족혁명전쟁의 대중문학'에 반대하는 글들이 연이어 발표되면서 계속 늘어나는 추세를 보였다. 나중에는 곽말약과 모순도 이에 가세했다. 두 가지 구호에 대한 태도에 있어서 모순은 양다리를 걸치는 기회주의적인 모습을 보인 데 반해 곽말약은 시종 '국방문학'을 견지하는 태도를 보였다.

어느 날 노신은 서무용으로부터 편지 한 통을 받게 되었다. 이 편지에서는 노신이 최근 반년 동안 보인 언행이 부지불식간에 문단 전체에 열악한 경향을 조장하고 있다고 비난하면서 연합전선 안에서 좌익의 구호를 제창하는 것은 대단히 잘못된 일로서 연합전선을 크게 해치는 일이라고 지적했다. 노신이 이러한 구호를 지지하는 것은 작금의 기본정책에 대한 이해가 부족하기 때문이라는 것이었다. 아울러 그는 노신이 호풍을 편애하면서 파금과 황원 등을 무조건적으로 감싸고 있는데, 이러한 착오는 '일을 보지 않고 사람만 보기 때문이고, 사람을 보되 정확히 보지 못하기 때문'이라고 비난했다. 이 편지는 겉으로는 몇몇 사람을 공격하는 것 같지만 실제로는 '문예가협회'에 가입하지 않은 모든 사람들에 대한 도전이자 자신들에게 이의를 갖는 어떤 사람도 가만두지 않겠다는 일종의 경고였다. 노신은 이 편지를 쓴 것은 서무용 한 사람이지만 그 배후에는 거대한 집단이 자리잡고 있다는 사실을 분명히 인식하고 있었다. 그런 사람들이 통일전선을 보호할 리가 없었다. 이들은 낮에는 면류관을 씌워 황제로 대우하다가도 밤이 되면 온갖 이간질과 도발로 분열을 획책하곤 했다. 이들은 좌련이 해체되기 전에도 그랬고 지금도 여전히 그런 태도를 보이고 있는 것이다.

노신은 일찌감치 몇만 자에 달하는 글을 한 편 써서 그동안의 모든 분노와 감정을 토로하고 싶었다. 그리고 이제 화살이 시위에 걸려 있는 만큼 날려 보내지 않을 수 없었다.

풍설봉은 노신의 몸 상태를 보면서 그가 이들에게 대응하지 못할 것이라 판단하고 자발적으로 회신의 초안을 작성하겠다고 나섰다. 노신은 그가 초안한 편지를 읽어보고 나서 자신이 다시 쓰겠다고 했다가 나중에는 앞부분은 그대로 사용하고 뒷부분만 자신이 다시 쓰겠다고 말했다. 며칠 후 풍설봉이 노신의 집을 다시 찾아갔을 때는 이미 허광평이 편지를 옮겨 쓰고 있었다. 초고는 여기저기 온통 붉은 먹으로 표시가 되어 있었다. 완성된 편지는 장장 네 쪽에 걸쳐 백선지 위에 노신이 붓으로 다시 쓴 것이었다. 전문의 제목은 「서무용의 서한에 답하며 아울러 항일통일전선 문제에 관하여 논함」이었다. 분량이 일만 자에 달하는 이 장문의 글에서 노신은 통일전선 문제에 관한 자신의 원칙적인 입장을 천명했을 뿐만 아니라 일부 기본적인 사실들을 명백히 밝히고 항일 구망救亡이라는 특정한 시기의 문학 관념에 대한 시각을 다시 한 번 제시했으며 자신의 정치철학을 비교적 체계적으로 체현했다. 민족과 국가, 계급과 정당, 주권과 인권, 인격 등 관련된 모든 문제들이 이 글에서 언급되었고 정치학과 문예학, 윤리학, 심리학 등의 내용이 유기적으로 융합되었다.

풍설봉이 대신 쓴 앞부분에서는 항일통일전선과 문예계의 통일전선에 대한 노신의 태도, 그리고 '민족혁명전쟁의 대중문학'과의 관계에 대해 설명하고 있다. 이 가운데 구호에 대한 언급은 노신이 제기한 것이지만 풍설봉은 노신의 위망을 이용하여 긴장된 분위기를 완화시킴으로써 국방문학파의 공격을 중지시키려 했다. 두 가지 구호에 대한 해석에 있어서는 일부 노신의 본의와 부합하지 않는 부분도 있었고 곽말약과 모순에 대해서도 적당히 양보하고 타협하는 부분이 없지 않았지만 노신은 이를 수정하지 않고 그대로 나뒀다. 노신이 다시 쓴 부분은 이렇게 시작된다.

지난해 어느 날, 한 유명인사가 나와 대화를 하고 싶다기에 약속된 장소가 나갔다. 승용차 한 대가 다가오더니 그 안에서 네 명의 사내四條漢子가 내렸다. 전한田漢과 주기응周起應, 그리고 또 다른 두 명의 사내였다. 이들은 모두 양복을 입고 늠름한 기세를 과시하면서 내게 특별히 전할 말이 있다고 했다. 호풍이 내부 첩자로 관방에서 파견된 인물이라는 것이었다. 내가 그 증거가 무엇이냐고 물었더니 목목천穆木天이 전향한 후에 털어놓은 얘기라고 했다. 전향자의 입에서 나온 말이 좌련에서는 성지로 받들어지고 있다는 사실에 너무 놀랍고 어이가 없었다. 다시 몇 차례의 문답이 이어졌고 내 대답은 증거가 빈약하여 믿을 수 없다는 것이었다.

이때부터 장사교와 진서형, '창조검創造臉' 등에 이어 '사조한자'라는 또 다른 이름이 출현하게 되었다. 이 편지에서 노신이 증보하여 쓴 부분은 주로 패권의 해체와 인격의 비판으로서 격정과 투지로 가득 차 있었다. 노신은 종파주의와 권력의 결합이 얼마나 무서운 것인지를 너무나도 잘 알고 있었다. 당시의 청년들이 '통일전선'을 비롯하여 이런저런 거창한 구호 아래 사람들을 정죄하고 권력을 마음대로 희롱하여 수신修身을 포기한 채 자신과 뜻이 다른 사람들을 공격하거나 심지어 위협하고 '실제적인 해결방법'을 택하여 행동에 나서게 된다면, 그렇게 일시에 거대해진 영도권이 장차 어떤 국면을 초래하게 될지 알 수 없는 일이었다. 때문에 노신은 아무런 근거도 없이 상대방에게 극악한 죄명을 뒤집어씌

우는 열악한 경향을 지적한 데 이어, 가장 먼저 일소해야 할 것은 거창한 구호와 기치로 허세를 만들어 자신을 감싸면서 남을 위협하고 놀라게 하는 행태라고 특별히 강조하여 말했다. 조금만 자신의 뜻에 맞지 않아도 권력에 의지하여 죄명을 날조하고 공격하는 것은 무서운 횡포라는 것이었다.

노신의 공개서한은 개인적 문제와 문예계 문제의 수준을 훨씬 초월해 있었다. 이는 항일통일전선과 문예통일전선에 대한 개인적 선언으로서 무고당하는 청년들을 위한 변호이자 지나치게 좌경화로 기우는 무서운 횡포자들에 대한 도전장이었다. 이 편지는 발표와 동시에 '만언장문萬言長文'이라 불리면서 순식간에 상해와 북평, 도쿄의 문화계에 커다란 반향을 일으켰다.

이때 곽말약은 공개적인 반대파를 자처하며 「꼭두서니의 검열蒐茁的檢閱」이란 제목의 글을 발표하여 노신이 지지하는 '민족혁명전쟁의 대중문학'이라는 구호를 '현대적 모사전模似戰'이라 부르면서 이는 자신을 가상의 적으로 만들고 의도적으로 문예계의 내전을 도발하는 것이라고 비난했다. 노신의 주장이 대내적 기율을 위반하면서 새로운 구호의 철회를 요구하는 것이라는 지적이었다. 이어서 그는 「노신과 모순의 연합을 논함」이란 글을 발표하여 "노신이 서무용을 격살하려 하는 것은 개인적 원성에 일정한 도리를 담으려는 것이고, 모순이 주기응周起應에게 자유를 요구하는 것은 진로의 상실을 호소하는 것에 다름 아니다"라고 말했다. 이에 대해 모순은 정면대결을 피하고 회피하는 태도를 취했다. 하지만 노신의 장문은 이미 상당한 위력을 갖고 있었다. 도쿄에서는 곽말약을 핵심으로 하는 철판에 당장 균열이 생기기 시작했고 주양도 문예계에서의 지위를 점차 상실하여 이리저리 떠돌다가 이내 연안延安으로 떠나버리고 말았다.

쓰러지다

"적을 이기지 못하면 싸움은 멈추지 않는다."

노신에게는 세상에서 이기지 못할 적이 없었다. 그러나 이제는 대적하지 못할 적이 하나 생겼다. 바로 죽음이었다.

1936년 3월, 노신은 추위로 인한 기침에 시달리게 되었고 며칠 후부터 몸이 갈수록 쇠약해졌다. 몸이 예전 같지 않았다. 하지만 그는 여전히 아무 일 없는 듯이 일을 했고 특별히 휴식에 관심을 갖지 않았다. 『죽은 영혼』 제2부를 번역하는 것 말고도 은부殷夫의 시집을 위해 서문을 썼고, 「깊은 밤에 쓰다寫於深夜裏」, 「3월의 조계지三月的租界」 등 제법 분량이 있는 글을 여러 편 썼다. 특히 「깊은 밤에 쓰다」는 글 전체에 격정과 외침이 가득 차 있고 뼈를 뚫는 풍자의 힘이 담겨 있었다. 스메들리는 이 글을 일컬어 '천재의 자취를 전부 드러내는 글'이라고 극찬한 바 있다.

5월로 접어들면서 노신은 정신이 극도로 쇠약해졌고 나중에는 일기마저 쓸 수 없게 되었다. 허광평은 물론이요, 송경령宋慶齡을 비롯하여 그에게 관심을 갖고 있던 수많은 친구들이 휴식과 치료를 권했지만 그는 철저하게 거부했다. 풍설봉은 모순을 통해 스메들리에게 이런 사실을 전하면서 그녀에게 폐병을 치료할 수 있는 전문가 친구를 수배해달라고 부탁했다. 진찰을 마친 의사는 스메들리에게 병세가 이미 치료 불가능한 상태까지 진행된 지 오래라고 말했다. 아울러 그는 노신이야말로 평생 질병에 슬기롭게 저항한 전형적인 중국인이라고 덧붙였다. 양쪽 폐가 완전히 병들고 병세가 이처럼 심한 상태에서 유럽 사람이었다면 5년 전에 벌써 사망했을 거라는 것이었다. 의사는 외국인들이 경영하는 시설이 좋은 병원에 병실을 하나 얻어 자신이 직접 치료를 시도해보겠다고 말했다. 의사가 가고 난 다음에 임시로 통역을 맡고 있던 모순은 진찰 결과와 입원에 대한 건의를 노신에게 전달했다. 그러나 그는 그 말을 믿지 않았다. 그는 모두들 자신을 속이고 있다면서 의사란 사람이 아무리 심각하다고 얘기해도 전혀 놀랄 일이 아니라고 말했다. 이어서 그는 문책하는 듯한 어투로 나무랐다.

 "다른 사람들이 모두 투쟁에 나서 고생하다 죽어가고 있는데 자네들은 내 침상 곁에서 편안하게 앉아 있어도 되는 겐가?"

● 1936년 10월에 찍은 사진. 노신의 글과 필치는 여전히 의연하고 강경했다.

어떤 권고와 설득도 그에겐 아무런 소용이 없었고 장소를 바꿔 요양시키려는 계획도 실행되지 못했다. 줄곧 그를 진찰하고 치료하던 일본 의사 스토須藤는 그에게 많이 움직이지 말고 침상에 얌전히 누워 있어야 한다고 경고했다. 노신은 이렇게 대답했다. "나는 평생 그런 습관을 들여본 적이 없소. 일도 하지 않고 책도 읽지 못한다면 나는 하루도 살지 못할 것이오."

이어서 그는 스토에게 말했다.

"날 치료하는 데는 조건이 있소."

"어떤 조건입니까?"

"첫째, 병을 완전히 낫게 해주시오. 다시 말해서, 날 살 수 있게 해달란 말이오. 둘째, 한 달 동안 조금도 움직이지 않으면 병이 나을 수 있다 하더라도 나는 계속 움직여 두 달 만에 병이 낫게 할 것이오. 셋째, 만일 치료가 불가능하다면 생명을 최대한 연장시켜주시오."

그가 생명을 연장시키려 한 것도 결국은 일을 하기 위해서였다. 일을 하지 못하면서 생명을 연장한다는 것은 그에게는 아무런 의미도 없었다. 그는 여러 차례에 걸쳐 이렇게 말했다. "그렇게 누워서 세월을 보내다 보면 너무 무료해서 자신이 살아 있다는 것을 느끼지 못하게 된다. 그래서 난 항상 일을 안 하면서 몇 년을 더 사느니 차라리 열심히 일을 하면서 몇 년 덜 사는 것이 낫다는 생각을 하곤 했다. 왜냐하면 삶의 결과는 마찬가지이기

● 노신이 구추백에게 준 글과 구추백.

때문이다. 일을 하지 않는다면 몇 년을 더 산다 해도 헛사는 것이 되고 만다."

그는 일로써 자신을 마비시키고 자신을 위로하면서 자신을 애써 격려하고 있었다. 일로써 죽음에 대항하고 있는 것이었다.

그는 일로써 자신에게 관심을 가져주는 친구들에 대해 감사의 뜻을 표하는 동시에 자신을 증오하는 원수들에 대해 경건한 의지를 밝혔다.

열심히 일하는 것만이 그의 유일한 원칙이었다.

병세가 조금만 나아져도 그는 당장 글쓰기로 복귀했

다. 7월에 그는 「'외침' 체코어 번역본 서문」을 쓴 데 이어 8월에도 글쓰기를 계속했고, 9월에 쓴 글의 양이 8월에 쓴 글의 양을 훨씬 능가했다. 10월에도 여러 편의 글을 썼다. 모든 글에 필력이 종횡했고 어투도 여전히 강경했다.

이 기간 동안 그는 「나의 첫번째 사부我的第一個師父」를 비롯하여 지난날들을 회고하는 글들을 많이 썼다. 이 가운데는 장태염을 회고하는 글도 두 편 들어 있었다. 또 다른 주제는 복수였다. 「반하소집半夏小集」이나 「목매어 죽은 여자 귀신女弔」 등이 모두 복수를 주제로 하고 있었다. 심지어 유언에 해당하는 「죽음死」에도 타협을 모르는 태도가 역력했다.

「반하소집」에는 이런 대목이 있다.

……독기를 품지 않으면 대장부가 아니다. 독기를 글로써 형상화하는 것은 작은 독기에 지나지 않는다. 가장 높은 수준의 멸시는 무언無言이다. 더 좋은 것은 눈동자조차 굴리지 않는 것이다.

또한 「목매어 죽은 여자 귀신」은 이런 말로 끝을 맺고 있다.

압박 받는 자들에게 설사 복수의 독기가 없다 하더라도

이는 복수를 당할까 하는 두려움 때문이 아니다. 오직 공개적으로 또는 암암리에 사람의 피를 빨고 살을 뜯어먹는 흉악한 사람들이나 그 졸개들만이 비로소 사람들에게 "침범을 당해도 탓하지 말라" 또는 "마음속에 옛 원한을 품지 말라"는 격언을 보내줄 것이다. 금년에 와서 나도 이 사람의 탈을 쓴 물건들의 비밀을 더욱 분명히 간파하게 되었다.

「죽음」에는 또 이런 구절들이 담겨 있다.

1. 장례에 누구에게서든지 절대로 돈을 받지 말 것.
  —그러나 오랜 벗들은 예외이다.
2. 속히 입관하여 매장할 것.
3. 그 어떤 기념행사도 치르지 말 것.
4. 나를 잊고 모두들 자신들의 삶을 돌볼 것.
  —그렇게 하지 않는다면 정말 얼빠진 사람이다.
5. 아이가 커서 재능이 없으면 절대로 실속 없는 문학가나 미술가가 되게 하지 말고 다른 순수한 일을 하면서 살아가게 할 것.
6. 다른 사람이 당신에게 뭔가 주겠다고 하는 것을 곧이듣지 말 것.
7. 남에게 피해를 끼치고도 오히려 보복을 반대하고 관용을 주장하는 자들과는 절대 가까이하지 말 것.

● 노신의 장례식에 참석한 송경령과 허광평, 주해영.

물론 이 외에도 할말이 있었지만 이미 잊어버렸다. 다만 열이 몹시 날 때면 유럽인들은 임종시에 흔히 남이 너그럽게 용서해줄 것을 바라며 자신도 남을 너그럽게 용서하는 의식을 지낸다는 사실이 기억날 뿐이다. 나의 적과 원수는 적지 않은데 신식 사람들이 내게 묻는다면 어떻게 대답해야 하는가? 나는 생각해보고 나서 이렇게 결심했다. 그들에게 얼마든지 증오하게 하라. 나도 하나도 용서하지 않을 것이다.

중병에 걸려 있으면서도 공산당 친구인 구추백을 기념하기 위해 『해상술림海上述林』 하권을 엮을 때도 그는 잊지 않고 사람들에게 제작을 재촉했다. 출판을 재촉하는 편지에서 그는 이렇게 썼다. "번역자는 오래전에 세상을 떠났고 저자인 고리키도 최근에 세상을 떠났소. 게다가 편자인 나도 곧 죽을 것 같소. 이런 형편인데 아직도 교열이 끝나지 않았다니 당신들은 독자들마저 죽어버리기를 기다리고 있는 것 같구려." 얼마 후 그의 몸은 점점 회복되는 기미를 보였다. 그러다가 갑자기 자신의 참호에서 쓰러지고 말았다.

때는 1936년 10월 19일 오전 5시 25분이었다.

| 옮긴이의 말 |

20세기에 죽어 21세기를 사는 노신

 서양의 많은 작가들이 자신의 글에 성경을 인용하는 것처럼 중국의 학자나 작가들은 중요한 강조와 방증의 수단으로 노신의 말을 인용하곤 한다. 이는 문학에만 국한되는 것이 아니라 모든 학술 분야에 공통으로 나타나고 있는 현상이다. 실제로 중국인들에게 노신과 그가 남긴 언설은 모든 가치의 기준이자 난해한 쟁론의 심판관이 되고 있다. 20세기를 불꽃처럼 살다 간 전사 노신은 이처럼 죽어서도 긴 생명의 끈을 놓지 않고 있는 것이다.
 그가 살았던 시대는 2천5백 년이나 지속된 중국의 봉건왕조 체제가 무너지고 과학과 민주라는 서구의 계몽주의적 가치가 중국인들에게 한 줄기 빛을 드리우는 가운데 새로운 형태로의 사회변혁을 놓고 수많은 지식인들의 관념과 방법론 들이 복잡하게 착종하던 시대였다. 혹자는 이 시대를 간단히 구망救亡과 혁명革命의 시대로 규정하기도 하지만 역사란 그렇게 단순하게 요약될 수 있는 것이 아니다. 구망은 개인적 권력 추구를 위한 가장 쉬운 구실이 될 수 있고 혁명은 파괴와 학살의 다른 이름일 수 있기 때문이다. 중요한 것은 변화와 개혁을 위한 구체적인 실천 방법과 양상이 어떻게 전개되었는가 하는 것이다.

노신의 삶도 계몽과 구망, 혁명에의 추구로 일관되긴 했지만 그가 진정으로 소원했던 것은 오히려 인류의 보편적인 자유와 평등, 독립과 존엄이었다. 보편적이되 결코 추상적이지 않은 자유와 독립의 실체, 그리고 이를 주체적으로 향수하는 실존적 인간으로서의 중국인의 모습이 바로 그가 추구했던 현실인 것이다.

그러나 당시 현실은 그렇게 단순하지 않았다. 개혁의 대상뿐만 아니라 변혁 주체, 방법 들이 너무나 많고 다양했으며 이들 사이에도 무수한 가치 판단과 지식, 이해와 욕망이 충돌했다. 복잡하게 얽힌 이념과 가치의 충돌과 혼란 속에서 노신이 끝까지 놓지 않았던 것은, 추상적인 구호와 주장들에 묻혀 수동적으로 끌려 다니는 중국 민중의 현실, 절실한 삶이었다. 민중을 기만하고 탄압하는 모든 장치와 권력은 그의 투쟁의 대상이었다.

이처럼 자유를 위한 싸움으로 일관된 노신의 삶에 대한 기록물은 전 세계적으로 수십 종이 출판되어 있고 그에 관한 연구 저작은 도서관 하나를 채우고도 남을 정도로 방대하다. 하지만 이 가운데 상당 부분이 논거의 부족과 지나친 비약, 스테레오 타입, 이데올로기로 재단된 정치적 조작 등 갖가지 부적절한 방식으로 만들어진 노신의 황당한 허상에 지나지 않는다. 아직도 노신에 대한 저작물이 끊이지 않고 쏟아지는 이유가 바로 여기에 있다. 한 인간에 대한 집단적 평가가 감정의 수준으로 범람할 때 생길 수 있는 흔한 현상이긴 하지만, 이러한 허상이 자유의 혼이자 진정한 투사였던 노신의 참모습을 가리지 않을까 하는 걱정을 금할 수 없다.

이 책의 저자 임현치는 중국 학술계에서 노신 연구의 최고 권위자로 인정받고 있으면서도 학술적 권위를 거부하고 재야에서 아무런 제약이나 견제 없는 수수하고 진솔한 연구 작업에 천착하고 있다. 권력화되어버린 주류 학술의 한계와 병폐를 잘 알고 있기 때문이다. 이 책은 그가 쓴 세번째 노신 평전으로서, 그동안 자신의 연구에 나타났던 미세한 착오까지 바로잡고자 한 학자적 양심의 결과물이다. 물론 이 책 한 권에 그가 아는 노신을 전부 담을 수는 없었겠지만 그가 쓴 가장 최신 판본의 노신 평전이라는 점에서 그 의미를 찾을 수 있을 것이다.

노신은 불굴의 전사戰士였고 그의 문학은 불후의 전사戰史였다. 이 책을 통해 보이는 그의 치열한 자유혼이, 지금 이 땅에서 남은 싸움을 계속하고 있는 이 시대 전사들에게 커다란 힘으로 다가올 수 있기를 바라마지 않는다.

2006년 4월 5일
김태성

| 연 보 |

1881년 9월 25일(음력 8월 3일)
중국 절강(浙江) 소흥(紹興)에서 태어남. 본명은 주수인(周樹人).

1885년(5세)
동생 주작인(周作人) 출생.

1893년(13세)
조부 주복청(周福淸)이 투옥되고 부친이 병환.

1896년(16세)
부친 사망으로 가세가 기욺.

1898년(18세)
남경의 강남수사학당(江南水師學堂) 기관과에 입학.

1899년(19세)
광무철로학당(鑛務鐵路學堂)으로 전학, 여가 때 새로운 사조를 소개하는 서적과 소설을 읽음.

1902년(22세)
국비 일본 유학생으로 선발되어 도쿄로 감. 유학생 예비 학교인 도쿄 고분학원(弘文學院) 입학.

1903년(23세)
봉건적 인습의 상징인 변발을 자름.「스파르타의 혼」및 쥘 베른의 과학소설『달나라 여행』,『지하 여행』등을 번역하여 유학생 잡지 『절강조(浙江潮)』에 발표.

1904년(24세)
9월, 센다이의학전문학교(仙臺醫學專門學校) 입학.

1906년(26세)
문학의 중요성을 절감하여 센다이의학전문학교를 중퇴. 일본에서 문예 연구 및 문예 운동을 함. 일시 귀국하여 주안(朱安)과 결혼함. 다시 도쿄로 돌아옴.

1907년(27세)
잡지『신생(新生)』발간을 계획했으나 실패.

1909년(29세)
러시아 및 동구의 단편소설집『역외소설집(域外小說集)』발간. 귀국해서 항주(杭洲) 절강양급사범학당(浙江兩級師範學堂)에서 교원 생활을 함.

1911년(31세)
신해혁명. 산회초급사범학당(山會初級師範學堂)의 감독으로 옴.

1912년(32세)
남경 정부 교육부에 들어감. 남경 정부의 천도와 함께 북경으로 이사.

1918년(38세)
처녀작 「광인일기」를 『신청년(新青年)』에 발표. 이때 처음으로 필명 '노신(魯迅)' 사용.

1919년(39세)
5·4운동. 팔도만(八道彎)에 집을 사서 이사함. 단편소설 「공을기(孔乙己)」, 「약(藥)」 발표.

1920년(40세)
니체의 「차라투스트라는 이렇게 말했다」의 서문을 번역하여 발표. 이 해부터 북경대학을 비롯한 여러 학교에 강사로 나감. 단편소설 「내일(明日)」, 「풍파(風波)」 등을 발표.

1921년(41세)
단편소설 「고향」 발표, 중편소설 「아Q정전」 연재 시작.

1922년(42세)
단편소설 「토끼와 고양이」, 「오리의 희극」 등 발표.

1923년(43세)
첫번째 소설집 『외침』 및 중국 문학 연구서 『중국소설사략(中國小說史略)』 상권 출판.

1924년(44세)
『중국소설사략』 하권 출판. 단편소설 「복을 비는 제사(祝福)」, 「술집에서(在酒樓上)」, 「행복한 가정(幸福的家庭)」, 「비조(肥皂)」 등을 발표.

1925년(45세)
첫번째 잡문집 『열풍』 출판. 단편소설 「장명등(長明燈)」, 「조리 돌리기」, 「형제」, 「이혼」 등을 발표. 제자였던 허광평(許廣平)과 교류 시작.

1926년(46세)
3·18참사 사건 발생. 체포령이 내려진 50인 명단에 포함됨. 북경을 떠나 하문으로 가 하문대학(厦門大學)에서 교편을 잡음. 두번째 소설집『방황』, 산문집『화개집(華盖集)』출판. 단편소설「미간척(眉間尺)」탈고.

1927년(47세)
광주(廣州)로 가서 중산대학(中山大學) 교수로 부임. 가을부터 상해에 정착하여 허광평과 동거 시작. 산문집『아침 꽃 저녁에 줍다(朝花夕拾)』,『이이집(而已集)』을 출판.

1928년(48세)
창조사(創造社) 및 태양사(太陽社) 작가들과 혁명문학 논쟁.

1929년(49세)
러시아 비평가 루나차르스키의『예술론』,『문예비평』을 번역 출판, 비평 번역집『벽하역총(壁下譯叢)』및 산문시집『들풀(野草)』출판. 아들 주해영(周海嬰) 태어남.

1930년(50세)
중국자유운동대동맹과 중국좌익작가연맹 설립. 자유운동대동맹에 대한 탄압으로 일시 피난. 중국좌익작가연맹의 대표로 선임됨. 프레하노프의『예술론』일역본을 번역 출판.

1932년(52세)
상해사변으로 피난. 산문집『이심집(二心集)』출판.

1933년(53세)
중국민권보장동맹에 참가. 허광평과의 서신을 묶은『양지서(兩地

書)』, 산문집 『위자유서(僞自由書)』 등을 출판.

1934년(54세)
발병. 산문집 『남강북조집(南腔北調集)』, 『준풍월담(准風月談)』을 출판.

1935년(55세)
중국좌익작가연맹 내에서 주양 등과 치열한 논쟁 시작. 산문집 『집외집(集外集)』, 『문외문담(門外文談)』 등을 출간.

1936년(56세)
통일전선의 조직 문제를 둘러싼 논쟁. 평론집 『화변문학(花邊文學)』 출판. 5월 발병, 10월 19일 사망.

찾아보기

ㄱ

가타가에 노보루(片上伸) 257
「갑자기 생각났다(忽然想到)」 160
강남수사학당 50
강소원(江紹原) 230
강유위(康有爲) 55, 59
「게르마늄에 관하여(說鉭)」 65
「격막(隔膜)」 350
『격치신편(格致新編)』 50
「결국은 '취한 눈의 흐릿함'일 뿐이다」 248
「경험」 299
고골리 348, 349
「고독자(孤獨者)」 145, 177
『고랑』 183, 184
고랑사(鼓浪社) 183, 184
고맹여(顧孟余) 175
고바라 에이지로(小原榮次郎) 288
고분학원(弘文學院) 56, 60, 62
「고서에서 활자를 찾아 모으다(古書中尋活字滙)」 328
『고소설구침(古小說鉤沈)』 102
고장홍(高長虹) 188~190, 192
고정홍(顧正紅) 162
고지 사네아쓰(小路實篤) 257
고축동(顧祝同) 313
「고향」 124
고힐강(顧頡剛) 182, 212
「공담(空談)」 175
「공을기(孔乙己)」 121, 122
「과객(過客)」 150
「과학사교편」 86
곽말약(郭沫若) 6, 242, 243, 253, 254, 280, 281, 301, 302, 339, 382, 384, 386, 387
곽화약(郭化若) 339

광둥성립여자사범학원 179
광무철로학당 50
「광인일기」 120~123, 142
광표사(狂飈社) 188, 189, 270
광화대학 228, 235
「구걸하는 사람(求乞者)」 148
「구경꾼(示衆)」 142
구둥핑(丘東平) 339
구리야가와 하쿠손(廚川白村) 151
『구사잡감(扣絲雜感)』 215
구추백(瞿秋白) 20, 174, 393, 397
국제문화연구회 270
「귀머거리에서 벙어리로」 299
「귀후(歸厚)」 328
「그림자의 고별(影的告別)」 148
『근대목각선집』 282, 283
「길(路)」 250
「깊은 밤에 쓰다(寫於深夜裏)」 389
「꼭두서니의 검열(蒐苗的檢閱)」 386
「꽃 없는 장미 2(無花的薔薇之二)」 172

ㄴ

나둥현(羅登賢) 313
나문간(羅文干) 314
「나와 '어사'의 시작과 끝」 281
「나의 첫번째 사부(我的第一個師父)」 394
「나의 태도와 도량 그리고 나이」 250
나장용(羅章龍) 313
나프(NPAF) 269
〈낡은 곡조는 이미 다 불렀다(老調子已經唱完)〉 200
『남강북조집(南腔北調集)』 299
「납엽(臘葉)」 177
「내일」 121~123, 142
『노동자 셰비로프』 133
노라는 집을 떠난 후 어떻게 되었나 146, 153
노서(魯瑞) 42, 43, 79
「노신 선생의 '욕설과 협박은 전투가 아니다'에 대한 유감」 339
「노신 선생의 의역을 논함」 275
『노신 일기』 113
『노신 자전』 37
『노신 전집』 17, 77

「노신과 모순의 연합을 논함」 386
「노신에게 보내는 공개서한」 321
「노신의 '제거하라!'를 제거하라」 248
노신이 직접 그린 토우상 111
노예사 348
『노예총서』 348
「높으신 나리」 146
「눈 속의 못」 281
니체 81, 88, 133

ⓒ
다윈 52
단기서(段祺瑞) 59, 156, 165, 166, 170, 227
『달나라 여행』 64, 65
「답객초(答客誚)」 263
『당송전기집(唐宋傳奇集)』 219, 225
「대연발미(大衍發微)」 175
「대인부(大人賦)」 179
「도귀심전(搗鬼心傳)」 299
도성장(陶成章) 83, 107
도원경(陶元慶) 19, 194
「동의와 해석」 299

「동행자」 177
두전(杜荃) → 곽말약
『들풀(野草)』 141, 146, 147, 150, 159, 213, 219

ⓒ
라프(RAPP) 258, 269
랭스턴 휴스 323, 324, 326
레닌 258
로이슨 26
루나차르스키 257

ⓒ
「마라시력설(摩羅詩力說)」 86, 90~92
마르크스주의 문예이론연구소 270
「마수(魔祟)」 225
「만여(漫與)」 299
「망각의 기념을 위하여(爲了忘却的紀念)」 291
매란방(梅蘭芳) 324
「머리(頭)」 250
「모래(沙)」 299
모순(茅盾) 342~345, 365, 371, 372, 377, 382, 384, 386, 387

모택동(毛澤東) 358, 359
목과전쟁 10, 100
「목매어 죽은 여자 귀신(女吊)」 394
목목천(穆木天) 385
「묘비문(墓碣文)」 148
「무너진 선의 전율(頹敗線的廢顫動)」 149
『무덤(墳)』 174, 186, 191, 194, 195
「문단의 연혁」 254
문망(文网) 320
문예가협회 → 중국문예가협회
문예대중화연구회 270
『문예비평』 257
「문예와 혁명」 250
『문예정책』 257
문총 → 중국문화총동맹
『문학과 혁명』 257
문학연구회 373
〈문학예술과 정치의 기로〉 236
「문학은 계급성을 지니는가?」 275
「문학의 계급성」 254
『문화비판』 241
「문화편지론(文化偏至論)」 86~88

『문화평론』 301
『미간척(眉間尺)』 207, 208
미명사(未名社) 262, 270
미프 284
민권동맹 → 중국민권보장동맹

ⓑ
「바람이 나의 사랑입니다」 177, 178
바르뷔스 314
바이런 91
『반당주의자 호적을 비판함』 273
반재년(潘梓年) 248, 314
「반추(反芻)」 328
「반하소집(半夏小集)」 394
반한년(潘漢年) 268
방맹(方萌) 339
『방황』 19, 136, 138, 141, 142, 144, 146
「백광(白光)」 121, 122
백숭희(白崇禧) 209
백화문운동(白話文運動) 118
버나드 쇼 26, 316, 317, 323, 324
범애농(范愛農) 103, 104, 112

「범애농을 애도함(哭范愛農)」 112
베드네이마트로츠키 337
『벽하총서(壁下叢書)』 257
「병후여담(病後餘談)」 354
「병후잡감(病後雜感)」 350, 353
「병후잡감지여(病後雜感之餘)」 350, 353
「병후잡담지여(病後雜談之餘)」 62
「보천(補天)」 122
「복수(復讐)」 149
『복숭아빛 구름(桃色的雲)』 153
「부당한 대우(倒提)」 333~335
부동화(傅東華) 323, 326, 331, 344, 371, 373
부사년(傅斯年) 211
북경고등사범학교 153
북경대학 115, 118, 153, 184, 261, 262, 305
북경사범대학 306
북경여자사범대학 11, 154
북경여자사범학원 153, 154
북경오강(北京五講) 25, 305
북신서옥(北新書屋) 202

『북평오강과 상해삼허』 320
『분류(奔流)』 20, 259, 263
『분월(奔月)』 190, 192
「불(火)」 299
「비누」 146
「비참함과 가소로움」 175
빅토르 위고 63

ㅅ

「'사람을 잘못 죽였다'에 대한 이의」 299
사옥생(謝玉生) 212
사조한자(四條漢子) 366, 384, 385
「사지(死地)」 175
사토 하루오(佐藤春夫) 124
사회과학연구회 278
「사희(社戲)」 124
「산공대관(鏟共大觀)」 250
산회초급사범학당 103
삼미서옥 282
『삼한집(三閑集)』 255
「상갓집 자본가의 집 지키는 개」 277
상배량(向培良) 188, 189
「상서(傷逝)」 145, 177
「상해문예의 일별」 281

「생사의 장(生死場)」 348
생활서점 377
서겸(徐謙) 175
서무용(徐懋庸) 366~368, 371, 381~383, 386
「서무용의 서한에 답하며 아울러 항일통일전선 문제에 관하여 논함」 383
서삼조 21호 6, 143
서위(徐渭) 37
「서재생활과 그 위험」 217
서지마(徐志摩) 243, 261, 277
「서형한화(西瀅閑話)」 174
「선전과 연극(宣傳與做戲)」 299
섭공초(葉公超) 277
섭성도(葉聖陶) 244, 269
섭영봉(葉靈鳳) 280, 307
섭자(葉紫) 348
성방오(成仿吾) 241, 242, 248, 261, 277, 280
「세고삼미(世故三昧)」 299
세라피모비치 282
센다이의학전문학교 6, 8, 67, 71, 72, 75, 76, 81
소고촌(小皐村) 38
소군(蕭軍) 343, 346, 348, 363

〈소리 없는 중국(無聲的中國)〉 200
소만수(蘇曼殊) 84
소문 → 두전
소백 → 전한
소삼(蕭三) 355, 362, 364, 365
「'소학대전'을 사면서」 350
소홍(蕭紅) 343, 348
소흥(紹興) 35~37, 103, 112
소흥회관 110
「속담(諺語)」 299
손문(孫文) 55, 59, 102, 107, 154, 157, 312
손복원(孫伏園) 161, 200, 212, 229, 231
손복희(孫福熙) 231
손월선(孫月仙) 43
송경령(宋慶齡) 26, 312, 318, 396
수갑(首甲) 339
『수금(竪琴)』 282
「술집에서(在酒樓上)」 144
스탈린 357
스토(須藤) 392
「스파르타의 혼」 63, 64
스펜서 52

『시무보(時務報)』 51
시칩존(施蟄存) 328~331
『신군중(New People)』 22, 295
『신생(新生)』 83~85, 92
『신아화선(新俄畵選)』 282
『신월(新月)』 273~275, 277
신월사 274
「신월사 비평가들의 임무」 274
신월파(新月派) 254, 272, 362
『신청년(新青年)』 115~119, 123, 130, 135, 136, 154
심안빙(沈雁冰) → 모순(茅盾)

◎

아그네스 스메들리 5, 26, 292, 389, 390
아로시마 부로(有島武郎) 257
아르츠바셰프 133
『아침 꽃 저녁에 줍다(朝花夕拾)』 48, 214
「아Q정전」 121, 122, 125, 127, 129, 142, 291
「아Q정전」 프랑스어 본 128
『아Q정전』 러시아판 128
『아Q정전』 영문판 128

『아Q정전』 일어판 219
「암흑중국의 문예계 현황」 292
앙앙사(泱泱社) 183, 184, 194
「애진(哀塵)」 63
야마가미 세이기(山上正義) 218, 221, 291
야마모토 사네히코(山本實彦) 368
야마모토 하쓰에(山本初枝) 354
야마키다 쇼(山縣初男) 128, 138
야코블레프 282, 283
「약」 121~123
양계초(梁啓初) 55, 59, 65
『양귀비』 153
양덕군(楊德群) 172, 173, 175
양실추(梁實秋) 254, 274~277, 320
양음유(楊蔭榆) 154~161, 163, 164, 168, 174
양전(楊銓) 315, 317~319
양제운(楊霽雲) 341, 371
『양지서(兩地書)』 16, 100, 107, 178
「양촌인 선생의 공개서한에 대

한 공개답신」 322
양촌인(楊邨人) 320~322, 337
양한생 366
『어린 요한(小約翰)』 19, 214
『어머니(母親)』 315
『어사(語絲)』 161, 259
어사파(語絲派) 243
엄복(嚴復) 52
여문화(余文化) 313
여열문(黎烈文) 342, 345, 374
『역문(譯文)』 342, 344, 345, 347, 348, 371, 377
역문총서 344
『역외소실집(域外小說集)』 92, 93
「역전(譯電)」 106
연경대학 261
『열풍』 19, 130, 132, 147, 299
염석산(閻錫山) 240
예로센코 155
「예술과 사회생활」 241
『예술론』 257
『예원조화(藝苑朝華)』 281
「옛 일을 다시 제기하다(舊事重提)」 214
「오리의 희극」 122, 123, 153
오복(吳宓) 131
오사(伍舍) 82
오실→부동화
오쓰미 오자키(尾崎秀實) 292
『와스 화집』 84, 85
왕금발(王金髮) 103, 105, 107
왕명(王明) 284
왕사임(王思任) 37
왕정위(汪精衛) 314
왕충(王充) 37
왕통조(王統照) 244
왕학문(王學文) 377
왕희지(王羲之) 37
『외침(吶喊)』 19, 74, 109, 129, 132, 142, 144, 244, 307
요극(姚克) 329
요말사(廖沫沙) 331, 333~335, 340, 341
요승지(廖承志) 313
「요언세가(謠言世家)」 299
우란(牛蘭) 313
「우리 중국 Don Quixote의 난무를 보시오—노신의 '취한

눈'의 흐릿함에 답하여」 248

「우리는 비평가를 필요로 한다」 277

「우리는 이제 어떻게 아버지가 되어야 할 것인가」 133

「우성(偶成)」 299

우치야마 간조(內山完造) 26, 268, 284, 304, 319, 352

우치야마 서점 229, 319

욱달부(郁達夫) 20, 140, 141, 229, 242, 243, 259, 266, 267, 269

원문수(袁文藪) 83, 84

원세개(袁世凱) 59, 107~109, 115, 156

『월탁일보(越鐸日報)』 106, 107

위금지(魏金枝) 284

위소원(韋素園) 188, 189, 262

「위자유서(僞自由書)」 297

『위자유서(僞自由書)』 298, 322

「위진풍도와 글, 그리고 약과 술의 관계」 222

유반농(劉半農) 118, 328

유백소(劉百昭) 164, 166

유사배(劉師培) 86, 131

유석(柔石) 21, 266, 267, 284, 288, 290, 291, 293, 295, 363

「유항(有恒) 선생에게 답함」 216

유화진(劉和珍) 157, 163, 171, 173, 175

「유화진을 기념함」 175

육유(陸游) 37

은부(殷夫) 21, 284, 285, 293, 389

응수인(應修人) 314

「'의역'과 문학의 계급성」 275

이대교(李大釗) 117, 118, 175

이배기(易培基) 168, 175

이병중(李秉中) 286

이석증(李石曾) 175

이소봉(李小峰) 229

『이심집(二心集)』 299

이위삼(李偉森) 21, 284, 285, 291

『이이집(而已集)』 19, 217

이제심(李濟深) 209

이철성(李鐵聲) 241

이초리(李初梨) 241, 243,

248, 252
「이축예술(二丑藝術)」 299
이하림(李何林) 244
「이혼」 142
『인간세(人間世)』 332
「인간의 역사」 86
『인권논집』 273
「인도주의자는 어떻게 자신을 방어하는가」 248
「인민대중은 문학에 무엇을 요구하는가」 381
「일각(一覺)」 175
임묵(林默) → 요말사
임서(林紓) 92, 131
임어당(林語堂) 26, 177, 229, 231, 332
임탁봉(林卓鳳) 159
입센 88

ⓩ
자선집 136
자유동맹 → 중국자유운동대동맹
자유인(自由人) 300, 303, 309
「자제소상(自題小像)」 7
「자조(自嘲)」 263

작가협회 371, 372, 375
「작은 것을 크게 보다(卽小見大)」 122
장개미(章介眉) 105, 106
장개석(蔣介石) 209, 210, 240, 265, 273, 297, 359
장경삼(蔣徑三) 15
장광자(蔣光慈) 241
장국화(蔣菊花) 43
「장명등(長明燈)」 142
장병린(章炳麟) 59
장사교(章士釗) 164~166, 174, 385
장약곡(張若谷) 320
장자평(張資平) 280, 307
장작림(張作霖) 117, 169, 240
장정겸(章廷謙) 179, 249, 267, 270
장태염(章太炎) 55, 117, 394
장한부(章漢夫) 378
장협화(張協和) 101
「재삼 옛것을 생각함(重三感舊)」 327
「적구귀래기(赤區歸來記)」 337

전기(錢起) 361
전섭(田涉) 361
『전초(前哨)』 294, 295
전한(田漢) 270, 338, 341, 366, 384
전행촌(錢杏邨) 241, 243, 249, 252, 253, 270, 277
전현동(錢玄同) 117~119
절강양급사범학당 10, 97
『절강조(浙江潮)』 20, 63, 64
『점석재화보(點石齋畵報)』 50
정덕음(鄭德音) 157, 163
정령(丁玲) 314, 315, 318, 319
정백기(鄭伯奇) 270, 315
정소남(鄭所南) 361
정진탁(鄭振鐸) 244, 323, 344~346, 348, 371~373
제3종인(第3種人) 301~303, 309, 329, 330, 362
「'제3종인'을 논함」 302
조가벽(趙家壁) 315
조정화(曹靖華) 372, 375
조취인(曹聚仁) 335, 336
「조화(調和)」 336
조화사(朝花社) 270
종휘(宗暉) 22

좌련 → 중국좌익작가연맹
주가화(朱家驊) 211
주건인(周建人) 44, 229, 231, 304
주경아(朱鏡我) 241
주기응 → 주양
주립파(周立波) 378
주복청(周福淸) 41~44
주봉의(周鳳儀) 43, 44
주안(朱安) 79, 80, 139, 141, 177, 192, 193, 227
주양(周揚) 242, 302, 337, 338, 342, 359, 363~367, 371, 373, 378, 381, 385~387
주작인(周作人) 42, 50, 82, 84, 91, 97, 102, 106, 112, 118, 136, 139, 140
주해영(周海嬰) 14, 29, 263, 264, 267, 396
「죽어버린 노신」 249
「죽어버린 아Q시대」 245
「죽은 불(死火)」 177
『죽은 영혼』 348, 389
「죽음(死)」 394, 395
『준풍월담(准風月談)』 299
중간물(中間物) 187, 188

「중국 문예가협회 선언」 374
「중국 문예공작자 선언」 374, 375
「중국 좌익문예전선의 현황에 관하여」 292
「중국 프롤레타리아 혁명문학과 선구자의 피」 295
「중국과 독일의 분서이동론(華德焚書異同論)」 299
중국문예가협회 364, 374, 375, 382
중국문화총동맹 364, 367, 368
중국민권보장동맹 60, 312~315, 319
『중국소설사략(中國小說史略)』 141, 153
〈중국의 당권정당인 국민당에 의해 학살된 수많은 중국 작가들을 기념하기 위한 호소 및 선언〉 292
「중국의 두세 가지 일에 관하여」 349
중국자유운동대동맹 168, 266, 267, 271, 338
중국좌익작가연맹(좌련) 5, 21, 22, 60, 269~272, 281, 284, 285, 287, 295, 302, 312, 313, 321, 338, 339, 341, 342, 357, 359, 362~369, 373, 380
「중국지질약론(中國地質略論)」 65
중산대학 11, 194, 204, 208, 210~212
중앙문화공작위원회 268, 337, 364
쥘 베른 64, 65
「지금 우리의 문학운동」 381
지미트로프 364
〈지식계급에 관하여〉 232
『지신보(知新報)』 49, 50
『지하 여행』 64, 65
진갱(陳賡) 313
진독수(陳獨秀) 115, 116, 118, 135, 313
진사증(陳師曾) 84
진서형(陳西瀅) 174, 175, 277, 385
진원(陳源) 174, 189
진자영(陳子英) 100, 101
진포뢰(陳布雷) 273

ㅊ

『차개정잡문(且介亭雜文)』 349

『차개정잡문2집(且介亭雜文二集)』 349

『차라투스트라는 이렇게 말했다』 133

창조검(創造臉) 385

창조사 202, 241, 249, 255, 265, 270, 272

「창조 10년」 281

『창조월간』 241

창조파 251, 254, 269, 270, 277

「찾아보기 어려운 멍청함(難得糊涂)」 328

채원배(蔡元培) 107, 108, 115, 230, 312, 316, 318

『천연론(天演論)』 52

『철류(鐵流)』 282

체호프 122

추근(秋瑾) 105

추도분(鄒韜奮) 344~346

「축복」 142

「출세사(出世辭)」 106

「취한 눈의 흐릿함」 245, 249

ㅋ

카이펠 257

케테 콜비츠 18

쿠티리에 314

ㅌ

태양사 241, 270, 272, 285, 320

『태양월간』 241

「태평가결(太平歌訣)」 250

「토끼와 고양이」 122

톨스토이 73, 81, 246, 258, 303

「통신」 250

트로츠키 257, 339

ㅍ

파금(巴金) 374, 382

파데예프 282, 283

「파악성론(破惡聲論)」 86

『파정(波艇)』 183, 184

팽강(彭康) 241, 248

팽술지(彭述之) 313

「페어플레이 논쟁은 늦춰져야 한다」 174

『페퇴피 시론』 91

「편(扁)」 250
포위신론(包圍新論) 215
풍갱(馮鏗) 21, 284, 285, 291,
풍내초(馮乃超) 241, 270, 295
풍설봉(馮雪峰) 21, 266~268, 294~296, 337, 376, 377, 381, 383, 384
풍옥상(馮玉祥) 169, 170, 227, 240
프레하노프 257
「프롤레타리아 문예비평의 기준」 252
「프티부르주아 혁명문학의 기치를 내걸다」 321
플로베르 303
필운정(畢雲程) 344

ㅎ
『하남(河南)』 85, 91
하네다 노부코(羽太信子) 140, 141
하네다 오모시사(羽太重久) 141
『하루의 일(一天的工作)』 282
하맹웅(何孟雄) 284

하문대학 11, 179, 181~183, 187, 194
하사원(何思源) 211
하연(夏衍) 270, 341, 365, 366, 378
하진무(夏震武) 10, 98
「한간의 진술서(漢奸的供狀)」 337
한묘석결도(漢墓石闕圖) 111
항성모(項聖謨) 361
『해상술림(海上述林)』 397
허광평(許廣平) 11~16, 85, 157~160, 163, 171, 176, 178, 179, 190~195, 199, 204, 208, 212, 225, 227, 229, 231, 261, 263, 267, 304, 305, 383, 390, 396
허덕형(許德珩) 313
허선미(許羨美) 305
허선소(許羨蘇) 139
허수상(許壽裳) 20, 62, 63, 75, 80, 82, 84, 89, 97, 100~102, 107, 112, 133, 140, 141, 154, 157, 164, 185, 208, 212, 225, 305, 317, 359
헉슬리 52

「혁명 시대의 문학」 203
「혁명문학을 어떻게 건설할 것인가」 243
「혁명의 커피숍」 254
『현대』 302, 321
현대문학총서 282
「현대사」 299
현대파 255, 272
「현재 중국의 문학가를 논함」 248
『혜강집(嵇康集)』 141
호교목(胡喬木) 367, 378
호돈복(胡敦復) 165
호야빈(胡也頻) 21, 284, 291
호유지(胡愈之) 344~346
호적(胡適) 116, 118, 135, 136, 273, 274, 329
「호정부주의」 277
호추원(胡秋原) 301, 337
호풍(胡風) 377, 378, 380~382, 385
「홍성일사(紅星佚史)」 92
홍영비(洪靈菲) 270
『화개집(華盖集)』 147, 174, 215
『화개집속편(華盖集續編)』 174, 217
『화변문학(花邊文學)』 334, 335, 349
「'화변문학'을 논함」 334
황견(黃堅) 182
황원(黃源) 342~344, 346, 382
황평군(黃平君) 313
「황화절(黃花節)의 잡감」 203
『회계군고사잡집(會稽郡故事雜集)』 37, 102
후지노 겐구로(藤野嚴九郎) 70~73, 76, 77
「후지노 선생」 77
『훼멸』 282
「흐린 핏자국 속에서」 175
「'흐릿함' 이후 – 삼론노신(三論魯迅)」 252
「희망」 84, 85, 149

『10월』 282, 283
「3월의 조계지(三月的租界)」 389

역사인물찾기 19
노신 평전

2006년 4월 25일 1판 1쇄 펴냄
2016년 9월 26일 1판 6쇄 펴냄

지은이   임현치
옮긴이   김태성
펴낸이   윤한룡
편집   김현, 최지인
디자인   이지윤
관리·영업 김일영, 박혜영

펴낸곳   (주)실천문학
등록   10-1221호(1995.10.26.)
주소   서울시 성북구 보문로 82-3, 801호(보문동 4가, 통광빌딩)
전화   322-2161~5
팩스   322-2166
홈페이지   www.silcheon.com

ⓒ 임현치, 2006
ISBN 978-89-392-0543-7 03820

이 도서는 국립중앙도서관 출판시도서목록(CIP)은 e—CIP홈페이지
(http://www.nl.go.kr/ecip)에서 이용하실 수 있습니다.
(CIP제어번호:CIP2006000867)